Schriften zum Weltanschauungsrecht

herausgegeben vom
Institut für Weltanschauungsrecht, vertreten durch
Prof. Dr. Jörg Scheinfeld
Dr. Jacqueline Neumann
Dr. Gerhard Czermak
Prof. Dr. Reinhard Merkel
Prof. Dr. Holm Putzke
In Verbindung mit der Giordano-Bruno-Stiftung,
vertreten durch
Dr. Michael Schmidt-Salomon und Prof. Dr. Ulla Wessels

Band 4

Gerhard Czermak

Religiös-weltanschauliche Neutralität

Zur rechtsdogmatischen Klärung und zur deutschen Realität

Nomos

Onlineversion
Nomos eLibrary

Die Deutsche Nationalbibliothek verzeichnet diese Publikation in der Deutschen Nationalbibliografie; detaillierte bibliografische Daten sind im Internet über http://dnb.d-nb.de abrufbar.

ISBN 978-3-7560-1201-5 (Print)
ISBN 978-3-7489-1729-8 (ePDF)

1. Auflage 2023

Vorwort

Es mag mutig erscheinen, angesichts der in den letzten Jahren erschienenen Spezialuntersuchungen zur religiös-weltanschaulichen Neutralität des Staats einen weiteren Versuch zu starten. Alle wesentlichen Argumente zum Komplex Neutralität sind ja längst vorgetragen. Aber das an den Staat (das heißt den Bund, die Länder, Gemeinden und sonstigen öffentlichen Institutionen sowie alle Staatsdiener) gerichtete verfassungsrechtliche Gebot, sich jeglicher religiöser oder nichtreligiöser Stellungnahme zu enthalten, ist zwar weithin als Floskel in Recht und Politik anerkannt, dennoch aber in der Sache auch aktuell recht umstritten. Manchmal wird Neutralität gefordert, aber gleichzeitig das Gegenteil praktiziert. Nicht einmal darauf, was unter religiös-weltanschaulicher Neutralität im rechtlichen Kern zu verstehen ist, hat man sich einigen können. Dabei ist im Alltagsleben oft für jedermann gut erkennbar, ob jeweils konkret Unparteilichkeit vorliegt oder nicht. Demgegenüber behaupten vereinzelt sogar Juristen, es sei dem Staat gar nicht möglich, sich in Sachen Religion und Weltanschauung neutral zu verhalten, weil das den Menschen überfordere.

Ein wesentlicher Grund dafür ist die übliche *Überfrachtung des Neutralitätsbegriffs* mit einer Fülle unterschiedlicher Gesichtspunkte, die sich eben nicht alle in nur einen Begriff so integrieren lassen, dass er stets als Anwendungsregel verwendet werden kann. Es ist wie bei allen sehr abstrakten Bestimmungen: Die *Aspekte*, die im konkreten Fall bei der Anwendung eines Obersatzes, hier des Gebots der Gleichbehandlung, der Unparteilichkeit, der Äquidistanz zu beachten sind, sind zu trennen vom *Grundbegriff* und schlicht Auslegungsaspekte. Es gibt nicht gute und schlechte Neutralitätsbegriffe, sondern nur überzeugende oder nicht überzeugende Auslegungen im Einzelfall.

Dabei spielen Grundüberzeugungen über die Struktur des Religionsverfassungsrechts und seine Bewertung eine Rolle. Ausgangspunkt müssen aber die Normtexte des Grundgesetzes sein. Wertbezogene Begriffe wie Kooperationsprinzip, positive bzw. negative Neutralität oder Toleranzprinzip sind für die Erkenntnis der Grundbedeutung des deutschen Religionsverfassungsrechts nur hinderlich. Das ist deswegen von besonderer Bedeutung, weil das Grundgesetz mit seinen inkorporierten „Weimarer Kirchenartikeln“ auch sich inhaltlich widersprechende, wenngleich zulässige,

Artikel enthält. Die einen Artikel bedeuten Trennung und Unparteilichkeit bzw. Nichtidentifikation, die anderen begünstigen Religionsgemeinschaften durch Kooperationsangebote, sind aber für (nichtreligiöse) weltanschauliche Vereinigungen bisher kaum von Bedeutung. Die Gewichtung der gegenläufigen Normgruppen ist von Bedeutung für die entscheidende Frage, ob und inwieweit zugunsten von religiösen und weltanschaulichen Gemeinschaften Differenzierungen vorgenommen werden dürfen oder müssen, d. h. Ausnahmen von der strikten Durchführung des Neutralitätsgebots bzw. Neutralitätsprinzips.

Die Rechtsliteratur hat zwar auch klare und konsistente, ja brillante Darstellungen zur Neutralitätsproblematik hervorgebracht. Sie sind aber in der Praxis nicht genügend angekommen. Das BVerfG hat sich trotz wichtiger Hinweise und einer überaus umfangreichen Rechtsprechung insgesamt noch nicht als konsequent neutral, sondern unsicher erwiesen. Das gilt erst recht für die übrige Rechtsprechung. Die Entscheidungen des BVerfG spielen aber in vorliegender Arbeit eine wichtige Rolle.

Angesichts der Sachlage stellt sich diese Untersuchung zunächst die Aufgabe, den derzeitigen Stand der dynamischen Entwicklung möglichst zutreffend darzustellen. Anschließend sollen die dogmatischen Probleme des Neutralitätsgebots kompakt, aber übersichtlich, praxisbezogen und gut verständlich aufbereitet werden. Dazu gehören neben Fragen des objektiven auch die des subjektiven Rechts und des Rechtsschutzes gegen Neutralitätsverletzungen.

Neben der Religionsfreiheit steht die Neutralitätsproblematik im Mittelpunkt des gesamten Religionsverfassungsrechts und ist daher für viele spezielle Rechtsgebiete von großer Bedeutung. Das hat (neben anderem) zur Folge, dass die Arbeit wegen unterschiedlicher Sachzusammenhänge etliche Wiederholungen enthält. Die Lektüre kann aber wegen vieler Verweisungen ohne Weiteres abschnittsweise erfolgen.

Fragen der Europäischen Menschenrechtskonvention mit Gerichtshof für Menschenrechte und der Europäischen Union mit Europäischem Gerichtshof werden in dieser Arbeit nicht behandelt. Die EMRK enthält zwar Normen zur Religions- und Weltanschauungsfreiheit (Art. 9) und ein dem Art. 3 III GG entsprechendes Diskriminierungsverbot (Art. 14), das durch das Allgemeine Diskriminierungsverbot des Art. 1 des 12. Konventionsprotokolls von 2000 noch unterstrichen wurde. Die EMRK hat aber nur den Rang einfachen Bundesrechts. Die Rechtsprechung des EGMR kann daher allenfalls im Einzelfall eine Auslegungshilfe für die Anwendung des Neutralitätsgrundsatzes in Deutschland sein. Wichtig sind demgegenüber die grundsätzlich höherrangigen Aussagen des Rechts der EU und die Entscheidungen des EuGH, an die die deutsche Rechtsordnung gebunden ist. Einschlägige europäische Rechtsnorm ist zunächst Art. 20 der Grundrechtecharta (Allgemeiner Gleichheitssatz), verstärkt durch Art. 51 I GrCh (Anwendung innerhalb des Zuständigkeitsbereichs). Speziell untersagt ist ähnlich wie in Art. 3 III GG auch die religiös-weltanschauliche Diskriminierung in Art. 21 I der Grundrechte-Charta (GrCh) im Anwendungsbereich des Unionsrechts. Eine Einschränkung stellen Art. 22 GrCh (Vielfalt der Religionen und Kulturen) bzw. Art. 17 I, II des Vertrags über die Arbeitsweise der Union (Achtung des nationalen Status der religiös-weltanschaulichen Vereinigungen) dar. Daraus ergibt sich, dass auch das Unionsrecht keinen vorrangigen normativen Einfluss auf das deutsche Neutralitätsverständnis ausüben kann. Die religiös-weltanschaulichen Aussagen der EMRK und der EU sind in keinem Punkt, auch nicht der Neutralität, strenger als das GG. Das schließt Entscheidungen des EuGH, die strenger sind als solche dss BVerfG, im Ausnahmefall (insb. Arbeitsrecht im kirchlichen Bereich) nicht aus. Bei dieser Rechtslage erscheint eine nähere Erörterung des supranationalen Rechts entbehrlich. Sie würde nur von den eigentlichen Problemen der Neutralitätsfrage in Deutschland ablenken.

Der Verfasser erhofft sich, seine Überlegungen möchten dazu beitragen, die einschlägige Diskussion zu entschlacken, das Problem der religiös-weltanschaulichen Neutralität strukturell zu vereinfachen und zu klären mit dem Ziel, das deutsche Staatswesen möge in näherer Zukunft wirklich „Heimstatt aller Bürger" werden. Er gibt keine offiziellen Positionen wieder, sondern seine persönlichen Ansichten.

Mein besonderer Dank für die Mithilfe gilt Prof. Dr. Jörg Scheinfeld und Rechtsanwältin Jessica Hamed sowie Helmut Fink für die wertvolle Lektorierung.

Gerhard Czermak

Inhaltsübersicht

A. Die heutige juristische Neutralitätsdiskussion und rechtstatsächliche Lage im Überblick 19

I. Zur rechtlichen Diskussion 19
II. Zur rechtstatsächlichen Lage 21

B. Zur Geschichte des politisch-rechtlichen Neutralitätsbegriffs bis 1933 25

I. Grundlagen 25
II. Zur Geschichte der Religionsfreiheit bzw. religiös-weltanschaulichen Neutralität von der Reformation bis 1918 26
III. Weimarer Verfassung 30

C. Neutralitätsdiskussion von der Nachkriegszeit (Westdeutschland) bis heute (Gesamtdeutschland) 33

I. Gleichheit, Freiheit, Neutralität 33
II. Nachkriegszeit 33
III. Die frühe Bundesrepublik 35
IV. Die religionsrechtliche Diskussion von 1965 bis 1990 36
V. Von der Wiedervereinigung Deutschlands bis heute 38

D. Die Rechtsprechung des BVerfG zur religiös-weltanschaulichen Neutralität 43

I. Vorbemerkung 43
II. Die frühe Bundesrepublik 43
III. Zeit des Umbruchs 45
IV. Fragile Neuorientierung 54
V. Resümee der bisherigen Rechtsprechung des BVerfG zur weltanschaulich-religiösen Neutralität 63

E. Dogmatik des Neutralitätsgebots 73

I. Hinführung zum Problem 73

II. Begriffliches 74
III. Vielfalt der Aspekte des Neutralitätsgebots 81
IV. Hauptprobleme des Neutralitätsbegriffs im Einzelnen 83
V. Zur Kritik an der religiös-weltanschaulichen Neutralität und am Trennungsgebot 126
VI. Neutralitätsgebot in Praxis, Gesetzgebung und Religionspolitik 134

F. Zur religiös-weltanschaulichen Neutralität in einzelnen Rechtsbereichen 141

I. Bildung und Erziehung 141
II. Privilegienbündel und Religionsförderung 150
III. Verträge zwischen Staat und Religionsgemeinschaften 160
IV. Diskriminierung der kleinen Religionsgemeinschaften und der nichtreligiösen Bevölkerung 163

G. Was ist religiös-weltanschauliche Neutralität und warum tun sich Literatur und Rechtspraxis so schwer damit? Ein Resümee. 169

I. Ignorierung der Gleichheitsvorschriften 169
II. Die Suche nach dem Neutralitätsbegriff 170
III. Zur Neutralitätspraxis 171
IV. Neutralität als religiös-weltanschauliche Gleichheit 172

H Leitgedanken zur Neutralität 177

Neutralität - Literatur 185

Sachregister 193

Inhaltsverzeichnis

Abkürzungen 17

A. Die heutige juristische Neutralitätsdiskussion und rechtstatsächliche Lage im Überblick 19

I. Zur rechtlichen Diskussion 19
II. Zur rechtstatsächlichen Lage 21

B. Zur Geschichte des politisch-rechtlichen Neutralitätsbegriffs bis 1933 25

I. Grundlagen 25
II. Zur Geschichte der Religionsfreiheit bzw. religiös-weltanschaulichen Neutralität von der Reformation bis 1918 26
III. Weimarer Verfassung 30

C. Neutralitätsdiskussion von der Nachkriegszeit (Westdeutschland) bis heute (Gesamtdeutschland) 33

I. Gleichheit, Freiheit, Neutralität 33
II. Nachkriegszeit 33
III. Die frühe Bundesrepublik 35
IV. Die religionsrechtliche Diskussion von 1965 bis 1990 36
V. Von der Wiedervereinigung Deutschlands bis heute 38

D. Die Rechtsprechung des BVerfG zur religiös-weltanschaulichen Neutralität 43

I. Vorbemerkung 43
II. Die frühe Bundesrepublik 43
III. Zeit des Umbruchs 45
IV. Fragile Neuorientierung 54
V. Resümee der bisherigen Rechtsprechung des BVerfG zur weltanschaulich-religiösen Neutralität 63
1. 1951-1965 64
2. 1965-1995 65

3. 1995 bis heute 68
4. Gesamtwürdigung 70

E. Dogmatik des Neutralitätsgebots 73

I. Hinführung zum Problem 73
II. Begriffliches 74
1. Das Paritätsprinzip 74
2. Der Toleranzgrundsatz 76
3. Neutralitätsgebot und Trennungsgebot 79
III. Vielfalt der Aspekte des Neutralitätsgebots 81
IV. Hauptprobleme des Neutralitätsbegriffs im Einzelnen 83
1. Vorab: Neutralitätsgebot als objektives Recht 83
2. Nichtidentifikation und Gleichbehandlung 84
a) Grundlagen 84
b) Beeinflussungsverbot – Problemstellung 85
aa) keine Einseitigkeit – Definitionsfragen 85
bb) das islamische Kopftuch 86
cc) Rechtsprechung der Instanzgerichte 87
dd) Sonderfall Schulkreuz 88
ee) Literatur 90
ff) verbleibende Unsicherheit 93
c) Eigene Position: Glaubensfreiheit als Verbot jeglicher einseitiger Beeinflussung 93
aa) Vorüberlegungen 93
bb) Grundfragen des Religionsverfassungsrechts (Gleichstellung religiöser und nichtreligiöser Überzeugungen; reduzierte Bedeutung der kooperativer Züge des GG wie Religionsunterricht, Körperschaftsstatus, Anstaltsseelsorge; rein säkularer Staatszweck u. a.) 94
cc) Folgerungen: strenges Verbot jeder Art von einseitiger Einflussnahme 96
dd) besondere Bereiche (Landesrecht, Schule, staatliche Warnungen) 99
d) Religiöse Gleichheit nach Art. 3 GG 100
e) Privilegierungsverbot und Diskriminierung 101

3. Strukturen des Neutralitätsgebots 103
a) Neutralitätsbasis, Grundkonsens und liberale Rechtstheorie (Neutralitätsliberalismus) 103
b) Neutrale Begründbarkeit oder Wirkungsneutralität? 106
c) Offene und distanzierende Neutralität 109
d) Trennung, Kooperation, Neutralität 111
aa) Grundfragen des Religionsverfassungsrechts 111
bb) Trennungsgebot 112
cc) Selbstverwaltung 112
dd) Kooperative Momente 113
ee) Sonn- und Feiertage 113
ff) Zwischenergebnis 114
gg) Insbesondere: Religionsunterricht 115
hh) Körperschaftsstatus 117
ii) Militär- und Anstaltsseelsorge 120
jj) Gesamtwürdigung 121
4. Funktionen des Neutralitätsgebots 122
a) Neutralität als eigenständiges objektives Recht 122
aa) unterschiedliche Begriffsverwendung 122
bb) Die Frage der eigenständigen Rechtsbedeutung des Neutralitätsgebots 122
cc) Folgerungen 123
b) Neutralität als objektives und subjektives Recht – Rechtsschutzfragen 124
V. Zur Kritik an der religiös-weltanschaulichen Neutralität und am Trennungsgebot 126
1. Religionsfördernde Bestimmungen in Grundgesetz und Landesrecht 126
a) Weltanschauungsfreundliche GG-Normen 126
b) Gottesnennung 127
c) Religion in Landesverfassungen 128
2. Grundsätzliche Kritik am Neutralitätsgebot 128
a) Ablehnung des Neutralitätsgedankens 128
b) Abstufungen des Neutralitätsbegriffs? 130
aa) keine Ableitung aus Regelungen des GG 130
bb) Gemeinwohlargument 130
c) Überflüssigkeit und Unbrauchbarkeit des Neutralitätsbegriffs? 132

3. Zum Sinn der Verwendung des Neutralitätsbegriffs 133
VI. Neutralitätsgebot in Praxis, Gesetzgebung und Religionspolitik 134
1. Das Neutralitätsgebot in der Rechtspraxis 134
2. Gesetzgebung 136
3. Religionspolitik 137

F. Zur religiös-weltanschaulichen Neutralität in einzelnen Rechtsbereichen 141

I. Bildung und Erziehung 141
1. Der Kruzifix-Beschluss vom 16. 6. 1995 [s. schon unter C V, D IV sowie E IV 2 b] 141
a) Vielfalt der Kritik 141
b) Fallstruktur 142
c) Grundrechtseingriff 143
d) Fehlende Rechtfertigung 143
2. Das islamische Kopftuch [s. schon D IV, V] 144
3. Neutrale Schulerziehung 145
4. Theologie 146
a) Problematische Dogmatik 146
b) Speziell: Religionslehrerausbildung 148
c) Einseitigkeit der Hochschulstruktur 149
II. Privilegienbündel und Religionsförderung 150
1. Körperschaftsstatus 150
a) Unklare Funktion 150
b) Körperschaftsstatus und Grundstatus 151
2. „Privilegienbündel“ 151
a) Einführung 151
b) Gleichheitsproblematik 152
c) Beispiele 153
d) Rechtfertigungsversuche 153
3. Geldwerte Religionsförderung (Subventionen) 154
a) Worum es geht 154
b) Kirchensubventionen 154
c) Literaturdefizite 155
d) Rechtsprechung 156
e) Feste Regeln, fehlende religiös-weltanschauliche Kompetenz 158

f) Zusammenfassung 159
III. Verträge zwischen Staat und Religionsgemeinschaften 160
1. Geschichte 160
2. Bundesrepublik vor und nach 1990 160
3. Vertragsmaterien 161
4. Neutralitätsprobleme 162
5. Gesetzgebungsverfahren 162
IV. Diskriminierung der kleinen Religionsgemeinschaften und der nichtreligiösen Bevölkerung 163
1. Kleine Religionsgemeinschaften 163
2. Diskriminierung der nichtreligiösen Bevölkerung 166

G. Was ist religiös-weltanschauliche Neutralität und warum tun sich Literatur und Rechtspraxis so schwer damit? Ein Resümee. 169
I. Ignorierung der Gleichheitsvorschriften 169
II. Die Suche nach dem Neutralitätsbegriff 170
III. Zur Neutralitätspraxis 171
IV. Neutralität als religiös-weltanschauliche Gleichheit 172
1. Gebot der Gleichbehandlung und Nichtidentifikation 172
2. Ermittlung der Gleichheit und Entscheidung über Modalitäten 173
3. Resultat 174

H Leitgedanken zur Neutralität 177

Neutralität - Literatur 185

Sachregister 193

Abkürzungen

AfkKR	= Archiv für katholisches Kirchenrecht
AöR	= Archiv des öffentlichen Rechts der Gegenwart
BayEUG	= Bayer. Gesetz über das Erziehungs- und Unterrichtswesen
BayVBl	= Bayerische Verwaltungsblätter
BayVerfGH	= Bayerischer Verfassungsgerichtshof
BT-Dr	= Bundestags-Drucksache
BVerfG-K	= Entscheidung einer Kammer des BVerfG (nicht des ganzen Senats)
DÖV	= Die öffentliche Verwaltung
DHS	= Dürig/Herzog/Scholz, GG (Loseblatt-Kommentar
DRiZ	= Deutsche Richterzeitung
DuR	= Demokratie und Recht
DVBl	= Deutsches Verwaltungsblatt
EGMR	= Europäischer Gerichtshof für Menschenrechte
EKD	= Evangelische Kirche in Deutschland
EMRK	= Europäische Menschenrechtskonvention
EU	= Ethikunterricht; Europäische Union
EuGH	= Europäischer Gerichtshof
EvStL	= Evangelisches Staatslexikon
FS	= Festschrift
HStR	= Handbuch des Staatsrechts
HSKR	= Handbuch des Staatskirchenrechts, 3. A. 2020
JöR	= Jahrbuch des öffentlichen Rechts
JuS	= Juristische Schulung
JZ	= Juristenzeitung
KJ	= Kritische Justiz
KritV	= Kritische Vierteljahresschrift für Gesetzgebung und Rechtswissenschaft
KuR	= Kirche und Recht
MIP	= Zeitschrift für Parteiwissenschaften (online)

NJW	= Neue Juristische Wochenschrift
NVwZ	= Neue Zeitschrift für Verwaltungsrecht
RdJB	= Recht der Jugend und des Bildungswesens
SächsVBl	= Sächsische Verwaltungsblätter
ThürVBl	= Thüringer Verwaltungsblätter
VerwArch	= Verwaltungsarchiv
VVDStRL	= Veröffentlichungen des Verbandes der deutschen Staatsrechtslehrer
ZaöRV	= Zeitschrift für ausländisches öffentliches Recht und Völkerrecht
ZBl	= Schweizerisches Zentralblatt für Staats- und Verwaltungsrecht
ZevKR	= Zeitschrift für evangelisches Kirchenrecht
ZjR	= Zeitschrift für junge Religionswissenschaft (online)
ZRP	= Zeitschrift für Rechtspolitik

A. Die heutige juristische Neutralitätsdiskussion und rechtstatsächliche Lage im Überblick

I. Zur rechtlichen Diskussion

1. Schlüsselbegriff

Die Begriffe religiös-weltanschauliches „Neutralitätsgebot" bzw. „Neutralitätsprinzip" werden häufig synonym gebraucht. Es sind aber zwei unterschiedliche Dinge, wie noch auszuführen sein wird. Jedenfalls gilt die religiös-weltanschauliche Neutralität seit langem fast allgemein als zumindest einer der Eckpfeiler des Religionsverfassungsrechts, wenngleich früher öfter auch von einem Kampfbegriff die Rede war. Man spricht häufig, wohl in Anlehnung an die grundlegenden Untersuchungen von Klaus Schlaich (1972) und besonders von Stefan Huster (2002/2017) von einem verfassungsrechtlichen Schlüsselbegriff. Auch ist die Rede von einem tragenden Argumentationspfeiler (Muckel), von einem Zentralbegriff der Staatstheorie (Morlok) und von einem Hauptargument bei der Lösung religionsrechtlicher Konflikte. Elias Bornemann formuliert gar: „Denn im deutschen Religionsverfassungsrecht ist die Verhältnisbestimmung des Staates zur Religion untrennbar verbunden mit, ja sie geht auf in dem Begriff der religiös-weltanschaulichen Neutralität des Staates."[1] Ebenso eindrucksvoll ist die Aussage von Christian Walter, das Neutralitätsprinzip lasse sich als „normatives Ziel der Religionsverfassung, als seine *idée directrice*, verstehen".[2]

Ausgangspunkt ist bei dieser im Grundsatz herrschenden Ansicht – zumindest in der Theorie – eine geradezu kanonisch gewordene[3] Formel des BVerfG aus dem Jahr 1965:

„Das Grundgesetz legt durch Art. 4 Abs. 1, Art. 3 Abs. 3, Art. 33 Abs. 3 GG sowie durch Art. 136 Abs. 1 und 4 und Art. 137 Abs. 1 WRV in Verbindung mit Art. 140 GG dem Staat als Heimstatt aller Staatsbürger ohne Ansehen der Person weltanschaulich-religiöse Neutralität auf. Es ver-

1 *E. Bornemann*, Neutralität (2020), 10 f.
2 *C. Walter*, Neutralität, in HSKR, 3. A. 2020, S. 727 (729).
3 So *H. Dreier*, Gott (2018), 97.

wehrt die Einführung staatskirchlicher Rechtsformen und untersagt auch die Privilegierung bestimmter Bekenntnisse."[4]

2. Kritik am Neutralitätsbegriff

Demgegenüber wird das Neutralitätsgebot von einer Minderheit gerade in der neueren Diskussion stark angegriffen. Zum einen geben immer noch insbesondere Theologen, vereinzelt sogar Juristen[5], den abgegriffenen Hinweis auf die Gottesklausel in der GG-Präambel und setzen ihn gern als taktische Gesprächswaffe ein. Andererseits gibt es nicht selten immer noch Versuche von Juristen, die verfassungsrechtliche Gleichstellung von Religion und nichtreligiöser Weltanschauung sowie der Religionsgemeinschaften untereinander, die der zitierten Formel des BVerfG zu entnehmen ist, aufzuweichen und nach Sozialverträglichkeit und Gemeinwohldienlichkeit[6] zu differenzieren. Selbst die vom BVerfG längst *ad acta* gelegte Kulturadäquanzklausel, die einen christlich-abendländischen Kulturvorbehalt formuliert, versuchen manche wieder ans Licht zu heben.[7] Die Ansicht, der Neutralitätsbegriff habe neben den einschlägigen GG-Artikeln, aus denen er abgeleitet wird, keinen eigenständigen Gehalt, lässt sich immerhin diskutieren. Noch darüber hinaus geht aber die singuläre Meinung von Christoph Möllers, der nicht nur den objektivrechtlichen Charakter der Formel von 1965 ablehnt. Er verwirft auch die wohl mehrheitliche Forderung nach neutraler Begründung (richtig: Begründbarkeit) legislativer Entscheidungen. Demokratische Entscheidungen seien notwendig nicht neutral, das entsprechende Konzept sei zu anspruchsvoll. Er spricht vom „vermeintlichen Prinzip der Neutralität".[8] Eine ebenso deutliche Ablehnung des gängi-

---

4 BVerfGE 19, 206 (216); st. Rspr., teilweise mit Ergänzungen bis heute, z. B. BVerfGE 24, 236 (247 f.); 33, 23 (28); 66, 1 (19 f.); 93, 1 (16 f.); 102, 370 (383); 105, 279 (294); 108, 282 (299 f.); 123, 148 (178); 138, 296 (338 f.).

5 *C. Hillgruber*, Staat und Religion, DVBl 1999, 1155 (1174): Die Präambel des GG „kennt und bejaht" Gott. Die „Beibehaltung der religiösen Grundlage ... unter gleichzeitiger Neutralität gegenüber allen Kirchen und weltanschaulichen Gemeinschaften" wird gefordert (Zitate v. Schlabrendorff, Sondervotum BVerfGE 33, 35 (40 f.).

6 Etwa *P. Kirchhof*, Die Freiheit der Religionen und ihr unterschiedlicher Beitrag zu einem freien Gemeinwesen, in: Essener Gespräche 2005, 105 (114 f.); *M. Heckel*, Gleichheit oder Privilegien? 1993, S. 100.

7 Siehe *A. Uhle*, Staat, Kirche, Kultur, 2004, 158 ff.; *C. Hillgruber*, Staat und Religion, 2007, 49 ff.

8 *C. Möllers*, Grenzen (2015), 17; so *ders.* im Grundsatz schon in VVDSTRL 2009, 47 (57 ff.).

gen Neutralitätsverständnisses enthält die nicht leicht nachzuvollziehende Abhandlung von Karl-Heinz Ladeur und Ino Augsberg, die den Titel „Der Mythos vom neutralen Staat" erhalten hat.[9] Die Autoren halten das eng verstandene Identifikationsverbot für eine „bloße Selbstverständlichkeit". Auch kenne das säkulare Recht keine theologischen Argumente. Die „historisch majoritären Religionen" hätten aber produktive Leistungen erbracht. Die minoritären Glaubensgemeinschaften müssten sich ihre gesellschaftliche Rolle erst „erarbeiten". Neutralität als bloße Indifferenz könne es „wegen der Differenzierung zwischen wie auch wegen der engen Verknüpfung von Staat, Gesellschaft und Religion nicht geben". Vorzuziehen sei eine „Fortentwicklung" zum Toleranzprinzip als Kollisionsnorm. Die prägende kulturelle Kraft der christlichen Religion[10] müsse berücksichtigt werden. *Vereinzelt wird sogar behauptet, religiös-weltanschauliche Neutralität sei nicht möglich.*[11]

Die Fragen nach dem Sinn eines Neutralitätsprinzips oder -gebots, seiner objektivrechtlichen und selbständigen Bedeutung, dem inhaltlichen Kern, der Abgrenzung zu anderen Begriffen, zu einzelnen Aspekten und der Behandlung wichtiger Fallgruppen werden im rechtsdogmatischen Teil E und in F dieser Arbeit erörtert.

II. Zur rechtstatsächlichen Lage

Angesichts der religiös-weltanschaulichen Gleichheitsrechte des Grundgesetzes steht fest, dass *Neutralität im Kern Gleichheit, bezogen auf gleiche Freiheit, bedeutet.*[12] Was daraus im Einzelnen folgen kann, ist oft so schwer zu beantworten wie das Vorliegen von rechtserheblicher Gleichheit oder Ungleichheit bei Art. 3 I GG. Da geht es zunächst um die Feststellung von Ungleichbehandlungen und dann um die Frage nach der Möglichkeit ihrer Rechtfertigung. Bei der Beurteilung von Rechtstatsachen ist das Vorliegen einer Ungleichheit oft evident. Auch die Frage nach der Rechtfertigung ist nicht selten leicht zu beantworten. Um die gesellschaftliche und praktische Bedeutung dieser (relativ) klar zu beurteilenden Fälle zu ermessen,

---

9 *K-H. Ladeur/I. Augsberg*, Mythos, JZ 2007, 12.

10 Welche positiven Kräfte damit gemeint sind, wird auch hier wie in den meisten derartigen historischen Hinweisen nicht gesagt und ist fundamental unklar.

11 Insbesondere *C. Möllers*, Grenzen der Ausdifferenzierung, 2015, 9 ff. S. näher E V 2 a, bb.

12 S. oben A I 1.

bedarf es einer Auflistung wichtigerer Fallgruppen und Fälle. Sie erfolgt in juristischen Arbeiten aber leider nur sehr selten. Diesem Mangel soll im Folgenden zumindest teilweise abgeholfen werden. Manche theoretischen Auseinandersetzungen haben aber kaum eine oder keine praktische Bedeutung.

Es lassen sich *Hauptfallgruppen* unterscheiden: Innerreligiöse Angelegenheiten; Bereiche, die Staat und Kirche gleichermaßen betreffen; allgemeine finanzielle und ideelle Kirchenförderung; Kirche und Öffentlichkeit; Diskriminierung von kleineren religiösen Minderheiten; Diskriminierung nichtreligiöser Menschen und Gemeinschaften.

Zu diesen Bereichen gehören etwa die (Mit-)Finanzierung der Ausbildung von Geistlichen sowie von Kleriker-Gehältern bis zu Bischöfen, die großzügige Hauptfinanzierung der von religiösen Organisationen veranstalteten überdimensionierten Kirchentage durch die öffentlichen Hände (Land, Bund, Gemeinden), die staatliche Kirchensteuerverwaltung mit grundrechtsrelevanten Begleiterscheinungen[13], die Anbringung des christlichen Hauptsymbols in allgemeinen Schulen und sogar Gerichten, die zumindest indirekte Schaffung religiöser Monopole und Teilmonopole bei sozialen Einrichtungen, die rechtliche und tatsächliche Privilegierung im Rundfunkwesen, die finanziellen und immateriellen Vergünstigungen speziell für dominierende *religiöse* Gemeinschaften (altrechtliche Staatsleistungen sowie [freiwillige] Subventionen), die Übernahme und Finanzierung der Militärseelsorge einschließlich der Verbeamtung von Militärseelsorgern und andere.

Das sind nur die wichtigsten Privilegierungen jenseits der vom GG geforderten oder zugelassenen wenigen Privilegien. Vertreter speziell kirchlicher Interessen halten das meist für unproblematisch. Insgesamt ist die Zahl der fragwürdigen Privilegien fast unüberschaubar groß. Das geht von der Benachteiligung des Ethikunterrichts gegenüber dem Religionsunterricht bis zum Lebenskundlichen Unterricht der Bundeswehr, von Vergünstigungen für Autobahnkirchen bis zum päpstlichen Nuntius als Doyen des Diplomatischen Corps und von Zuschüssen für die Auslandsmission bis zu

13 Zwang zur Offenbarung der Konfession bzw. Nicht-Konfession, rechtswidriges Zusammenwirken von Staat und Kirche bei der „Rasterfahndung“, insbesondere in Berlin, *Czermak/Hilgendorf*, Religions- und Weltanschauungsrecht, 2. A. 2018, S. 142; Fallbeispiel bei *J. Neumann/C. Frerk*, in: Neumann u. a., Aktuelle Entwicklungen, 2019, S. 269 (284 ff.).

Vergünstigungen für Beamte zur Teilnahme an religiösen Veranstaltungen.[14] Zu beachten ist, dass jede Vergünstigung gleichzeitig eine Diskriminierung anderer Gruppen darstellt. Besonders ist anzumerken, dass der große Bevölkerungsanteil der Nichtreligiösen selbst in der Gesetzgebung bisher fast vollständig ignoriert wurde. Dabei beträgt der Anteil der nicht religiös Gebundenen (ungenau „Konfessionsfreien") derzeit (2022) etwa 41% (steigend) und der der beiden großen christlichen Kirchen zusammen nur noch weniger als 50% der Bevölkerung in Deutschland. Diskriminierungen zeigen sich bei der Behandlung von Minderheiten, etwa in der Art der Bekämpfung der „Sekten" oder bei Trauerfeiern. All das wirft rechtliche Fragen vor allem der Gleichheit/Neutralität auf, worauf hier nur hingewiesen sei.[15]

---

14 Zur Fülle an Vergünstigungen für Religionsgemeinschaften insb. *G. Czermak* in Czermak/Hilgendorf, Religions- und Weltanschauungsrecht, 2. A. 2018, S. 26 ff; *C. Frerk*, Violettbuch Kirchenfinanzen, 2010, mit Auflistung 257-259; *J.-A. Haupt*, Privilegien, 2011, 123 ff.

15 Zur Diskriminierung kleiner Religionsgemeinschaften *Czermak/Hilgendorf*, Religions- und Weltanschauungsrecht, 2. A. 2018, S. 123 ff.

B. Zur Geschichte des politisch-rechtlichen Neutralitätsbegriffs bis 1933

I. Grundlagen

Neutralität (von lat. *Ne uter = neuter:* keiner von beiden) bedeutet historisch das Heraushalten eines Staates insbesondere aus einem militärischen Konflikt. Von allgemeiner Bedeutung wurde die politisch-militärische Neutralität nach der Niederlage Napoleons. Auf dem Wiener Kongress 1815 wurde die Schweiz neu gebildet und als unabhängiger Staat anerkannt, ihr aber bewaffnete „Neutralität“ auferlegt. Die Schweiz hielt sich aber nicht daran. Immerhin gingen im 19. Jh. manche Staaten über das Heraushalten aus Konflikten hinaus und traten grundsätzlich keinen Bündnissen bei. Erste Versuche, die Kriege zu minimieren und eine Rechtsordnung insbesondere für das Verhalten der Kriegsparteien im Krieg zu schaffen, waren die Haager Friedenskonferenzen von 1899 und 1907. Definiert wurde 1907 auch das von neutralen Staaten zu beachtende Verhalten (keine Bevorzugung oder Benachteiligung von Kriegsparteien, neutrale Gestaltung von Handelsbeziehungen). In den beiden Weltkriegen war das Verhalten der „neutralen“ Staaten zwiespältig. So lieferte die Schweiz Kriegsmaterial an das Dritte Reich. Nach den Haager Abkommen von 1907 konnten sich Staaten zu dauernder Neutralität, also zur Nichtteilnahme an bewaffneten Konflikten, verpflichten. Sie erhielten dann einen völkerrechtlichen Status, den sie nicht verändern konnten und der sie auch zu einer Neutralitätspolitik verpflichtete. Hierzu musste die künftige Nichtteilnahme an Konflikten glaubhaft gemacht werden. Aufgrund der Neutralitätsverpflichtung mussten auch Vorwirkungen beachtet werden. Es war verboten, Kriegsparteien unmittelbar oder mittelbar zu unterstützen, auch nicht finanziell. Die Kriegführenden waren gleich zu behandeln. Der Neutralitätsstatus verpflichtete dazu, militärische Handlungen zu verhindern. Das allgemeine, nach 1945 neu geschaffene völkerrechtliche Neutralitätsrecht umfasst die Gesamtheit der gegenseitigen Rechte und Pflichten der neutralen und der kriegführenden Staaten. Es geht aber auch um Personen, um humanitäre Belange, den Schutz der Kriegsopfer und um Wirtschaftskriege.

Diese Splitter aus einer umfangreichen Rechtsmaterie sollen lediglich aufzeigen, dass sie Elemente enthalten, die auch bei der religiös-weltanschaulichen Neutralität eine Rolle spielen. Das gilt entsprechend für wirtschaftspolitische Neutralität, für Neutralität im Arbeitskampf, für Medien, Aufsichts-Institutionen und andere Bereiche. All diese Bereiche haben eines gemeinsam: Es geht um die „gleiche" oder „gleichwertige" Behandlung von Tatbeständen, die als rechtlich oder sachbezogen gleich zu werten sind. Der Bezugspunkt der Gleichheit ist jeweils bereichsabhängig. Bei Religion und Weltanschauung sind Bezugspunkte die einschlägigen Normen des Grundgesetzes.

II. Zur Geschichte der Religionsfreiheit bzw. religiös-weltanschaulichen Neutralität von der Reformation bis 1918

Am Anfang der langen Entwicklung zur Neutralität und Religionsfreiheit stand in Deutschland die Reformation, die die bis dahin herrschende Glaubenseinheit des *Unum Corpus Christianum* (in stets umkämpften weltlichen und religiösen Bereichen) aufbrach. Die Glaubenszweiheit wurde zunächst im Augsburger Religionsfrieden von 1555 festgelegt, betraf aber nur die reichsrechtliche Ebene. Katholiken und Lutheraner wurden grundsätzlich gleichgestellt (Parität). Das Reich durfte sich mit keiner der Religionsparteien identifizieren. Im jeweiligen Territorium galt aber die Maxime „cuius regio eius religio", also der Religionszwang. Die Position der Fürsten war gegenüber den Kirchen, die ihnen mehr oder weniger unterstanden, erheblich gestärkt, insbesondere in den evangelischen Staaten mit ihrem Landeskirchentum und seiner allgemeinen staatlichen Kirchenhoheit (Konfessionalismus). Im Westfälischen Frieden von 1648 wurde die Parität auf die Reformierten erstreckt, ebenfalls unter Ausschluss aller Übrigen (Glaubensdreiheit). Die Garantien religiöser Toleranz im Westfälischen Frieden entsprangen keineswegs toleranter Gesinnung im positiven Sinn, sondern bedeuteten nur Kapitulation vor den tatsächlich ausgeglichenen Machtverhältnissen. Papst Innozenz X. fand sich seinerzeit selbst mit der bloß formalen Existenzberechtigung der Protestanten nicht ab und erklärte den Westfälischen Frieden für „null und nichtig".

Erst die Philosophie der Aufklärung im 17. und 18. Jh. ließ das Individuum allmählich in den Vordergrund treten. Sie bewirkte auch eine erhebliche Stärkung des Toleranzgedankens, mit dem beide Kirchen von Anfang an auf Kriegsfuß standen.[16] Die mittelalterliche Lehre von der natürlichen Ungleichheit des Menschen wurde ersetzt durch das Toleranzdenken und den Gedanken der biologischen Artgleichheit. Erste Anwälte des Toleranzgedankens waren nicht Reformatoren, sondern Angehörige von Minderheiten und einzelne Humanisten wie Thomas Morus (1478-1535) und Erasmus von Rotterdam (1465/1469-1537). Aber selbst diese beiden bestanden noch auf einem religiösen Minimum. Das taten selbst die Aufklärer John Locke (1632-1704) und Jean-Jacques Rousseau (1712-1778). Der Nichtgläubige war Staatsfeind und blieb es noch lange. Wie schwierig der Weg zu allgemeiner religiöser Toleranz oder gar Gleichberechtigung war, zeigt etwa die Sonderrolle des berühmten Staatstheoretikers und Rechtsgelehrten Jean Bodin (1529-1596), der den Souveränitätsbegriff schuf. Einerseits war er ein Verfechter religiöser Toleranz und trug zur Beendigung der acht Hugenottenkriege bei. Das Toleranzedikt von Nantes (1598) brachte trotz katholischer Staatsreligion eine weitgehende Gleichberechtigung für die protestantischen Hugenotten. Andererseits war Bodin ein leidenschaftlicher Vertreter des Hexenstrafrechts und verfasste das erfolgreiche Werk „Traité de la démonomanie des sorciers" (1580), ein Handbuch zur Hexenverfolgung mit Befürwortung von Folter und Hinrichtung. Noch vor dem Edikt von Nantes wurde 1568 das allgemein formulierte Siebenbürger Edikt von Torda erlassen, das die drei christlichen Kirchengruppen und die Unitarier[17] umfasste, nicht aber Juden und Orthodoxe. Im 17. Jh. folgten in Nordamerika Erklärungen zur Religionsfreiheit, deren theologische Begründung war, der Glaube als Geschenk Gottes könne nicht erzwungen werden. Gleichzeitig sah man in Europa die Aufrechterhaltung des konfessionellen Friedens als Staatsaufgabe und gab es wichtige philosophische und juristische Unterstützung für die Ideen der Toleranz und Religionsfreiheit auch in Deutschland, etwa durch Samuel Pufendorf (1632-1694) und Christian Thomasius (1655-1728). François-Marie Voltaire (1694-1778), wohl der einflussreichste französische Aufklärer, war auch bedeutender Vertreter der religiösen Toleranz und Glaubensfreiheit. „Traité sur la tolérance" (1763) war eine seiner bekanntesten Schriften.[18] Für die spätere Aufklärung in Deutschland ist

---

16 *M. Honecker/U. Steiner*, Art. Toleranz I bzw. II, in Evangel Staatslexikon. 3. A. 1987; *H. Lutz* (Hg.), Zur Geschichte der Toleranz und Religionsfreiheit, 1977; *M. Seckler*, Religionsfreiheit und Toleranz, Theologische Quartalschrift 1995, 1-18.

17 Die Unitarier lehnten die Trinitätslehre ab.

18 Das Traktat enthält gegen Ende ein großartiges deistisches Gebet. Es beginnt mit „Du gabst uns nicht ein Herz, dass wir einander hassen, nicht Hände, dass wir einander erwürgen sollen" und endet mit „Möchten doch alle Menschen sich erinnern, dass sie

insbesondere Gotthold Ephraim Lessing (1729-1781) zu nennen. In seinem „Nathan der Weise“ (1779) gipfelt die Erzählung mit den Sätzen: „Eure Ringe sind alle drei nicht echt. Der echte Ring vermutlich ging verloren.“ Damit wurden den drei monotheistischen Religionen gleiche Rechte zuteil. Von Ungläubigen wurde nicht gesprochen.

Das Christentum war historisch insgesamt bis weit ins 20. Jh. hinein mit Intoleranz verbunden. Hierzu schrieb etwa der Theologe Max Seckler bezüglich der Konfessionen: „Der Billigung der Ideen der religiösen Toleranz und ebenso der Religionsfreiheit widersetzten sie sich, solange es irgend möglich war... Und es war bekanntlich hier wie dort vor allem der äußere Druck der Verhältnisse in Staat und Gesellschaft, der die Kirchen und Konfessionen schließlich schrittweise dahin brachte, sich wenigstens de facto auf Toleranzregelungen einzulassen.“[19]

Während der Aufklärung verlor die Theologie den Charakter einer Leitdisziplin, denn sie musste sich vor der Vernunft rechtfertigen. *Toleranz* wurde zu einem Schlüsselbegriff der Aufklärung, führte in Deutschland aber nur allmählich und unter schweren Rückschlägen erst im 19. und 20. Jh. zur – eingeschränkten – individuellen Religionsfreiheit. Eine wichtige Etappe zur religiösen Freiheit und Gleichheit war zunächst die eindrucksvolle *Virginia Bill of Rights von 1776*, die in Art. 1 die Gleichheit und Freiheit aller Menschen betonte. Art. 16 gewährleistet einerseits die Religionsfreiheit, spricht aber von einer Pflicht gegenüber dem Schöpfer und einer christlichen Pflicht gegenüber den Mitmenschen. Die *Bill of Rights* der USA mit den ersten Verfassungszusätzen (Amendments) von 1789 enthielt schon individuelle einklagbare Grundrechte. Die *Französische Menschenrechtserklärung von 1789* war mit 17 Artikeln die erste und zugleich eine moderne Menschenrechtserklärung, die auch gleiche Freiheiten für alle Bürger forderte – Frauen ausgenommen. In Deutschland regelte die umfassende Kodifikation *Preußisches Allgemeines Landrecht von 1794* die Kirchenangelegenheiten im 11. Titel des Zweiten Teils ganz absolutistisch in

---

Brüder sind!“. Das Toleranztraktat enthält auch die Worte: „Ich sage euch, dass man alle Menschen als unsere Brüder anzusehen hat. Was? Mein Bruder der Türke? Mein Bruder der Chinese? Der Jude? Der Siamese? Ja, zweifellos; sind wir nicht alle Kinder desselben Vaters, Wesen desselben Gottes?“ Umso unverständlicher ist, dass Voltaire, starker Kämpfer gegen Fanatismus, ausweislich zahlreicher Schriften ein fanatischer Judenhasser gewesen sein müsste. Das Thema ist aber recht umstritten. Günstigere Einschätzung: https://www.correspondance-voltaire.de/voltairejudenantisemitismus/#Des_Juifs (Abruf 19.3.2023).

19 *M. Seckler*, Religionsfreiheit und Toleranz, Theologische Quartalschrift 1995, 1-18. Zitat 6 ff.

nicht weniger als 1232 kurzen Paragraphen. In § 2 wurde den Einwohnern „vollkommene Glaubens- und Gewissensfreiheit" gewährt, aber § 13 lautete: „Jede Kirchengesellschaft ist verpflichtet, ihren Mitgliedern Ehrfurcht gegen die Gottheit, Gehorsam gegen die Gesetze, Treue gegen den Staat, und sittlich gute Gesinnungen gegen ihre Mitbürger einzuflößen." Ansonsten regelte der Staat zahllose Kircheninterna, ausgenommen reine Glaubensfragen innerhalb des Rahmens der allgemeinen Zulassung oder Tolerierung. Von gleicher (neutraler) Behandlung konnte weder individuell noch korporativ die Rede sein.

In Deutschland war ein einflussreiches Ereignis die Paulskirchenverfassung von 1849, obwohl sie nicht in Kraft treten konnte. Ihr § 147 II lautete: „Keine Religionsgesellschaft genießt vor andern Vorrechte durch den Staat" (Formalparität). Das war in Deutschland erstmals die Forderung nach grundsätzlicher Gleichberechtigung aller Religionen. Aber im ganzen 19. Jh. war die Gleichstellung der Religionsgesellschaften und Bürger ein Hauptproblem. Die individuelle bekenntnisunabhängige Parität hing von einer reichs- oder landesrechtlichen Garantie ab, war aber rechtspolitische Tendenz. Die paritätische Rechtsposition der Religionsgesellschaften war bis 1918 dreifach abgestuft. Man unterschied zwischen den Großkirchen mit ihren zahlreichen Privilegien, den kleineren öffentlich-rechtlichen Körperschaften und den privatrechtlichen Religionsgesellschaften. Der säkular gewordene Hauptzweck hinderte den Staat nicht an – nach Zweckmäßigkeit ausgerichteter – Religionsfürsorge (*cura religionis*). Der säkulare Staatszweck und die Idee des christlichen Staats rangen miteinander. Nach Art. 14 der preußischen Verfassung von 1850 wurde bei bestimmten staatlichen Einrichtungen „die christliche Religion" zugrunde gelegt. Im gesamten 19. Jh. wurde der Begriff der staatlichen „Neutralität" in Religionsfragen so gut wie nicht verwendet. Das war auch sachgerecht, denn echte Religionsfreiheit bedeutet *gleiche* religiöse Freiheit. Imparität ist nicht neutral. Die Religionspolitik orientierte sich an „christlichen" Maßstäben, die aber vom Staat festgelegt wurden.

Dennoch resümiert der Religionshistoriker Martin Heckel die Zeit vor Weimar wie folgt: Trotz aller äußeren Verklammerungen von Staat und Kirche im Rahmen des Summepiskopats des Landesherrn sei im 19. Jh. in einem geistigen Sinn die Trennung von Staat und Kirche ein „Leitmotiv des deutschen Staatskirchenrechtes" gewesen. Es habe sich Stück für Stück realisiert. Abschließend formuliert er: „Dieser tiefere Prozess des geistigen Auseinanderlebens wird durch die äußere organisatorische Gestalt der

Kirchenhoheit etwas fassadenhaft verdeckt. Er schwingt und zittert aber in jeder kirchenpolitischen Aktion und in jeder eindringenderen theoretischen Besinnung in der Tiefe mit, bis sich dann im Jahre 1919 die äußere Trennung gleichsam als reife Frucht eines Jahrhunderts vom Baume der Geschichte löst."[20]

III. Weimarer Verfassung[21]

Die Weimarer Revolution brachte religionsrechtlich eine epochale Wende zur Moderne. Sie markierte den Übergang vom staatschristlichen – freilich schon liberalisierten – Glaubensstaat zum modernen Staat der Religionsfreiheit. Zwar war der Staatszweck schon zuvor im Wesentlichen säkular gewesen, nun aber wurden auch die Restbestände des landesherrlichen Kirchenregiments (Summepiskopat) beseitigt. Einen Gottesbezug kannte die Weimarer Reichsverfassung nicht. Der Gleichheitsgedanke war ein fundamentales Staatsanliegen. Art. 109 WRV verfügte die Gleichheit aller Deutschen vor dem Gesetz. Die Gleichberechtigung der Geschlechter, damals eine ebenfalls bedeutende Angelegenheit, wurde im Zusammenhang mit Ehe und Familie eigens betont (Art. 119). Jedem Bürger wurde die „volle Glaubens- und Gewissensfreiheit" sowie ungestörte Religionsausübung garantiert und die Zulassung zu öffentlichen Ämtern für religionsunabhängig erklärt (Art. 136 II WRV). Dass diese Rechte *gleichermaßen* der damals kleinen Minderheit der Nichtreligiösen zugutekommen sollten, wurde dabei zwar nicht ausdrücklich textlich formuliert, ergibt sich aber aus der Einbeziehung „aller Bewohner" (Art. 135 I WRV) und dem Verbot des Zwangs zur Teilnahme an religiösen Übungen oder des Zwangs, die religiöse Eidesform zu gebrauchen. Besonders deutlich ist Art. 137 VII WRV mit seiner ausdrücklichen Gleichstellung von religiösen und nichtreligiösen Vereinigungen. Art. 146 II 1 sah vor, dass zusätzlich zu allgemeinen Grundschulen auf Elternantrag ebenso wie Bekenntnisschulen auch Weltanschauungsschulen zu errichten waren. Dass das hierzu erforderliche Reichsvolksschulgesetz bis zum Beginn der NS-Diktatur nicht zustande kam und faktisch ein Bekenntnisschulsystem bestand, ändert nichts an der Intention

---

20 Zum Ganzen *M. Heckel*, Entwicklung, ZevKR 12 (1966/67), Zitat 31.

21 *C. Gusy*, Weimarer Reichsverfassung, 1997; *C. Hillgruber*, DVBl 1999, Staat und Religion, 1155 (1168 ff; *Jean d'Heur/Korioth*, Grundzüge, 2000, S. 42 ff; *C. Link*, Dreivierteljahrhundert, Thieme-FS 1993, 95 ff; *D. Pirson*, Zeitlose Qualität, 2001, 409 ff.

der WRV. Die Teilnahme am inhaltlich von den Religionsgesellschaften verantworteten Religionsunterricht bedurfte nach Art. 149 der dahingehenden Erklärung der Lehrer und Erziehungsberechtigten. Art. 149 III WRV beließ zwar die bestehenden theologischen Fakultäten, garantierte aber nicht ihren künftigen Bestand. Einschneidend waren auch die Regelungen zur generellen Trennung von Staat und Religion. Art. 137 III 1 WRV meinte mit dem Verbot der Staatskirche nicht nur die Beseitigung der Restbestände des Summepiskopats des Landesherrn, sondern auch die organisatorische Trennung staatlicher und kirchlicher Einrichtungen und die grundsätzliche Trennung von Staat und Religion bzw. Weltanschauung. Diese kommt in der Garantie des Selbstverwaltungsrechts in Art. 137 I 1 WRV besonders zum Ausdruck. Sie wird noch ergänzt durch das an die öffentliche Hand adressierte Verbot, an der Verleihung religiöser Ämter mitzuwirken.

Nicht erst das Bonner Grundgesetz, sondern schon die Weimarer Verfassung hat somit „keineswegs die Restauration des ‚christlichen Abendlandes' und seiner Einheit von Staat und Kirche gebracht, sondern die letzten Formen des ‚christlichen Staates' und der privilegierten Stellung der katholischen und evangelischen Großkirchen beseitigt".[22] Die Privilegienfeindlichkeit der WRV zeigt sich auch darin, dass erstmals *allen* Religions- und Weltanschauungsgemeinschaften der Weg zur Anerkennung als Körperschaft gem. Art. 137 V WRV gleichermaßen geöffnet war. Auch die Möglichkeit der Kirchensteuererhebung war nicht auf die großen Kirchen beschränkt. Eine Einschränkung der korporativen Religionsfreiheit bedeutete allerdings die nicht in der Verfassung festgelegte, aber von der Ministerialbürokratie weiterhin praktizierte staatliche Kirchenhoheit in Form der Staatsaufsicht für die evangelischen Kirchen. Die in den Beratungen zu Art. 137 V WRV völlig ungeklärt gebliebene öffentlich-rechtliche Stellung der Kirchen[23] verlangte nach damaliger Ansicht als „Korrelat" weiterhin eine rechtliche Staatsaufsicht. *Insgesamt fehlte der säkularen Weimarer Republik jegliche religiöse Kompetenz.* Sie behandelte Religion und nichtreligiöse Weltanschauung gleich, was immer das auch konkret bedeuten mochte. Die Gleichheit aller Bürger vor dem Gesetz im Allgemeinen, auch in weltanschaulichen Dingen, war der Weimarer Verfassung ein Anliegen.

So revolutionär die Verfassung des neuen demokratischen Staats war, die katholische Zentrumspartei stimmte ihr zu und sie wäre ohne diese

---

22 Zitat *M. Heckel*, JZ 1994, 9 (9) (Ordnungsproblematik).
23 dazu E IV 3 d, hh.

Zustimmung nicht zustande gekommen. Die Weimarer Reichsverfassung war auch bezüglich religiöser und nichtreligiöser Weltanschauung die freiheitlichste Verfassung, die Deutschland bisher hatte. Die Kirchen lehnten sie aber deutlich ab, da sie der Tradition „Thron und Altar“ nachtrauerten. Die Beseitigung der bis 1918 vorhandenen und bei der Lehrerschaft berüchtigten allgemeinen geistlichen Schulaufsicht veranlasste den Münchener Kardinal Michael v. Faulhaber und seine Bischöfe zu der Anklage, es handele sich um eine „überstürzte Gewaltmaßregel“. Die erstmals gegebene Möglichkeit, am Religionsunterricht nicht teilzunehmen, geißelte man als „neue kulturkämpferische Gewalttat gegen Religion und Kirche“ und einen „Eingriff in das innerkirchliche Rechtsgebiet“.[24] Der Religionsunterricht werde, so Faulhaber, „der Willkür der Eltern und Vormünder ausgeliefert“. Diese Denkweise wirkte nach 1945 weiter.

24 ABl. für die Erzdiözese München und Freising 1919, 19 = Dok. 76 bei *E. R. Huber/W. Huber*, Staat und Kirche im 19. und 20. Jh., Bd. IV, 1988, 59 ff.

C. Neutralitätsdiskussion von der Nachkriegszeit (Westdeutschland) bis heute (Gesamtdeutschland)

I. Gleichheit, Freiheit, Neutralität

Der Rechtsbegriff der religiös-weltanschaulichen Neutralität ist zumindest im Kern gleichbedeutend mit Rechtsgleichheit. Die Rechtsgleichheit im Allgemeinen und in der Religionsverfassung im Besonderen war schon ein Grundanliegen im Text der Weimarer Reichsverfassung. Ob der aus diesen Gleichheitsrechten abgeleitete Neutralitätsbegriff eine darüber hinaus gehende Bedeutung haben kann, wird im Kapitel über die Rechtsdogmatik näher zu erörtern sein.[25] Bei der Neutralitätsdebatte geht es um das Ausmaß der Religions- und Weltanschauungsfreiheit *für alle*. Vollständige Religionsfreiheit bedingt konsequente religionsrechtliche Gleichheit, was immer das konkret bedeuten mag. Daher ist jede Äußerung zur Neutralitätsfrage gleichzeitig eine zur Religionsfreiheit und zur religiös-weltanschaulichen Gleichheit. Sie steht also in einem großen Zusammenhang. Zunächst wird die geistige und religionsrechtliche Gesamtlage bei der Entstehung des GG und anschließend die Rechtspraxis in der Adenauer-Ära (1949-1967) erläutert.

II. Nachkriegszeit

Die großen Kirchen haben gleich nach dem staatlich-gesellschaftlichen Zusammenbruch von 1945 Ansehen und enormen politischen Einfluss gewonnen. Zwar hatten sie sich trotz etlicher Verfolgungsmaßnahmen zwiespältig zum NS-Regime verhalten, und vieles war abgründig.[26] Aber sie hatten als

25 E IV 4 a, b.

26 Statt unzähliger Arbeiten: *G. Besier*, Die Kirchen und das Dritte Reich, Bd. 3 [1934-1937], 2001; *O. Blaschke*, Die Kirchen und der Nationalsozialismus, 2014; *G. Czermak*, Christen gegen Juden, zuletzt 1997; *G. Denzler/V. Fabricius*, Christen und Nationalsozialisten. Darstellung und Dokumente, 2015; *D. Goldhagen*, Hitlers willige Vollstrecker, 1996 / 2012; *ders.*, Die katholische Kirche und der Holocaust, 2002; *E. Klee*, „Die SA Jesu Christi", 1989; *K. Scholder*, Die Kirchen und das Dritte Reich, Bd. 1, 1977, Bd. 2, 1986.

einzige der großen Organisationen ihre Strukturen mehr oder weniger in die neue Zeit hinüberretten können und waren in der Lage, gegenüber den nicht ausreichend informierten Besatzungsmächten als Anwalt der Bevölkerung aufzutreten. Vielfach wurde die Rechristianisierung der Gesellschaft gefordert. In der schon 1946 verabschiedeten Präambel der Bayerischen Verfassung von 1946 heißt es noch heute: „Angesichts des Trümmerfeldes, zu dem eine Staats- und Gesellschaftsordnung ohne Gott, ohne Gewissen und ohne Achtung vor der Würde des Menschen die Überlebenden des zweiten Weltkrieges geführt hat ... gibt sich das Bayerische Volk ... nachstehende demokratische Verfassung." Der Vorspruch der rheinland-pfälzischen Verfassung von 1947 beginnt gar mit den Worten: „Im Bewusstsein der Verantwortung vor Gott, dem Urgrund des Rechts und Schöpfer aller menschlichen Gemeinschaft ...", und so ist es noch heute. Nach Art. 1 I der Verfassung von Baden-Württemberg ist der Mensch „berufen ... seine Gaben in Freiheit und in der Erfüllung des christlichen Sittengesetzes ... zu entfalten". Wenige Tage vor der ersten Sitzung des Parlamentarischen Rats mit ihrem gewählten Präsidenten Konrad Adenauer erklärten die katholischen Bischöfe 1948 in einem Hirtenbrief: „Wir wollen dafür Sorge tragen, dass die Grundsteine mit der Ehrfurcht vor Gott gesalbt und nicht in den Schatten der Gottesferne gelegt werden. Jeder Baustein soll nach den Bauplänen Gottes geformt und gesetzt werden ...".[27] Wie stark die bestens dokumentierten und sicher nicht „neutralen", sondern ideologischen Einflussnahmen der Kirchen auf den Parlamentarischen Rat waren, zeigt folgende Aussage: „In keiner anderen Frage prallten die weltanschaulichen Gegensätze so hart und unversöhnlich im Parlamentarischen Rat aufeinander als bei den Erörterungen der kulturpolitischen Fragen ... Durch die Interventionen der katholischen und der evangelischen Kirche verhärteten sich die Fronten zusehends ... Am heftigsten wurde um die Regelungen des Schulwesens gerungen ... "[28] Daran wäre das GG beinahe gescheitert und konnte nur durch Inkorporierung nahezu aller Weimarer Kirchenartikel gerettet werden. Die Unterschiede des alten und neuen Religionsverfassungsrechts (damals einhellig: „Staatskirchenrecht") waren *prima facie* gering. Hauptunterschied und entscheidend war die nach Art. 1 III GG unmittelbar geltende Bindung der gesamten Staatsgewalt an die Grundrechte und die in Art 20 III GG festgesetzte Bindung der Gesetzgebung an

27 Zit. nach *R. Salzmann*, jn: L. Koch/J. G. Stanzel (Hg.), Christliches Engagement in Gesellschaft und Politik, 1979, 237 (237).

28 So *K. Kröger*, NJW 1989, 1318 (1323).

die verfassungsmäßige Ordnung i. V. m. der Institution des BVerfG. Das verschaffte der individuellen (Art. 4 GG und andere) und korporativen (Art. 140 GG) Religionsfreiheit eine im Vergleich zu Weimar ungleich stärkere Bedeutung. Zu Recht hat Martin Heckel formuliert: „Die Weimarer Verfassung von 1919 und das Bonner Grundgesetz von 1949 haben ... die letzten Formen des ‚christlichen Staates' und der Privilegienstellung der katholischen und evangelischen Großkirchen beseitigt".[29]

III. Die frühe Bundesrepublik

Daran hat sich aber unsere Rechtsordnung großenteils nicht gehalten. Sie hat sich besonders bis etwa Mitte der 1960er Jahre daran orientiert, dass die großen Kirchen bis dahin „eine für die Geschichte der Kirchen in Deutschland geradezu einmalige Stellung" eingenommen haben.[30] Die beiden großen Konfessionen waren in der Adenauer-Ära „monopolartige Repräsentanten" der Religion in Westdeutschland.[31] Auch rechtlich haben sie ungeachtet des privilegienfeindlichen GG ihre Interessen maximal verwirklichen können. Juristen haben in Anlehnung an die aus dem 19. Jh. stammende katholische Koordinationslehre eine Theorie entwickelt, wonach Staat und Kirchen rechtlich gleichrangig waren. Das führte 1961 sogar zu der grotesken Ansicht des BGH, wonach die Kirchen als mit originärer Hoheitsgewalt ausgestattete Institutionen der staatlichen Hoheitsgewalt grundsätzlich nicht unterworfen waren.[32] Noch 1963 vertrat das BVerwG die Ansicht, der Konfessionsschulzwang sei rechtmäßig.[33] Hermann Weber schrieb zur Nachkriegszeit: „Ohne große Rücksicht auf den Verfassungstext und auf traditionelle Methoden der Verfassungsinterpretation haben Literatur und Rechtsprechung in dieser Zeit die Selbstständigkeit der Kirchen immer stärker betont ..."[34] Helmut Quaritsch gar stellte in seiner Fundamentalkritik von 1962 gleich zu Anfang die Frage nach der intellektuellen

29 *M. Heckel*, JZ 1994, 425 (425) (Ordnungsproblematik).
30 So der kath. Theologe und Soziologe *Karl Gabriel* in HSKR 3. A. 2020, Bd. 1, § 2 S. 67 (90).
31 *Ebenda.*
32 BGHZ 34, 372 (373 f.); zuvor schon BGHZ 22, 387 f. (differenzierend).
33 BVerwGE 17, 267: Katholische Lehrerinnen hätten nach Scheidung und Wiederheirat „Sünderinnenstatus" und dürften daher von einer Bekenntnisschule wegversetzt werden, wenn auch nicht unter allen Umständen.
34 *H. Weber*, Neuralgische Punkte, 2001, 469 (470).

Redlichkeit und dem Unterschied zwischen Erkenntnis und Bekenntnis. Er geißelte den Umstand, „dass die Interpretation der unverändert rezipierten staatskirchenrechtlichen Vorschriften der WRV innerhalb eines Jahrzehnts zu Konsequenzen geführt hat, die dem Inhalt der im Jahre 1948 abgelehnten Anträge entsprechen bzw. noch weit darüber hinausgehen".[35] Dass in der gesamten Nachkriegszeit die religionsrechtlichen Regelungen von GG und WRV fundamental missachtet wurden oder bestenfalls eine sehr nachrangige Rolle spielten, bedürfte einer umfangreichen Untersuchung. Die Äußerungen zu dieser Periode sind kaum überschaubar.[36] Daraus resultiert die fehlende Verwendung des Begriffs „religiös-weltanschauliche Neutralität".

Von Verfassungs wegen ist freilich seit 1949 unverändert die volle individuelle und korporative Religionsfreiheit gesichert, und das geht nur bei gleichzeitiger Garantie strikter Gleichheit. Diese ist in den nicht überlesbaren Gleichheitsgeboten des GG, die sämtliche religiösen und nichtreligiösen Überzeugungen betreffen, aber gegeben. Versuche, diese Gebote durch immer neue Differenzierungsforderungen aufzuweichen, hat es in großer Zahl gegeben und werfen noch heute Fragen auf. Den Grundvorwurf der verbreiteten *Unaufrichtigkeit* an das tradierte Staatskirchenrecht hat Martin Heckel 1996 so formuliert: „Der Anschein der Verschleierung einer gewissen Unaufrichtigkeit, die scheinbiedere Verwendung der Argumente des Gegners, um in sophistischer Verdrehung diesen selbst damit zu schlagen, ist freilich ein altgewohntes Phänomen im Kirchen- und Staatskirchenrecht."[37]

IV. Die religionsrechtliche Diskussion von 1965 bis 1990

Eine Phase der Neuorientierung setzte um 1965 ein. Die Zeit der westdeutschen Konfessionsschulen ging dem Ende zu. 1964 erschien die Erstauflage der Allgemeinen Staatslehre von Herbert Krüger, der darin ausführlich darlegte, dass der Staat durch das *Prinzip der Nichtidentifikation* charakteri-

---

35 *H. Quaritsch*, Kirchen und Staat, 1962, 175 (195).

36 Herausgegriffen seien nur *Jean d'Heur/Korioth*, Grundzüge 2000, 48-56; *K. Obermayer*, DÖV 1967, 9 ff. (Wandel); *H. Quaritsch*, Kirchen und Staat, 1962; *Quaritsch/Weber* (Hg.), 1967. Für die Frühzeit eindrucksvoll *Simon*, Katholisierung, 1962.

37 *M. Heckel*, DVBl 1996, 453 (455). Der Gesamtzusammenhang dieser Aussage im Rahmen der Erörterung des Kruzifix-Beschlusses des BVerfG E 93, 1 lässt die Kritik freilich in einem etwas merkwürdigen Licht erscheinen.

siert sei. Als offenes Gebilde dürfe sich der Staat auch im weltanschaulichen Bereich nicht mit Ideologien und mit sozialen Teilgruppen identifizieren.[38] Seitdem ist dieser Begriff bis heute als Hauptmerkmal der religiös-weltanschaulichen Neutralität allgemein anerkannt. 1964 erschien die erste, noch als Streitschrift verfasste Auflage des nichtreligiösen Erwin Fischer, „Trennung von Staat und Kirche", die aber noch stark angegriffen wurde.[39] Im Rahmen einer Serie von Kirchensteuerurteilen erging 1965 auch dasjenige zur Badischen Kirchenbausteuer[40], das die berühmte Grundformel zur jetzt ausdrücklich benannten religiös-weltanschaulichen Neutralität enthielt.[41] Seitdem ist diese Formel in Rechtsprechung und Literatur zumindest verbal fest etabliert. Ein kleiner Teil der juristischen Literatur[42] wies in eine neue Richtung. Die Staatsrechtslehrertagung von 1966 trug den Titel „Die Kirchen unter dem Grundgesetz".[43] Aber die Dominanz der traditionsaffinen Literatur und Rechtsprechung blieb erhalten.

Ein etwas erschreckendes Beispiel lieferte der Bayerische Verfassungsgerichtshof. Im Jahr 1967 entschied er zunächst zum Bekenntnisschulprinzip zutreffend, die Missionierung einer christlichen Minderheit im Sinn des Mehrheitsbekenntnisses stelle einen „klaren Verstoß" gegen die Glaubensfreiheit dar.[44] Kurz danach vertrat er in zwei Entscheidungen die Ansicht, das gelte aber nicht entsprechend für die nichtchristliche Minderheit, denn die „Ausmerzung" des christlichen Geistes verletze das Grundrecht christlicher Eltern. Der Gedanke der Nichtmajorisierung der Grundrechte habe Schranken „kraft unserer demokratischen Grundordnung".[45] Dabei

38 Ausführlich zum Prinzip der Nichtidentifikation *H. Krüger*, Allgemeine Staatslehre, 2. A. 1066, 160 ff., 178 ff.; *K. Schlaich*, Neutralität, 1972, 236 ff.

39 Die recht beachtliche 3. A. 1984, die die säkularen und konsequent neutralen Ansichten zum Religionsrecht kompakt zusammenfasste (laikal, aber nicht laizistisch, wie meist polemisch behauptet wurde), wurde zwar viel zitiert, hatte aber kaum eine inhaltliche Auseinandersetzung zur Folge.

40 BVerfGE 19, 206.

41 BVerfGE 19, 206 (216): „Das Grundgesetz legt durch Art. 4 Abs. 1, Art. 3 Abs. 3, Art. 33 Abs. 3 GG sowie durch Art. 136 Abs. 1 und 4 und Art. 137 Abs. 1 WRV in Verbindung mit Art. 140 GG dem Staat als Heimstatt aller Staatsbürger ohne Ansehen der Person weltanschaulich-religiöse Neutralität auf. Es verwehrt die Einführung staatskirchlicher Rechtsformen und untersagt auch die Privilegierung bestimmter Bekenntnisse."

42 Z. B. *K. Obermayer* DÖV 1967, 9 (Wandel); *Weber*, Körperschaften, 1966; von nichtreligiöser Seite *E. Fischer*, Trennung (1. A. 1964, 3. A. 1984).

43 VVDStRL 26 (1968).

44 BayVerfGH 20, 36 = BayVBl 1967, 201 (Aufweichung des Bekenntnisschulprinzips).

45 BayVerfGH 20, 125 = BayVBl 1967, 312 und BayVerfGH 20, 159 = BayVBl 1967, 423.

enthält die Bayerische Verfassung eine Serie von Gleichheitsvorschriften einschließlich der Gleichstellung von Religion und Weltanschauung. Eine im Grundsatz neutrale Sichtweise hatte demgegenüber das BVerwG, als es 1988 die Ansicht vertrat, Schulbücher dürften nicht „in den Dienst bestimmter weltanschaulicher, ideologischer oder politischer Richtungen" treten, was aber nicht näher beschrieben wurde.[46]

Auch für die ganze Spätzeit der Bundesrepublik (West) galt der Satz: „In wenigen Verfassungsfragen ist die Scheidelinie zwischen exegetischem Bemühen und schlichter ‚Ideologiejurisprudenz' so schlecht markiert wie bei der Beurteilung der religiösen und weltanschaulichen Aktivitäten des Staates." [47]

V. Von der Wiedervereinigung Deutschlands bis heute

1. Wohl die erste Entscheidung des BVerfG mit einem sehr deutlichen Bekenntnis zur religiös-weltanschaulichen Neutralität[48] war der *Kruzifix-Beschluss von 1995*[49], wobei allerdings nicht klar zwischen der objektiv-rechtlichen Bedeutung und der grundrechtlichen Beurteilung unterschieden wurde. Zwar ist die Entscheidung zumindest in erster Linie grundrechtlich begründet (Art. 4 I, II und Art. 6 II GG) und hat die Neutralitätstheorie kaum vorangebracht. Aber jedenfalls ist seitdem die Neutralitätsproblematik mehr in den Vordergrund gerückt. Was damals bei nüchterner Betrachtung weniger überraschend war, ist die mit traditioneller Grundrechtsdogmatik begründete Entscheidung[50]. Sehr überraschend waren hingegen die vielen exzessiven Angriffe auf das Gericht selbst von prominenten Juristen. Sie genierten sich nicht, eine Fülle unterschiedlichster Gesichtspunkte ins Feld zu führen und sich in offensichtliche Widersprüche zu verwickeln, wobei meist die einzige Gemeinsamkeit in der heftigen Ablehnung des Entscheidungsergebnisses bestand. So wurde u. a. geltend gemacht: Das Schulkreuz falle nicht unter den Schutzbereich des Art. 4 GG, die Kulturhoheit der Länder werde missachtet, die Glaubensfreiheit der Mehrheit werde verletzt, das Schulkreuz sei nur ein Kultursymbol oder profaniertes

46 BVerwGE 79, 298 (Schulbuchzulassung).
47 *F. v. Zezschwitz*, Glaubensfreiheit, JZ 1971, 11 (11).
48 Im Sinn der Formel von 1965, BVerfGE 19, 206 (216).
49 BVerfGE 93, 1 (16 f).
50 *M. Stolleis*, Überkreuz, KritV 2000, 376 ff.

Staatssymbol, ein Grundrechtseingriff liege nicht vor, es liege eine Grundrechtskollision vor, die Minderheit der Kreuzesgegner habe Toleranz zu üben, die christliche Tradition sei verbindliches Erziehungsziel, das Problem des theologischen Kreuzesverständnisses werde verkannt, die negative Religionsfreiheit werde gegenüber der positiven zum Obergrundrecht erhoben, der vom BVerfG bestätigte christliche Charakter der Schule dürfe nicht symbolisch zum Ausdruck gebracht werden.[51]

2. Erneut virulent wurde die Neutralitätsproblematik bezüglich der *Zulässigkeit des islamischen Kopftuchs bei Lehrerinnen.* Während die Entscheidung des 2. Senats des BVerfG von 2003 die staatliche Neutralität stärker gewichtete als die Religionsfreiheit der Lehrerin[52], war das bei der des 1. Senats von 2015 gerade umgekehrt[53], so dass statt Klärung Verwirrung eintrat. Trotz einer diesbezüglich umfangreichen *Spezialliteratur*, die beweist, wie sehr die Neutralitätsfrage Gesellschaft und Juristen umtreibt, ist Vieles immer noch offen. Interessant ist der Umstand, dass die nach der Wiedervereinigung erschienene 2. Auflage des umfangreichen Handbuchs des Staatskirchenrechts das „Neutralitätsprinzip" nur auf gut zwei Seiten behandelte, die weithin aber zumindest liberal wirkten.[54] So erklärte der Verfasser, Axel v. Campenhausen, der Staat dürfe religiös-weltanschaulich keine Partei ergreifen, Rechtsbereiche wie Ehe, Schule und Sozialhilfe seien neutral auszugestalten. Auch habe der Staat religiös-weltanschaulich nicht zu erziehen. Andererseits gehört derselbe Autor zu den vielen harten Gegnern des Kruzifix-Beschlusses.[55] Wie groß die Widerstände gegen das Gebot der weltanschaulichen Gleichbehandlung bzw. Neutralität selbst bei *Gerichten* sein können, zeigt als Musterbeispiel von *Ideologiejurisprudenz* die 1997 getroffene Entscheidung des Bayerischen Verfassungsgerichtshofs zu dem nach dem Kruzifix-Beschluss des BVerfG – demonstrativ umgehend – beschlossenen *Kruzifix-Gesetz.*[56] Dieses schrieb die zuvor durch Rechtsverordnung angeordnete Anbringung von Kreuzen in den Klassenzimmern von Grund- und Hauptschulen, die vom BVerfG für nichtig erklärt worden war, umgehend erneut vor. Dabei definierte es das Kreuzsymbol in ein säkulares Kultursymbol um. Eine komplizierte und unpraktikable *Wi-*

51 Gegenkritik *Czermak*, Unzulässigkeit des Kreuzes (1998), mit vielen Nachweisen.
52 BVerfGE 108, 282.
53 BVerfGE 138, 296; s. dazu D 4.
54 HdbStKirchR 2. A. 1994/95, hier Bd. 1 § 2, 77-79.
55 Z. B. *v. Campenhausen/ de Wall*, Staatskirchenrecht (2006), 74 f; ausweichend aberin der 5. A. 2022, S. 271.
56 BayVerfGH NJW 1997, 3157.

derspruchsregelung stellte die Schulleiter vor unlösbare Aufgaben, um der Glaubensfreiheit Genüge zu tun. Der BayVerfGH erklärte die Anbringung von Kreuzen zu einer Frage der Schulorganisation. Es bestünden echte Grundrechtskollisionen (eine These, die das BVerfG zu Recht verworfen hatte), die aber durch die Widerspruchslösung zu einem schonenden Ausgleich gebracht worden seien. Das Neutralitätsgebot der Bayerischen Verfassung sei aber nicht verletzt. Eine Differenzierung sei gerechtfertigt durch die Verwurzelung des Landes in der christlich-abendländischen Tradition und in der Bedeutung der christlichen Religionsgemeinschaften. Der Staat verstoße auch nicht gegen das Identifikationsverbot, da das Kreuz für Andersdenkende unverbindlich sei. In keinem Punkt sei ein Widerspruch zum BVerfG zu erkennen. Der Gerichtshof hat sich trotz mehrerer einschlägiger Gleichheitsartikel der Landesverfassung und trotz großer juristischer Kompetenz der Richterbank auch nicht mit dem religiös-weltanschaulichen Neutralitätsgebot konkret befassen wollen.[57] Nicht ohne Grund meint Ludwig Renck, man dürfe sich fragen, ob die Entscheidung „überhaupt im gesetzlichen Sinne begründet und ob das rechtliche Gehör gewahrt ist".[58] Nicht viel besser als der BayVerfGH hat sich das BVerwG 1999 verhalten, als es die Neuregelung mit der Widerspruchsmöglichkeit zwar für nicht optimal hielt, weil es mit der generellen Anordnung der Kreuze den Konflikt erst schaffe, der dann nachträglich beseitigt werden solle. Dennoch hat es die Widerspruchsregelung im Ergebnis gebilligt, obwohl sie im klaren Gegensatz zur generellen Aussage des Kruzifix-Beschlusses des BVerfG bezüglich des objektiv-rechtlichen Neutralitätsgebots stand.[59] Das Neutralitätsgebot wurde mit einer auffällig ausschweifenden Begründung erneut stark geschwächt.

Wie wenig akzeptiert die Religions- und Weltanschauungsgleichheit immer noch ist, zeigt neben Anderem die erstaunliche Tatsache, dass sich das bayerische Kabinett Söder 2018 nicht genierte, anlässlich der bevorstehenden Landtagswahl eine (primär) verwaltungsinterne Anordnung[60] zu erlassen, wonach im Eingangsbereich aller bayerischen Landesbehörden als Ausdruck der geschichtlichen und kulturellen Prägung Bayerns ein

57 Siehe hierzu und zur Gesamtproblematik des Kruzifix-Gesetzes eingehend *G. Czermak*, DÖV 1998, 107 ff.; eindringlich auch *L. Renck*, NJW 1999, 994.

58 *L. Renck*, NJW 1999, 994 (998). S. dort auch zur Lebensfremdheit der Entscheidung die Detailschilderung zu dem gegenüber dem Antragsteller des Popularklageverfahrens ausgeübten erschreckenden gesellschaftlichen Terror.

59 BVerwGE 109, 40 (Bayerisches Kruzifix-Gesetz).

60 § 28 der Allgemeinen Geschäftsordnung.

Kreuz gut sichtbar anzubringen sei. Das war ein weiterer Affront gegen das BVerfG. Selbst Teile der Kirchen empfanden die Anordnung als ungehörige Instrumentalisierung eines religiösen Symbols. In der Öffentlichkeit wurde die Maßnahme nicht ernst genommen und regierungsseits bald erklärt, die Durchführung der Anordnung werde nicht kontrolliert. Der Bayerische Verwaltungsgerichtshof hat sich zur Problematik des Kreuz-Erlasses wie folgt geäußert: Das Kreuzsymbol sei ein christliches Symbol und könne nicht in ein Kultursymbol umgedeutet werden. Es verstoße gegen das objektive verfassungsrechtliche Prinzip der Neutralität, gebe aber einen Abwehranspruch nur dann, wenn eine Grundrechtsverletzung vorliege. Das sei bei einem wie hier nur passiven Symbol nicht der Fall.[61] Selbst klare Rechtsverstöße gegen die Neutralität kann der Staat demnach also aus juristischer Sicht ignorieren.

Abschließend sei darauf hingewiesen, dass in Bayern immer noch Kreuze und Kruzifixe nicht nur in kommunalen Sitzungssälen hängen, sondern sogar in Gerichtssälen der Zivil- und Strafgerichte. Auch in Teilen von Nordrhein-Westfalen gibt es immer noch Gerichtskreuze. In Düsseldorf setzte 2010 der neuernannte Präsident des Verwaltungsgerichts gegen den Widerstand eines Teils der Richterschaft durch, dass erstmals im Treppenhaus des Gerichts ein großes Kreuz angebracht wurde, nachdem gerade erst ein großer Kampf ums Kreuz in der Düsseldorfer ordentlichen Gerichtsbarkeit mühsam mit einem Kompromiss beendet worden war. Der VG-Präsident ist heute auch Vizepräsident des Landesverfassungsgerichts.[62] Alles in allem: Verwaltung und Rechtsprechung betonen häufig die religiös-weltanschauliche Neutralität des Staats, aber man kann sich keineswegs darauf verlassen, dass man sie in der Praxis immer ernst nimmt. Dass auch die Rechtsprechung des BVerfG sogar die eigenen Erkenntnisse zur religiös-weltanschaulichen Neutralität des Staats nicht konsequent beachtet, ist das bedauerliche Ergebnis der nun folgenden Untersuchung.

---

61 BayVGH NVwZ 2022, 1837, U. v. 1. 6. 2022 Az 5 B 22.674.

62 G. *Czermak*, Kreuzsymbol in Gerichten, 2016, 79 ff.

D. Die Rechtsprechung des BVerfG zur religiös-weltanschaulichen Neutralität

I. Vorbemerkung

Das Gebot religiös-weltanschaulicher Neutralität ist – sieht man von einzelnen Autoren ab – ein allgemein anerkannter Grundsatz, ein Grundpfeiler des Religionsverfassungsrechts. Neutralität bedeutet im Kern Gleichheit (Gleichbehandlung) und spielt daher in überaus zahlreichen Rechtsgebieten eine Rolle, etwa im Beamtenrecht, Bestattungsrecht, Gebührenrecht, Denkmalschutz, im Kirchensteuerrecht, im Kirchenvertragsrecht, im Militärrecht, bei der Religionsförderung, im Rundfunkrecht, Schulrecht, Sozialrecht, bei den theologischen Fakultäten usw. usf. Nicht zu vergessen ist die Diskriminierung religiöser Minderheiten und die weitgehende Ignorierung des großen Teils der nichtreligiösen Bevölkerung.[63] Das BVerfG musste sich nur mit einem kleinen Teil der umfangreichen Materie befassen, seine Rechtsprechung beeinflusst aber den gesamten religiös-weltanschaulichen Teil der Rechtsordnung und der Rechtspolitik.

II. Die frühe Bundesrepublik

Das Urteil des BVerfG zum **Verbot der KPD** aus dem Jahr 1956 enthält wichtige Erkenntnisse zum *Grundcharakter unserer Rechtsordnung*. Das Gericht erklärte: „In der freiheitlichen Demokratie ist die Würde des Menschen der oberste Wert. Sie ist unantastbar, vom Staate zu achten und zu schützen ... Um seiner Würde willen muss ihm eine möglichst weitgehende Entfaltung seiner Persönlichkeit gesichert werden ... Der Mensch ist danach eine mit der Fähigkeit zu eigenverantwortlicher Lebensgestaltung begabte ‚Persönlichkeit'... Er wird vielmehr als fähig angesehen, und es wird ihm demgemäß abgefordert, seine Interessen und Ideen mit denen der anderen auszugleichen ... der Einzelne soll vielmehr in möglichst weitem Umfange verantwortlich auch an den Entscheidungen für die Gesamtheit mitwirken. Der Staat hat ihm dazu den Weg zu öffnen; das geschieht in ers-

63 *Czermak/Hilgendorf*, Religions- und Weltanschauungsrecht, 2. A. 2018, S. 123 ff.

ter Linie dadurch, dass der geistige Kampf, die Auseinandersetzung der Ideen frei ist, dass mit anderen Worten geistige Freiheit gewährleistet wird. *Die Geistesfreiheit ist für das System der freiheitlichen Demokratie entscheidend wichtig*, sie ist geradezu eine Voraussetzung für das Funktionieren dieser Ordnung; sie bewahrt es insbesondere vor Erstarrung und zeigt die Fülle der Lösungsmöglichkeiten für die Sachprobleme auf. *Da Menschenwürde und Freiheit jedem Menschen zukommen, die Menschen insoweit gleich sind, ist das Prinzip der Gleichbehandlung aller für die freiheitliche Demokratie ein selbstverständliches Postulat.*"[64] Damit sind auch wesentliche Gründe für die Existenz eines staatlichen Grundgebots sowohl für die freiheitliche Grundordnung (objektives Recht), als auch des Verhaltens gegenüber seinen Bürgern (subjektives Recht) angegeben. Gleichheit als staatstragendes Prinzip ist aber zumindest weitgehend identisch mit Neutralität im Sinn von gleichmäßiger Sicherung des Pluralismus und von neutralem Verhalten gegenüber dem Denken und Handeln seiner Bürger. Beides steht natürlich im Zusammenhang mit der Einhaltung der Grundentscheidungen des GG im Übrigen. Das ergibt sich klar aus dem Zusammenhang des KPD-Urteils.

In der **Lüth-Entscheidung**[65] zur Meinungsfreiheit aus dem Jahr 1958 erklärte das BVerfG, die Grundordnung des GG sei eine „*objektive Werteordnung*", die sich aus den Grundrechten ergebe. Das bedeute, dass auch die in Art. 4 I GG und anderen Vorschriften verankerte Gleichstellung von religiösen und nichtreligiösen Überzeugungen Bestandteil dieser Wertordnung ist. Der Sache nach *ist die religiös-weltanschauliche Neutralität also Bestandteil dieser allgemeinen Wertordnung.*

Zuvor hatte allerdings der andere – erste – Senat in seinem **Konkordats-Urteil** von 1957[66] mit nicht einmal entscheidungserheblichen Ausführungen die Ansicht vertreten, trotz des Schulzwangs verstoße es nicht gegen Art. 4 GG, wenn Kinder eine Bekenntnisschule besuchen müssten, in der der gesamte Unterricht im Geist eines bestimmten christlichen Bekenntnisses geprägt sei. Das ist das Gegenteil von Neutralität in Glaubensfragen. Ganz nebenbei billigte der Senat pauschal den Abschluss von Kirchenverträgen, obwohl der gerade (1955) abgeschlossene Loccumer Vertrag einen

64 BVerfGE 5, 85 (204 f.), Rn 523 des KPD-Urteils – Hervorhebung Cz. Zur Kritikwürdigkeit des Urteils in anderer Hinsicht *Darnstädt*, Verschlusssache Karlsruhe, München 2018, 33 ff.

65 BVerfGE 7, 198 – Lüth-Entscheidung.

66 BVerfGE 6, 309 – Konkordats-Urteil.

besonderen Anlass zu kritischen Fragen auch hinsichtlich der Neutralität gegeben hätte.[67]

1960 kam das BVerfG im **Tabakfall**[68] demgegenüber zur Erkenntnis, dass sich jeder die seiner Überzeugung entsprechende Lebensform geben könne, sei sie religiös, irreligiös oder religionsfeindlich. In diesem Zusammenhang ist *ausdrücklich* davon die Rede, der *„weltanschaulich neutrale Staat"* dürfe „den Glauben oder Unglauben seiner Bürger nicht bewerten". Dieser gewichtige Fortschritt wurde freilich sogleich mit der Einführung der sogenannten *Kulturadäquanzklausel* eingeschränkt: „Das Grundgesetz hat nicht irgendeine, wie auch immer geartete freie Betätigung des Glaubens schützen wollen, sondern nur diejenige, die sich bei den heutigen Kulturvölkern auf dem Boden gewisser übereinstimmender sittlicher Grundanschauungen im Laufe der geschichtlichen Entwicklung herausgebildet hat." Das widerspricht aber dem vom Gericht längst betonten Pluralismus und der Neutralität und wurde 1975 in der Entscheidung zur sogenannten christlichen Gemeinschaftsschule in Baden-Württemberg[69] korrigiert. In der Nachkriegsphase, während der klerikalen Adenauer-Ära[70], befasste sich das Gericht nach allem nur sehr verhalten und widersprüchlich mit der religiös-weltanschaulichen Gleichheit bzw. Neutralität. Erfreuliche Ansätze zu einer dem Text des GG entsprechenden liberalen Einstellung gab es aber.

III. Zeit des Umbruchs

Das Verhalten des Staats gegenüber Religionsgemeinschaften spielte im Senatsbeschluss von 1965 zur Gebührenfreiheit für die **Neuapostolische Kirche**[71] eine Rolle. Wichtige Passagen lauten: *„Nach dem staatskirchenrechtlichen System des Grundgesetzes steht der Staat den verschiedenen Religionen und Weltanschauungen im Interesse der Glaubens- und Bekenntnisfreiheit aller Bürger grundsätzlich neutral gegenüber. Allerdings gebietet das Grundgesetz nicht, dass der Staat alle Religionsgesellschaften schematisch gleichbe-*

67 *Czermak/ Hilgendorf*, Religions- und Weltanschauungsrecht (2018), § 14, Vertragsrecht, S. 190 (195).

68 BVerfGE 12, 1 (3 f.) – Tabakfall. Näher zu den Kirchenverträgen unten F III.

69 BVerfGE 41, 28 (50) – Christl. Gemeinschaftsschule in Ba-Wü.

70 *T. Ellwein*, Klerikalismus in der Politik, 2. A. München 1955; *T. M.Gauly*, Katholiken (1991), 127-178; *H. Simon*, Katholisierung des Rechtes? 1962 (Bensheimer Hefte 16).

71 BVerfGE 19, 1 – Neuapostolische Kirche.

handelt.“[72] Es seien solche *Differenzierungen* zulässig, die durch tatsächliche Verschiedenheiten der einzelnen Religionsgesellschaften bedingt sind. Das dürfe aber nicht aus sachfremden Gründen geschehen wie bei der Gebührenfreiheit. Wichtig war auch die Feststellung, dass *Tradition* als solche nicht als Differenzierungsgrund anzuerkennen sei. Fehlende Sensibilität in Sachen Gleichheit zeigte sich aber, als der Senat – im selben Beschluss, wie auch schon früher – begründungslos die Ansicht vertrat, es liege völlig im Belieben des Staats, ob und mit wem der Staat einen *Kirchenvertrag* schließe. Eine Ungleichbehandlung hierbei bedarf nämlich auch hier einer verfassungsrechtlichen Begründung. Die inhaltliche Fragwürdigkeit von Kirchenverträgen im Hinblick auf festgeschriebene Privilegierungen erschloss sich dem Gericht nicht.[73]

Noch im selben Jahr wie der Beschluss zur Gebührenfreiheit für die Neuapostolische Kirche erging auch das bekannte Urteil des ersten Senats zur **Badischen Kirchenbausteuer.**[74] Es enthält erstmals eine genauere normative Begründung des Neutralitätsgebots mit folgender bahnbrechenden Passage: *„Das Grundgesetz legt durch Art. 4 Abs. 1, Art. 3 Abs. 3, Art. 33 Abs. 3 GG sowie durch Art. 136 Abs. 1 und 4 und Art. 137 Abs. 1 WRV in Verbindung mit Art. 140 GG dem Staat als Heimstatt aller Staatsbürger ohne Ansehen der Person weltanschaulich-religiöse Neutralität auf. Es verwehrt die Einführung staatskirchlicher Rechtsformen und untersagt auch die Privilegierung bestimmter Bekenntnisse.*“[75] Das ist die bis heute vielfach wiederholte Standard- und Grundformel des BVerfG zur religiös-weltanschaulichen Neutralität, die später noch erweitert wurde. Eine wirkliche Klärung der inhaltlichen Neutralitätsproblematik ist aber durch das BVerfG bis heute nicht erfolgt.[76] Die zitierte Grundformel ist als *objektiv-rechtliche Rechtsregel formuliert: Dem Staat* wird *ohne Einschränkung und generell Neutralität auferlegt*, die in der Einhaltung der Gleichheitsgebote des GG im Hinblick auf Religion und Weltanschauung besteht.

---

72 BVerfGE 19, 1 (8).

73 *G. Czermak*, Verträge, Der Staat 2000, 69 ff; *L. Renck*, Rang, DÖV 1997, 929 ff.; *ders.*, Bemerkungen, ThürVBl 1995, 31 ff.; *H. Weber*, Grundprobleme des Staatskirchenrechts, 1970, 47-53. – S. unten F III.

74 BVerfGE 19, 206 – Badische Kirchenbausteuer.

75 BVerfGE 19, 206 (216), st. Rspr., etwa E 93, 1 (17); E 105, 279 (294); E 108, 282 (299).

76 Dazu *H. Dreier*, Gott (2018), 95, das Neutralitätsgebot sei in der Judikatur des BVerfG „eher vernachlässigt und in den notorischen Konfliktfällen nicht mit hinlänglicher Entschiedenheit aktiviert“ worden. Zu den einschlägigen Begründungsdefiziten des BVerfG *G. Czermak*, Siebzig Jahre, 2021, 117 ff.

Ob betroffene Personen auch subjektive Ansprüche aus der Verletzung des so begründeten Neutralitätsgebots geltend machen können, wurde nicht gesagt. Die Frage hat sich auch nicht besonders aufgedrängt. Allerdings wurde dem Staat die beschriebene Verpflichtung im Hinblick auf seine Funktion als „Heimstatt aller Staatsbürger" auferlegt und es wird konkret auf die einzelnen Personen abgestellt. Angesichts dieser *Subjektivierung* und der Ableitung der Neutralität aus Grundrechten stellt sich daher – entgegen der ganz herrschenden Literaturmeinung – schon die Frage, ob nicht ein festgestellter Verstoß gegen die Neutralitätspflicht automatisch auch einen Verstoß gegen ein Grundrecht bedeuten sollte.[77] Dafür sprach auch der entschiedene Fall. Das BVerfG hat nämlich entschieden, dass die beiden gewerblichen Gesellschaften, die keine Kirchensteuer zahlen wollten, in ihrem Grundrecht aus Art. 2 I GG verletzt seien. Der Verstoß gegen die „verfassungsmäßige Ordnung" (vgl. Art. 2 I GG) liege in der „Unvereinbarkeit der Kirchenbausteuerpflicht juristischer Personen mit der durch das GG festgelegten Ordnung des Verhältnisses von Staat und Kirche". Sollte man demgegenüber vergleichsweise etwa im Fall des Kreuzes im Klassenzimmer sagen können, es liege zwar ein klarer Verstoß gegen das Neutralitätsgebot vor, aber keine rechtserhebliche Verletzung des Art. 4 I, II GG[78], so dass der Bürger zwar Recht, aber keinen Erfolg hat? Die unterschiedliche Behandlung wäre dann nur darin „begründet", dass Art. 4 I, II GG speziell ist im Verhältnis zu Art. 2 I GG. Tragfähig wäre das nicht.

Warum das Gericht die korporative Gleichstellung der Religionsgesellschaften in Art. 140 GG/137 VII WRV bis heute nicht in die Standardformel aufgenommen hat, ist unerklärlich, zumal die Formel erklärtermaßen im Zusammenhang des gesamten Staat-Kirche-Verhältnisses steht. Die Zitierung des Art. 137 I WRV (Verbot der „Einführung staatskirchlicher Rechtsformen"; Trennungsgebot), der ja als wesentliches Element nach allgemeiner Ansicht insbesondere die organisatorische Trennung von Staat und Kirche bzw. Religion enthält, steht im Übrigen *selbständig* neben dem Neutralitätsgebot. Dieses wurde leider nicht beschrieben, sondern nur als Begriff etabliert, der aus den speziellen Gleichheitsrechten der Verfassung und der Religionsfreiheit abgeleitet wurde. Auch die Nichterwähnung des gerade für die Praxis so wichtigen Art. 3 I GG überzeugt nicht.

---

77 In diese Richtung *P. Unruh*, Religionsverfassungsrecht, 4. A. 2021: Das Neutralitätsgebot könne an eine konkrete Verfassungsnorm angebunden werden und gehöre zum Schutzbereich der Religionsfreiheit. Es könne abwehrrechtlich über Art. 4 I, II GG verfassungsgerichtlich geltend gemacht werden. S. auch E IV 4 b.

78 So aber z. B. *S. Muckel* in KuR 1996, 65 (77 ff.).

Von Bedeutung für die weltanschauliche Gleichberechtigung im Sozialwesen war das **Sozialhilfeurteil**[79] von 1967. Unmittelbar vor der Bundestagswahl 1961 hatte die Adenauerregierung noch eine Neuregelung des Bundessozialhilfegesetzes durchgesetzt, mit der der bewährte Vorrang sozialer Einrichtungen der öffentlichen Hand in einen Vorrang der freien Träger, d. h. in der Praxis vorwiegend der kirchlichen Einrichtungen, umgekehrt wurde. Mehrere Kommunen hatten in Verfassungsbeschwerden unter anderem einen Verstoß gegen Art. 4 GG und die Bevorzugung der finanzstarken, insbesondere der konfessionellen Verbände gerügt. Sie trugen vor, die verschiedenen Träger der Jugendhilfe würden ungleich behandelt, religiöse Minderheiten benachteiligt. Die Verfassungsbeschwerden wurden abgewiesen, wobei das BVerfG aber forderte, *bei Durchführung der neuen Vorrangregelung müsse Art. 4 GG beachtet werden.* Das naheliegende Problem, dass die Neuregelung für weltanschauliche Minderheiten unzumutbar sein könnte, wenn keine entsprechende Einrichtung zur Verfügung stehe, überging das Gericht. Dabei wäre es angesichts des erst zwei Jahre zuvor formulierten Privilegierungsverbots doch nötig gewesen, das Vorhandensein einer *weltanschaulich neutralen Grundversorgung* zu fordern. Stattdessen sind religiöse Monopole und Teilmonopole entstanden.

Der heute wegen der exzessiven Ausweitung der Religionsausübungsfreiheit immer mehr kritisierte Beschluss zur **Aktion Rumpelkammer** von 1968 enthält folgende wichtige Passage: Es „hat der religiös-neutrale Staat grundsätzlich verfassungsrechtliche Begriffe nach neutralen, allgemeingültigen, nicht konfessionell oder weltanschaulich gebundenen, Gesichtspunkten zu interpretieren.“ [80]

Eine immer noch vielzitierte Entscheidung ist die zum **Kreuz im Gerichtssaal** von 1973.[81] Eine jüdische Klägerin wehrte sich in einem sog. Wiedergutmachungsprozess gegen ein ca. 75 cm großes Standkruzifix auf dem Richtertisch. In diesem Einzelfall nahm das BVerfG eine Verletzung des Grundrechts aus Art. 4 GG an. Daher setzte es sich mit dem objektiven Neutralitätsgebot nicht näher auseinander. Die generelle Problematik der Kreuze in Gerichtssälen und der religiös-weltanschaulichen *Neutralität* brauche nicht erörtert zu werden, zumal das „rechts- und justizgeschichtliche Untersuchungen“ sowie ein „Eingehen auf die verschiede-

---

79 BVerfGE 22, 180 – Sozialhilfeurteil.

80 BVerfGE 24, 236 – Aktion Rumpelkammer (auch: Lumpensammler-Beschluss); Zitat 246 f.

81 BVerfGE 35, 366 – Kreuz im Gerichtssaal.

nen Verhältnisse und Anschauungen in den einzelnen Landesteilen der Bundesrepublik erfordern" würde. Umfang und Tragweite einer solchen Prüfung stünden in keinem vertretbaren Verhältnis zu der Bedeutung des hier zu entscheidenden Sonderfalles. Das verwundert. Zum einen wäre eine Prüfung im Hinblick auf das Neutralitätsgebot wegen der in Bayern, Nordrhein-Westfalen, Baden-Württemberg und Rheinland-Pfalz weit verbreiteten Kreuze in Gerichten angezeigt gewesen, hat das BVerfG doch eine erhebliche Direktivfunktion. Die Bedeutung der Neutralität (Nicht-Identifikation) von den regionalen Umständen abhängig zu machen, wäre nur bei einem Verständnis der Neutralität als rechtspolitisch regional veränderbares, bloß grundsätzliches Prinzip möglich. Aber die vom selben Senat acht Jahre zuvor in der Entscheidung zur Badischen Kirchenbausteuer vorgenommene normative Ableitung der Neutralität (s. oben) enthält keine Gesichtspunkte für eine solche Variabilität. Auch hatte der Senat schon damals und zuvor das Merkmal Tradition für die Auslegung ausgeschlossen.[82] Im Übrigen müsste man doch sagen: Da die Privilegierung speziell einer religiösen Richtung durch die staatliche Präsentation deren Hauptsymbols im Bereich strikter Hoheitsgewalt gegen das vom selben Senat längst ausgesprochene Privilegierungsverbot verstößt, hätte es keinerlei besonderer Untersuchungen zur religiös-weltanschaulichen Neutralität bedurft. Nach Maßgabe der Grundformel des Gerichts zur Neutralität wäre schlicht der Verstoß jeder einseitigen Anbringung oder sonstigen Präsentation des Kreuzsymbols oder gar Kruzifixes gegen die objektive Neutralität festzustellen gewesen. Das Gericht wollte nicht die Konsequenz aus seiner eigenen Rechtsprechung ziehen.

Die Entscheidungen zu den sog. **Christlichen Gemeinschaftsschulen**[83] in Baden-Württemberg[84], Bayern[85] und Nordrhein-Westfalen[86] boten einen eigentlich zwingenden Anlass, halbwegs klare Aussagen über den zulässigen Inhalt des Unterrichts im Hinblick auf Religion und Weltanschauung zu machen. Denn Art. 4 GG und andere Artikel fordern ja, die verschiedenen Religionen, Konfessionen und nichtreligiösen Überzeugungen „gleich" bzw. „neutral" zu behandeln. Dass das schon wegen ihrer Vielzahl schwierig war

82 BVerfGE 19, 1; 19, 206.

83 *G. Czermak* in Czermak/Hilgendorf, Religions- und Weltanschauungsrecht, 2. A. 2018, S. 158-170; *L. Renck*, KJ 1994, 488 ff.

84 BVerfGE 41, 29 – Christliche Gemeinschaftsschule Baden-Württemberg.

85 BVerfGE 41, 65 – Christliche Gemeinschaftsschule Bayern.

86 Diese Entscheidung hat inhaltlich keine selbständige Bedeutung neben den beiden anderen und wird daher nicht erörtert.

und angesichts der örtlich unterschiedlichen religiös-weltanschaulichen Situation die Zuerkennung eines größeren Gestaltungsspielraums erforderte, ändert nichts an der Verpflichtung des Gerichts. Dieses hat stattdessen zwar richtigerweise gefordert, keine Verbindlichkeit christlicher Glaubensinhalte zu lehren. Auch dürfe das *Erziehungsziel* außerhalb des Religionsunterrichts *nicht christlich-konfessionell fixiert* sein. Art. 4 GG erfordere das Bestreben nach Verwirklichung der autonomen Persönlichkeit im weltanschaulich-religiösen Bereich. Der Unterricht dürfe nicht missionarisch im Sinn einer Glaubensunterweisung erfolgen, sondern müsse auch gegenüber Nichtchristen legitimiert sein. Der Minderheitenschutz sei zu beachten. Die Bayern betreffende Entscheidung sprach an einer Stelle auch vom religiös-weltanschaulich neutralen Staat. Aber auch *von der Forderung nach zumindest einem Versuch der religiös-weltanschaulich neutralen Unterrichtsgestaltung kann bei der Zusammenschau der Entscheidungsgründe keine Rede sein.* Das ergibt sich schon aus der in der Entscheidung zu Baden-Württemberg enthaltenen Passage, wonach die konkrete Schulwirklichkeit mit den in ihr wirkenden Kräften bei einer entsprechenden Konstellation dazu führen könne, dass „der Unterricht im Geiste des überwiegend vertretenen Bekenntnisses" erteilt werde. Auf die Empfindungen Andersdenkender sei dabei Rücksicht zu nehmen.

Es stellen sich anhand der Entscheidungsbegründungen u.a. folgende Fragen: Was bedeutet eine in erster Linie zulässige Bejahung des Christentums in den profanen Fächern hinsichtlich ihrer Anerkennung als prägender Kultur- und Bildungsfaktor? Inwieweit ist darüber hinaus (in zweiter Linie) eine Bejahung des Christentums zulässig? Was genau ist unter missionarischer Schule zu verstehen? Hängt das von der Intensität der Beeinflussung ab? Bedeutet das Verbot einer „christlich-konfessionellen Fixierung", dass eine allgemein-christliche Unterrichtstendenz, wenn auch ohne Glaubensverbindlichkeit, zulässig ist? Nach welchen Kriterien soll die Interkonfessionalität festgestellt werden? Mit welcher Kompetenz? Muss das Christentum als prägender Kultur- und Bildungsfaktor nicht nur gelehrt, sondern auch positiv anerkannt werden? Welche Rolle dürfen oder müssen die zahlreichen Verhaltensdefizite der christlichen Kirchen spielen? Gehört zur Geschichte des Christentums wirklich „nicht zuletzt der Gedanke der Toleranz für Andersdenkende"?[87] Wie muss sich ein dezi-

87 Vgl. dazu nur der Theologe *Max Seckler*, Theologische Quartalschrift 1995, 1 (6 ff. zu den christlichen Konfessionen: „Der Billigung der Ideen der religiösen Toleranz und

diert nichtchristlicher Lehrer, der laut BVerfG nicht benachteiligt werden darf, konkret verhalten, muss auch er das Christentum in den profanen Fächern bejahen? Was bedeutet es konkret, dass „weltanschaulich-religiöse Zwänge soweit wie irgend möglich" auszuschalten seien?[88] Was für eine Bedeutung hat die Rechtsprechung, wonach die Neutralität verbindliches objektives Verfassungsrecht ist, in den Fällen, in denen wegen der konfessionell einheitlichen Schülerschaft der allgemeine Unterricht (angeblich) konfessionell ausgerichtet sein darf? Aus allem ergibt sich, dass *der Neutralitätsgrundsatz* als Gleichheitsgebot in den Entscheidungen zur christlichen Gemeinschaftsschule allenfalls eine geringeRolle spielt.[89]

In der Entscheidung zur **Nachbesteuerung** nach erfolgtem Kirchenaustritt[90] von 1977 vertrat das Gericht neben dem Verbot, die Wirksamkeit der Austrittserklärung durch eine (kirchengünstige) Überlegungsfrist zu verlängern, die Ansicht, die Besteuerung eines Nichtmitglieds sei nur innerhalb eines begrenzten Zeitraums zulässig. Bei einer Weiterbesteuerung ab drei Monaten sei das nicht mehr der Fall. Eine Nachbesteuerung sei nur gerechtfertigt, wenn das zur Sicherstellung einer geordneten Kirchensteuerverwaltung „notwendig" sei (Art. 137 VI WRV/140 GG). Die Steuerpflicht könne auf ein Monatsende hinausgeschoben werden, so dass Überzahlungen und Erstattungsansprüche vermieden werden. Dass hier lediglich aus Zweckmäßigkeitsgründen ein – wenn auch relativ kleiner – Grundrechtseingriff für gerechtfertigt erklärt wird, stimmt bedenklich. Sehr interessant ist auch die folgende Aussage des Gerichts: „Der ... Gedanke einer Fürsorge des Staates in Glaubensangelegenheiten ... ist dem Grundgesetz fremd." Daher sei es auch nicht Aufgabe des Staats, der Kirche durch eine Überlegungsfrist die Möglichkeit der Einflussnahme auf den Ausgetretenen zu eröffnen. Eine solche *staatliche Kirchenfürsorge entspreche „nicht mehr der vom Grundgesetz konstituierten staatsrechtlichen Ordnung, die auf der religiösen und weltanschaulichen Neutralität des Staates einerseits, der Unabhängigkeit der Kirchen andererseits beruht (vgl. BVerfGE 18, 385 [386])"*.

In der Entscheidung von 1979 zum **Schulgebet** außerhalb des Religionsunterrichts[91] räumt das Gericht selbst ein, es stelle eine Förderung

---

ebenso der Religionsfreiheit widersetzten sie sich, solange es irgend möglich war..."); *EvStL* 2006, Art. Toleranz (Th).

88 LS 4.

89 Vgl. *Huster*, Ethische Neutralität, 2002/2017, 183 ff.

90 BVerfGE 44, 37 – Nachbesteuerung.

91 BVerfGE 52, 233 – Schulgebet. Kritik bei *Czermak/Hilgendorf* (2018), S. 159 f.

des Christentums über die bloße Anerkennung seines prägenden Kultur- und Bildungsauftrags[92] hinaus dar und sei wegen der Initiierung durch die Lehrer dem Staat zuzurechnen. Es handele sich aber nicht um eine „gezielte Einflussnahme seitens Schule und Lehrer auf die Kinder". Das Neutralitätsgebot als objektiv-rechtlicher Prüfungsmaßstab für staatliche Maßnahmen wurde gar nicht erwähnt. Eine subjektive Grundrechtsverletzung gegenüber Minderheiten wurde verneint mit der Behauptung, *es liege zwar eine Einflussnahme vor, sie sei aber nicht „gezielt"*. Damit wird das Neutralitätsgebot relativiert und sinngemäß indirekt zum Ausdruck gebracht, eine Beeinträchtigung liege zwar vor, sei aber wegen Geringfügigkeit nicht rechtserheblich. Das Erfordernis, eine objektiv-rechtliche Aussage zum genauen Inhalt der Neutralität zu machen und etwas zur Frage der Freiheit von staatlicher religiös-weltanschaulicher Beeinflussung als Gegenstand der Glaubensfreiheit (Art. 4 I GG)[93] zu sagen, wurde wieder nicht beachtet.

Eine im Hinblick auf das Gleichheitsgebot anstößige Entscheidung ist die von 1987 zur **Hamburger Privatschulförderung.**[94] Eine Privatschule hatte eine Förderung von 25% des Schülerkopfsatzes erhalten gegenüber einer Förderung von 77% bei Bekenntnis- und Weltanschauungsschulen. Einen Verstoß gegen Art. 3 III GG sah das Gericht im Hinblick auf Vertrauens- und Bestandsschutz, die besondere Funktion von Bekenntnisschulen wegen Art. 7 GG, das Schulwahl-Recht der Eltern und Schüler, die besondere historische Situation und fiskalische Gründe nicht. Das soll hier nicht im Detail kritisch erörtert werden. Das Gericht sah aber in der „krassen Sonderbehandlung" dennoch keinen Verstoß gegen den Allgemeinen Gleichheitssatz (Art. 3 I GG). Dieser gelte zwar für alle Ersatzschulen, wobei aber eine besondere Förderung von Bekenntnis- und Weltanschauungsschulen grundsätzlich zulässig sei. Denn diese Schulen ergänzten das religiös-weltanschaulich neutrale öffentliche Schulwesen „in besonderer Weise". Ein akzeptables Verständnis des Gleichheitssatzes ist das wohl nicht. Hinsichtlich Art. 3 III GG wurde die Entscheidung immerhin etwa fünf Jahre danach durch denselben Senat korrigiert. Das Anknüpfungsverbot wurde jetzt grundsätzlich für alle genannten Merkmale streng verstanden.

---

92 Vgl. BVerfGE 41, 29 (52) – Christliche Gemeinschaftsschule Ba-Wü.

93 Vgl. u. a. die bei *Czermak/Hilgendorf* (2018), S. 65 Rn. 24 genannten Autoren. S. unten E IV 2 b, c.

94 BVerfGE 75, 40 – Privatschulförderung in Hamburg.

Zum Neutralitätsgebot in der Schule äußerte sich 1989 ein Nichtannahme-Beschluss zur Frage der **Schulbuchzulassung.**[95] In Bestätigung des BVerwG erklärt eine Kammer des BVerfG, ein Eingriff (gemeint wohl: eine Grundrechtsverletzung) in Art. 6 II der Eltern bzw. 2 I GG der Schüler liege erst dann vor, wenn der Staat in der Schulerziehung die Schüler „zu einem bestimmten Verhalten ‚indoktriniert' und dadurch seine Erziehungsgewalt missbraucht. Der Begriff der Indoktrination darf nicht dahin missdeutet werden, dass darunter schon jede Erziehung oder Beeinflussung zu einem bestimmten Verhalten verstanden wird. Es ist im Gegenteil – wie dargelegt – Aufgabe der Schule, bestimmte verfassungsrechtlich und gesetzlich vorgegebene Werte und damit Haltungen zu vermitteln. Verboten ist nur eine darüber hinaus gehende gezielte Beeinflussung oder gar Agitation im Dienste einer bestimmten politischen, ideologischen oder weltanschaulichen Richtung. Nur eine solche Indoktrination verletzt die verfassungsrechtlich gebotene Rücksichtnahme gegenüber dem Recht der Eltern aus Art. 6 II 1 GG und dem des Schülers aus Art. 2 I i. V. m. Art. I 2 GG." Unklar bleibt bei der zitierten wichtigen Passage, was genau unter „gezielter" u. a. religiös-weltanschaulicher Beeinflussung zu verstehen ist. Immerhin hatte es in den Schulentscheidungen von 1975 geheißen, der Unterricht werde auf einer christlichen Orientierungsbasis erteilt, was immer das sein mochte. In der Frage der *bhagwan-typischen Lehrerkleidung* hatte die Rechtsprechung erst kurz zuvor eine viel strengere Ansicht vertreten und das Neutralitätsgebot betont.[96]

Das zweite Urteil zum **Schwangerschaftsabbruch** von 1993[97] enthält eine (freilich im konkreten Gesamtzusammenhang wenig glaubwürdige[98]) wichtige Aussage: das Lebensrecht des Ungeborenen sei unveräußerlich, gehe von der Menschenwürde aus und gelte *„unabhängig von bestimmten religiösen oder philosophischen Überzeugungen, über die der Rechtsordnung eines religiös-weltanschaulich neutralen Staates kein Urteil zusteht."*

95 BVerfG NVwZ 1990, 54.

96 BayVGH NVwZ 1986, 405; OVG Hamburg NVwZ 1986, 406.

97 BVerfGE 88, 203 – Schwangerschaftsabbruch II. Das erste einschlägige Urteil von 1975 (E 39, 1) hatte die Neutralitätsfrage nicht erwähnt.

98 Dazu G. *Czermak*, Schieflage (2021), 68 ff.

IV. Fragile Neuorientierung

Der aufsehenerregende und auch juristisch seinerzeit nicht selten sogar fanatisch angegriffene **Kruzifix-Beschluss des BVerfG**[99] des 1. Senats leitete eine Neuorientierung ein.[100] Das Gericht erklärte folgende Vorschrift der damaligen bayerischen Volksschulordnung für mit Art. 4 I GG unvereinbar und nichtig: „In jedem Klassenzimmer ist ein Kreuz anzubringen." Diese Anordnung stand im Rahmen einer Regelung zur Unterstützung der Erziehungsberechtigten „bei der religiösen Erziehung der Kinder".[101] Die materiell-rechtlichen Entscheidungsgründe stellen zunächst im Rahmen grundsätzlicher Ausführungen zur Glaubensfreiheit (Art. 4 I GG) fest, der Einzelne werde in einer vom Staat geschaffenen Lage ohne Ausweichmöglichkeit dem „Einfluss eines bestimmten Glaubens" und den dazugehörigen Symbolen ausgesetzt. Es sei aber Sache des Einzelnen zu entscheiden, welche religiösen Symbole er anerkennt oder ablehnt. Art. 4 I GG verwehre dem Staat eine „Einmischung in die Glaubensüberzeugungen, -handlungen und -darstellungen einzelner oder religiöser Gemeinschaften". Niemand habe einen Anspruch darauf, seiner Glaubensüberzeugung „mit staatlicher Unterstützung Ausdruck zu verleihen". Denn aus Art. 4 I GG folge der „Grundsatz staatlicher Neutralität gegenüber den unterschiedlichen Religionen und Bekenntnissen". Dazu wurden in einer größeren Passage folgende Gesichtspunkte genannt: Gewährleistung friedlicher Koexistenz, Grundlage in weiteren GG-Artikeln, Verbot staatskirchlicher Rechtsformen, Untersagung der Privilegierung bestimmter Bekenntnisse und Ausgrenzung Andersgläubiger, Unerheblichkeit zahlenmäßiger Stärke oder sozialer Relevanz, staatliche Einhaltung einer am Gleichheitssatz orientierten Behandlung der verschiedenen Religions- und Weltanschauungsgemeinschaften, Verbot der Identifikation mit einer bestimmten Religionsgemeinschaft, auch bei der Zusammenarbeit oder Förderung. Diese Zusammenfassung geht weit über die Formel von 1965[102] hinaus, brachte zum Entscheidungszeitpunkt aber wenig Neues. Neu sind wohl nur die strengeren Anforderungen an das Verbot der staatlichen Einflussnahme bzw. Einmischung bei Religion und Weltanschauung.

99 BVerfGE 93, 1 – Kruzifix-Beschluss.
100 Näher F I 1.
101 § 13 I BayVSchO, BayGVBl 1983, 597.
102 S. oben zu BVerfGE 19, 206 (216) – Badische Kirchenbausteuer.

Das *Minderheitsvotum* von drei Richtern geht von den landesrechtlichen Gegebenheiten Bayerns aus, darunter dem Erziehungsziel „Ehrfurcht vor Gott". Die in der ja zulässigen christlichen Gemeinschaftsschule „zu vermittelnden überkonfessionellen christlich-abendländischen Werte und ethischen Normen" würden Lehrern und Schülern durch das Kreuz sinnbildlich vor Augen geführt. Die staatliche Verpflichtung zu weltanschaulich-religiöser Neutralität werde durch Kreuze nicht verletzt. Denn durch Art. 140 GG sei „das Neutralitätsgebot im Sinne einer Zusammenarbeit des Staates mit den Kirchen und Religionsgesellschaften ... ausgestaltet worden." Auch gelte zugunsten Andersdenkender das Toleranzgebot. Damit wurde das Neutralitätsgebot stark reduziert, wenn nicht beseitigt, und blieb völlig im Nebel. Grundrechte würden nicht verletzt, die psychische Beeinträchtigung nichtchristlicher Schüler habe „nur ein verhältnismäßig geringes Gewicht". Eine unzulässige missionarische Beeinflussung gehe vom Kreuz nicht aus. Die Schüler würden in vielen Lebensbereichen ohnehin mit Kreuzen konfrontiert. Diese unmutsgetragenen juristisch haltlosen Thesen habe ich an anderer Stelle näher kommentiert.[103]

Nicht unwichtig für das Neutralitätsproblem ist die 2002 ergangene **Osho-Entscheidung** des BVerfG.[104] Der Senatsbeschluss betrifft die Osho-Bewegung (auch: Bhagwan- und Sannyas-Bewegung). Sie steht im Zusammenhang einer umfangreichen Rechtsprechung der Instanzgerichte zur Frage der kleinen Religionsgemeinschaften, die üblicherweise „Sekten" genannt wurden, insbesondere zur Frage der *Zulässigkeit staatlicher Warnungen.* Dabei ging es vor allem darum, ob und inwieweit es staatlichen Organen erlaubt ist, vor sozialschädlichen Auswirkungen solcher Gemeinschaften zu warnen. Das erfolgte vielfach in einem Zeitraum von vielleicht 25 Jahren in einem gesellschaftlichen Umfeld, das teilweise sogar hysterische Züge trug. In der erst gegen Ende dieser Periode, elf Jahre (!) nach Erhebung der Verfassungsbeschwerde, ergangenen Entscheidung ging es um *kritische Informationen der Bundesregierung,* in denen die Begriffe „destruktiv", „pseudoreligiös", „Sekte", „Jugendreligion", „Jugendsekte" und „Psychosekte" zur Umschreibung der Osho-Bewegung verwendet wurden. Das Gericht forderte immerhin, im Hinblick auf Art. 4 GG müsse Kritik an Aktivitäten mit Zurückhaltung und *in religiös-weltanschaulicher Neutralität* erfolgen. Eine amtliche Beurteilung des tatsächlichen Verhaltens nach

---

103 Näher zum Sondervotum *G. Czermak*, Siebzig Jahre (2021), 71 (73-76); *J. Rozek*, BayVBl 1996, 22 ff.

104 BVerfGE 105, 279.

weltlichen Kriterien sei möglich. Diffamierende, diskriminierende oder verfälschende Darstellungen seien dabei unzulässig. Die Begriffe „destruktiv" und „pseudoreligiös" sowie der Vorwurf der Manipulation von Mitgliedern bräuchten nicht hingenommen zu werden. Die Verwendung der übrigen Begriffe sei aber nicht zu beanstanden, da der Text der Bundesregierung sie verfassungsrechtlich neutral verwendet habe. Dem ist nicht zu folgen, denn kaum ein Leser wird Allgemeinverständnis und wissenschaftlich neutrale Begriffsverwendung diffizil auseinanderhalten. In der Öffentlichkeit wird der Begriff Sekte eindeutig negativ verstanden. Mit „Psychosekte" gar werden schlimmer Missbrauch und Gehirnwäsche assoziiert. Billigt man einen solchen amtlichen Sprachgebrauch, so ist das sehr wohl eine diskriminierende, jedenfalls gleichheitswidrige Behandlung gegenüber anderen religiösen Gruppierungen wie insbesondere dem nicht behelligten Opus Dei der katholischen Kirche.[105] Dass das *Gericht wohl nicht neutral war*, zeigt sich ungeachtet aller diffizilen Erörterungen daran, dass – trotz der auch vom BVerfG sonst anerkannten Notwendigkeit eines sehr weiten Verständnisses des Schutzbereichs bei Art. 4 GG[106] – *nicht einmal beim Terminus „Psychosekte" wenigstens das Vorliegen des Schutzbereichs anerkannt wurde.*

Die heftig diskutierte **Erste Kopftuchentscheidung des BVerfG (2. Senat)** von 2003[107] ist sehr wichtig für die religiös-weltanschauliche Neutralität.[108] Sie wurde (wie erst recht das Sondervotum dreier Richter) teilweise deswegen stark angegriffen, weil sie die staatliche Neutralität in der Kopftuchfrage noch nicht ausreichend berücksichtigt habe. Im thematisch gleichartigen Urteil des 1. Senats von 2015[109] wurde die Neutralität demgegenüber sogar entscheidend zurückgedrängt. Vereinfacht: Aus „Neutralität vor Religionsfreiheit" wurde „Religionsfreiheit vor Neutralität". Der Entscheidung von 2003 im Fall Fereshta Ludin war 2002 die des BVerwG vorangegangen.[110] In dieser Vorentscheidung war derselbe Fall noch strenger als vom BVerfG ein Jahr später beurteilt worden. Gegen die Klägerin, eine seit Jahren eingebürgerte Afghanin, lag bis zur Ablegung ihrer zwei-

105 S. den kompakten Sammelband „Katholischer" Fundamentalismus des kath. Theologen Wolfgang Beinert, 1991, darin S. 148-165 *Peter Hertel* zum Opus Dei.

106 Geradezu extrem hat das BVerfG den Schutzbereich der Religionsausübungsfreiheit in BVerfGE 24, 236 (245) – Lumpensammler – ausgeweitet und das bis heute stets wiederholt.

107 BVerfGE 108, 282 – 1. Kopftuchentscheidung.

108 s. auch F I 2.

109 BVerfGE 138, 296 – 2. Kopftuchentscheidung.

110 BVerwGE 116, 359 – Kopftuch.

ten Staatsprüfung für das Lehramt an Grund- und Hauptschulen nichts Nachteiliges vor. Jahrelang hatte sie unbeanstandet aus Glaubensgründen ein islamisches Kopftuch getragen. Da sie das auch im angestrebten Staatsdienst weiterhin tun wollte, versagte ihr das Oberschulamt Stuttgart die Übernahme als Probebeamtin, da ihr die persönliche Eignung fehle. Das folge ausschließlich daraus, dass sie konsequent auf dem Kopftuchtragen auch während des Unterrichts bestehe. Ihre Klage blieb in allen Instanzen erfolglos. Im Rahmen seiner starken Betonung der religiös-weltanschaulichen Neutralität legte das BVerwG unter anderem dar: „Religiöse und weltanschauliche Einflüsse, die von Eltern in Ausübung ihres Grundrechts aus Art. 4 Abs. 1 GG abgelehnt werden, darf der Staat im öffentlichen Schulwesen nicht fördern oder unterstützen. Er muss eine derartige Einflussnahme seinerseits vielmehr soweit wie irgend möglich ausschalten und darf sich nicht mit einer Religionsgemeinschaft identifizieren (BVerfGE 93, 1 [17]). Kinder sind in öffentlichen Pflichtschulen ohne jegliche Parteinahme des Staates und der ihn repräsentierenden Lehrkräfte für christliche Bekenntnisse wie für andere religiöse und weltanschauliche Überzeugungen zu unterrichten und zu erziehen. Der Staat ist von Verfassungs wegen verpflichtet, die Neutralität der Schule insoweit sicherzustellen. Er muss auf die in einer pluralen Gesellschaft sehr unterschiedlichen Elternauffassungen Rücksicht nehmen und *jede religiöse Einflussnahme durch Lehrer unterbinden.*[111] Deshalb gewinnt das Neutralitätsgebot mit wachsender kultureller und religiöser Vielfalt – bei einem wachsenden Anteil bekenntnisloser Schüler – zunehmend an Bedeutung ...". Das Gericht fuhr fort: „Das ‚islamische Kopftuch' ist Symbol einer bestimmten religiösen Überzeugung. Es kann nicht seines spezifischen Bezuges auf die Glaubensinhalte des Islam entkleidet und auf ein lediglich allgemeines Zeichen einer Kulturtradition reduziert werden." Das BVerwG forderte beim Lehrerinnen-Kopftuch wegen der staatlichen Neutralität in der Grundschule zwingend einen Verzicht. Bei älteren Schülern sei eine entsprechende Anordnung zumindest möglich.

Ähnlich, wenn auch weniger streng im Hinblick auf eine mögliche Flexibilität des Landesrechts, judizierte die Richtermehrheit der mit 5:3 Stimmen ergangenen *1. Kopftuchentscheidung des BVerfG*. Der 2. Senat gab der Verfassungsbeschwerde der Lehramtsanwärterin wegen Verstoßes gegen ihre Rechte aus Art. 33 II i. V. m. Art. 4 I, II und Art. 33 III GG statt. Zwar habe der Gesetzgeber bei der Aufstellung von Eignungs-

111 Hervorhebung Czermak.

kriterien für das jeweilige Amt eine weite Gestaltungsfreiheit, müsse aber die Grundrechte des Beamten berücksichtigen. Die Grundrechtsausübung werde durch den beamtenrechtlichen Pflichtenkreis gemäß Art. 33 V GG begrenzt. Die Eignungsbeurteilung verlange eine einzelfallbezogene Würdigung der Gesamtpersönlichkeit. Eine lange zusammenfassende Passage ist u. a der „Pflicht zu weltanschaulich-religiöser Neutralität" als einem mit der Glaubensfreiheit im Widerstreit stehenden Rechtsgut von Verfassungsrang gewidmet. Zu dieser möglichen Einschränkung bedürfe es einer hinreichend bestimmten gesetzlichen Grundlage. Es sei unzulässig, einen Zusammenhang zwischen der Zulassung zu öffentlichen Ämtern und dem religiösen Bekenntnis herzustellen. Gleichwohl könnten Dienstpflichten bestehen, die in die Glaubensfreiheit von Amtsinhabern und Bewerbern eingreifen. Das Kopftuch eröffne den Schutzbereich des Art. 4 I, II GG. Der Staat dürfe die Glaubensfreiheit für alle Bekenntnisse gleichermaßen fördern. Er darf „lediglich keine gezielte Beeinflussung im Dienste einer bestimmten politischen, ideologischen oder weltanschaulichen Richtung betreiben". Zutreffend wird ausgeführt, negative wie positive Glaubensfreiheit seien gleichermaßen geschützt. Zumindest unklar ist, warum der Senat den Ländern bezüglich der weltanschaulich-religiösen Ausprägung der Schulen selbst eine „grundsätzlich freie Ausgestaltung der Pflichtschule" zubilligt. Gleichzeitig heißt es aber, weltanschaulich-religiöse Zwänge seien „so weit wie irgend möglich auszuschalten". Nach eingehender Erörterung der recht unterschiedlichen Motive und Deutungsmöglichkeiten des nicht staatlich veranlassten Kopftuchtragens und des maßgeblichen objektiven Empfängerhorizonts werden die Möglichkeiten der (gezielten?) Schülerbeeinflussung durch das Kopftuch erörtert. Im Ergebnis lasse sich die Annahme einer Dienstpflichtverletzung wegen nur befürchteter Einflüsse eines Kopftuchs nicht auf gesicherte Grundlagen stützen. Im Streitfall sei die Verfassungsbeschwerde wegen Fehlens einer ausreichenden gesetzlichen Grundlage begründet. Zu einer möglichen Landesgesetzgebung wird unter Bezugnahme auf die zunehmende religiöse Vielfalt ausgeführt: „Es mag deshalb auch gute Gründe dafür geben, der staatlichen Neutralitätspflicht im schulischen Bereich eine striktere und mehr als bisher distanzierende Bedeutung beizumessen und demgemäß auch durch das äußere Erscheinungsbild einer Lehrkraft vermittelte religiöse Bezüge von den Schülern grundsätzlich fern zu halten, um Konflikte mit Schülern, Eltern oder anderen Lehrkräften von vorneherein zu vermeiden."

Das *Minderheitsvotum* dreier Richter[112] akzentuiert die Neutralitätspflicht noch stärker. Dass bestimmte Dienstpflichten nur durch Gesetz begründet werden dürften, sei eine Fehlentwicklung. Eine schwerwiegende Beeinträchtigung der Religionsfreiheit der Beschwerdeführerin (Bf.) liege nicht vor. Wegen der funktionellen Begrenzung der Grundrechte von Beamten gibt es bei Art. 33 II GG laut Minderheitsvotum „keine offene Abwägungssituation gleichwertiger Rechtsgüter; das für die Grundrechtsverwirklichung wesentliche Rechtsverhältnis in der Schule wird in erster Linie durch den Grundrechtsschutz von Schülern und Eltern geprägt." *Beamtete Lehrer* unterrichteten trotz ihrer persönlichen pädagogischen Verantwortung nicht in Wahrnehmung eigener Freiheit, sondern im Auftrag der Allgemeinheit und in Verantwortung des Staates. Sie hätten deshalb bereits vom Ansatz her *nicht denselben Grundrechtsschutz wie Eltern und Schüler*. Die Lehrer seien vielmehr deswegen an die Beachtung der Grundrechte von Schülern und Eltern gebunden, weil sie teilhaben an der Ausübung öffentlicher Gewalt. „Mit Dienstpflichten sichert sich der Staat in seiner Binnensphäre die gleichmäßige, gesetzes- und verfassungstreue Verwaltung." Die Senatsmehrheit habe den Strukturunterschied zwischen Lehrern einerseits und Schülern und Eltern andererseits nicht richtig erfasst. Mit den Dienstpflichten sei es „nicht zu vereinbaren, dass der Beamte den Dienst im Innenverhältnis prononciert als Aktionsraum für Bekenntnisse, gleichsam als Bühne grundrechtlicher Entfaltung nutzt. Die ihm übertragene Aufgabe besteht darin ... als Individuum dort zurückzustehen, wo seine Ansprüche auf Verwirklichung der Persönlichkeit geeignet sein können, Konflikte im Dienstverhältnis und damit Hindernisse für die Verwirklichung demokratisch gebildeten Willens zu erzeugen." Im weiteren Verlauf ist vom beamtenrechtlichen „Neutralitäts- und Mäßigungsgebot" als Bestandteil der hergebrachten Grundsätze des Berufsbeamtentums (Art. 33 V GG) sowie von einer „grundsätzlichen Neutralitätspflicht" auch im religiös-weltanschaulichen Bereich die Rede. Dann heißt es wieder strikt: „Verhält sich der Beamte im Dienst politisch, weltanschaulich oder religiös nicht neutral, so verstößt er gegen die ihm obliegenden Dienstpflichten, wenn sein Verhalten objektiv geeignet ist, zu Konflikten oder Behinderungen bei der Wahrnehmung öffentlicher Aufgaben zu führen."

Bei der Anwendung auf den konkreten Fall geht das Sondervotum anders als die Senatsmehrheit davon aus, die Bf. wolle das Kopftuch „kompro-

112 C der Entscheidungsgründe, Rn. 75 ff. des Originals.

misslos" tragen, sie habe „ersichtlich dem Neutralitätsanliegen des Dienstherren kein Verständnis entgegengebracht". Sie habe rigide auf ein Symbol mit objektiv starker religiöser Aussagekraft nicht verzichten wollen und sich einer flexiblen Handhabung verweigert. Zwar könne sich die objektive Bedeutung und Resonanz eines Symbols ändern, aber das zu beurteilen sei Sache des Dienstherrn. Zur Meinung der Senatsmehrheit, Schulkreuz und Lehrerinnen-Kopftuch seien zugunsten der Bf. nicht vergleichbar, sagen die Dissenter, es komme auf die Intensität der Schülerbeeinflussung an. Ein kleines Kreuz über der Schultür in einem christlich geprägten Umfeld könne „kaum mehr als Eingriff in die negative Religionsfreiheit oder in das Erziehungsrecht der Eltern betrachtet werden". Es sei ein alltäglicher Gegenstand ohne unmittelbar menschliche Beziehung. Ganz anders sei eine auffällige Lehrerkleidung zu beurteilen, denn Lehrer und Lehrerinnen prägten vor allem Grundschüler „maßgeblich". Das Kopftuch sei „zurzeit objektiv geeignet, Widerspruch und Polarisierung hervorzurufen".[113]

Hinsichtlich der Grundforderung nach Neutralität als Merkmal der beamtenrechtlichen Eignung unterscheiden sich die beiden Voten nicht, wohl aber bezüglich des Gesetzesvorbehalts und der abstrakten und konkreten Bedeutung des Kopftuchs. Das Sondervotum verkennt die Bedeutung des Kreuzsymbols als staatlich-hoheitliches Zeichen und des Kopftuchs als subjektives Zeichen, dessen Sinn authentisch erläutert werden kann. Die Bedeutung der beim Beamtenstatus zu Recht stark betonten Neutralität wird beim Kreuz als objektiv-rechtliches, vom Staat zu beachtendes Gebot einfach ignoriert. Grundrechtlich wird pauschal unterstellt, es liege „kaum mehr" (also manchmal doch?) ein Eingriff vor. Das Sondervotum, das die Neutralität nur subjektiv so betont, legt die Bedeutung des Kopftuchs ersichtlich voll Unmut aus, zeigt sich gegenüber dem Kreuzsymbol aber milde. So geht Neutralität nicht.

Nur kurze Zeit später erließ eine Kammer des 1. Senats in einer Eilsache einen Nichtannahmebeschluss betreffend das **Tischgebet in einem kommunalen Kindergarten.**[114] Ein Vater wandte sich gegen das Tischgebet im gemeindlichen Kindergarten, den sein Kind besuchte. Das Erziehungs-

113 Vgl. nur die konträren Beiträge von *R.Schwanitz* und *M.Hassemer* in: Neumann / Czermak / Merkel / Putzke (Hrsg.), Aktuelle Entwicklungen im Weltanschauungsrecht, 2019, S. 205 ff. bzw. 221 ff.

114 BVerfG-K NJW 2003, 3468, B. 2. 10. 2003 – Tischgebet in kommunalem Kindergarten = https://www.bundesverfassungsgericht.de/SharedDocs/Entscheidungen/DE/2003/10/rk20031002_1bvr152203.html

konzept der Gemeinde ging zwar von einer kulturellen Vielfalt in der Gruppe aus, betrachtete es aber gleichzeitig als wichtig, alle Kinder mit dem christlichen Glauben zu konfrontieren. Daher würden viele Gebete gelernt und Religion, und zwar – wie dem Kontext zu entnehmen ist – christliche Religion „angeboten". Die Kammer sah einen zusätzlichen Aufklärungsbedarf für ein Hauptsacheverfahren. Es stehe noch nicht fest, ob die Tischgebete eine unzulässige missionarische Zielsetzung hätten, wonach auf Nichtchristen gezielt eingewirkt werden solle. Auch sei zu prüfen, ob nicht Möglichkeiten bestünden, das Frühstück einschließlich freiwilligem Gebet so zu organisieren, dass „eine Exponierung und Sonderbehandlung des daran nicht teilnehmenden beschwerdeführenden Kindes noch mehr, als bisher von den Gerichten angenommen, vermieden werden können". Bei einem entsprechenden pädagogischen Einwirken auf die anderen Kinder sei ein Weiterbesuch des Kindes zumutbar. Aus den Beschlussgründen ergibt sich, dass auch bei Vorschulkindern ein schlichtes Gebet noch keine Missionierung darstelle, die als unzulässige Beeinflussung zu bewerten wäre. Hierzu ist kritisch anzumerken: Auch im Hinblick auf das Elternrecht wäre das recht problematisch, wie in der Gesamterörterung des Verbots jeder einseitigen staatlichen Beeinflussung noch auszuführen sein wird.[115] Der Umstand, dass die Gemeinde als nichtreligiöse Institution objektivrechtlich keine religiös-weltanschauliche Kompetenz hat, wurde nicht einmal andiskutiert. Eine Auseinandersetzung mit dem Kruzifix-Beschluss von 1995 erfolgte nicht.

Die **2. Kopftuchentscheidung**[116]– nunmehr des 1. Senats – aus dem Jahr 2015 hatte und hat wiederum eine besondere Bedeutung für die stets virulente Neutralitätsdebatte. Dass der 1. Senat in einem entscheidungserheblichen Punkt, nämlich der Gewichtung des Neutralitätsgebots, von der des 2. Senats aus dem Jahr 2003 abgewichen ist und dadurch wohl gegen das Gebot des Bundesverfassungsgerichts-Gesetzes verstoßen hat, einen Plenarentscheid herbeizuführen (§ 16 BVerfGG), soll hier nicht weiter erörtert werden. Einer angestellten Lehrerin und einer angestellten Sozialpädagogin hatte man das Kopftuchtragen unter Bezugnahme auf die nach 2003 ergangene Änderung des Schulgesetzes von NRW verboten. § 57 IV lautete: „[1] Lehrerinnen und Lehrer dürfen in der Schule keine politischen, religiösen, weltanschaulichen oder ähnliche äußere Bekundungen abgeben,

115 S. E IV 2 b, c.

116 BVerfGE 138, 296 – 2. Kopftuchentscheidung. Dazu krit. etwa auch *Czermak*, Siebzig Jahre (2021), 95, 97-103.

die geeignet sind, die Neutralität des Landes gegenüber Schülerinnen und Schülern sowie Eltern oder den politischen, religiösen oder weltanschaulichen Schulfrieden zu gefährden oder zu stören. 2 Insbesondere ist ein äußeres Verhalten unzulässig, welches bei Schülerinnen und Schülern oder den Eltern den Eindruck hervorrufen kann, dass eine Lehrerin oder ein Lehrer gegen die Menschenwürde, die Gleichberechtigung nach Artikel 3 des Grundgesetzes, die Freiheitsgrundrechte oder die freiheitlich-demokratische Grundordnung auftritt. 3 Die Wahrnehmung des Erziehungsauftrags nach Artikel 7[117] und 12 Abs. 6 der Verfassung des Landes Nordrhein-Westfalen und die entsprechende Darstellung christlicher und abendländischer Bildungs- und Kulturwerte oder Traditionen widerspricht nicht dem Verhaltensgebot nach Satz 1. 4 Das Neutralitätsgebot des Satzes 1 gilt nicht im Religionsunterricht und in den Bekenntnis- und Weltanschauungsschulen.“ Das BVerfG hat § 57 IV 3 des Gesetzes wegen Verstoßes gegen Artikel 3 Absatz 3 Satz 1 und Artikel 33 Absatz 3 GG für nichtig erklärt.

Ansonsten wirft die Entscheidung *brisante Fragen* auf. Das Verbot, ein islamisches Kopftuch zu tragen, wenn das in Erfüllung eines religiösen Gebots geschehe, wertete der Senat, ganz anders als 2003 der 2. Senat, als *schwerwiegenden Eingriff*. Im Streitfall sei das plausibel dargelegt worden. Demgegenüber komme den kollidierenden Verfassungsgütern, nämlich weltanschaulich-religiöse Neutralität, elterliches Erziehungsrecht (Art. 6 II GG) und negative Glaubensfreiheit der Schüler (Art. 4 I GG), kein so großes Gewicht zu, dass bereits die *abstrakte* Gefahr ihrer Beeinträchtigung ein Verbot zu rechtfertigen vermöge. Dabei wurde eine fehlende Glaubensbeeinflussung vorausgesetzt. Aber sogar der Verband Bildung und Erziehung e. V. von NRW mit weit über 20.000 Lehrern und anderen Pädagogen hatte im Rahmen des Verfassungsbeschwerdeverfahrens gegen das Kopftuch Stellung genommen. Der Staat sei in diesem Bereich gehalten, strikte Neutralität zu wahren. Das Lehrerinnen-Kopftuch rufe bei Schülern und Eltern erfahrungsgemäß oft ablehnende Reaktionen hervor. Auch traten in der Kopftuchfrage zum Teil deutliche Differenzen zwischen wichtigeren islamischen Verbänden zutage. Das alles ignorierte das Gericht, ebenso wie die recht unterschiedlichen Verhältnisse in verschiedenen Landesteilen und an einzelnen Schulen. Auch das staatliche Dienstrecht (s. Art 33 V GG) spielte keine Rolle, als ob die persönliche Glaubensausübung gegenüber

117 Art. 7 I enthält als vornehmstes Ziel der Erziehung an erster Stelle „Ehrfurcht vor Gott“.

der Wahrnehmung der Amtspflichten und gegenüber den Grundrechten der Schüler und Eltern grundsätzlich bedeutsamer wäre. Der Religionsfreiheit wurde im Verhältnis zur religiös-weltanschaulichen Neutralität eine regelmäßig dominierende Rolle zuerkannt. Die in Politik, Verwaltung und Rechtsprechung ohnehin verbreitete Tendenz, dieses das Religionsverfassungsrecht prägende Gebot zu missachten, wurde dadurch noch verstärkt. Dafür wurde sogar die ersichtliche Praxisfremdheit der erhobenen Forderungen in Kauf genommen.[118]

Einer Kammer des 1. Senats ist es 2016 sogar gelungen, die eben erörterte zweite Kopftuchentscheidung durch eine zum **Kopftuch in einer Kindertagesstätte**[119] noch zu toppen.

In der gewichtigen Entscheidung des 2. Senats zum **Kopftuchverbot für Rechtsreferendarinnen**[120] aus dem Jahr 2020 ging es nur um das Kopftuchtragen hinsichtlich seltener und zeitlich begrenzter dienstlicher Tätigkeiten. Gleichwohl bewertete der Senat das Kopftuchverbot als besondere religiöse Belastung. Die Verfassungsbeschwerde der Referendarin sei aber unbegründet. Das Gericht betonte die erforderliche *strikte Neutralität der hoheitlich handelnden Justiz.* Die einschlägigen prozessrechtlichen Vorschriften dienten dazu, das Vertrauen in die Neutralität der Gerichte zu stärken. Dem diene auch die Amtstracht und die Gestaltung des Gerichtssaals. Die formalisierte Situation im Gerichtssaal weise den Amtsträgern eine auch äußerliche Distanz und Gleichmaß betonende Rolle zu. Das Tragen eines islamischen Kopftuchs durch Richterinnen und Staatsanwältinnen während der Verhandlung könne aus Sicht eines objektiven Betrachters als Beeinträchtigung der weltanschaulich-religiösen Neutralität betrachtet werden. Bei der Abwägung mit dem persönlichen Grundrecht sei die Funktionsfähigkeit der Rechtspflege und das Vertrauen in die Justiz insgesamt zu berücksichtigen. Auch in der speziellen Situation der Rechtsreferendare sei der Grundrechtseingriff gerechtfertigt, wenn vom GG auch nicht gefordert.

V. Resümee der bisherigen Rechtsprechung des BVerfG zur weltanschaulich-religiösen Neutralität

Im Folgenden wird die Rechtsprechung des BVerfG zusammengefasst, um dem Leser einen Schnellzugriff zu ermöglichen.

118 Näher zum Ganzen *G. Czermak*, 70 Jahre (2021), 97-103.

119 BVerfG NJW 2017, 381 – Kindergarten-Kopftuch.

120 BVerfGE 153, 1 – Referendarinnen-Kopftuch.

1. 1951-1965

Das KPD-Urteil[121] des 1. Senats von 1956, das im Hinblick auf das KPD-Verbot viel gescholten wurde, enthält auch beachtliche freiheitliche Gedanken zum Grundgesetz. Es betont, dass aus der Menschenwürde auch die freie Auseinandersetzung mit Ideen folge: „*Die Geistesfreiheit ist für das System der freiheitlichen Demokratie entscheidend wichtig, sie ist geradezu eine Voraussetzung für das Funktionieren dieser Ordnung … Da Menschenwürde und Freiheit jedem Menschen zukommen, die Menschen insoweit gleich sind, ist das Prinzip der Gleichbehandlung aller für die freiheitliche Demokratie ein selbstverständliches Postulat.*“ Das erhebt Pluralismus und Gleichheit für alle zum selbstverständlichen staatstragenden Grundsatz. Das Urteil gab keinen Hinweis darauf, dass das für Religion und Weltanschauung nicht gelten solle. Die Entwicklung der Rechtsprechung nicht nur des BVerfG ist dann leider anders verlaufen.

Bereits im Jahr darauf vertrat der 2. Senat in seinem Konkordats-Urteil[122] die auch damals nicht völlig selbstverständliche Ansicht, der konfessionelle Schulzwang verstoße nicht gegen Art. 4 GG.[123] Das dann so wichtig gewordene kirchenfreundliche Vertragswesen (Staat-Kirche-Verträge) billigte die Entscheidung pauschal.[124] Die Lüth-Entscheidung[125] des 1. Senats erhob hingegen im Jahr darauf inzident auch die Religionsfreiheit mit ihrer Gleichstellung von religiösen und nichtreligiösen Überzeugungen zum Bestandteil dieser allgemeinen Wertordnung. Im Tabak-Falltraf der 1. Senat die vielzitierte Aussage, der „weltanschaulich neutrale Staat“ dürfe „den Glauben oder Unglauben seiner Bürger nicht bewerten.“ [126] Leider wurde die Gleichheit eingeschränkt durch die „Kulturadäquanzklausel“.

Die Nachkriegsphase des BVerfG war in religiös-weltanschaulicher Hinsicht einerseits geprägt durch ein Denken in den Kriterien von Freiheit und Gleichheit – im Gegensatz zur Rechtsprechung der Instanzgerichte.[127] Andererseits ignorierte das Konkordats-Urteil einfach die Religionsfreiheit der nichtreligiösen Minderheit und billigte ohne Diskussion das System der

---

121 BVerfGE 5, 85.

122 BVerfGE 6, 309.

123 Im Verfahren hatte *T. Maunz* den Konfessionszwang in einem Gutachten als GG-widrig bezeichnet.

124 Dabei war erst 1955 der besonders kirchengünstige Loccumer Vertrag geschlossen worden.

125 BVerfGE 7, 198.

126 BVerfGE 12, 1.

127 Dazu *H.Simon*, Katholisierung des Rechtes? (1962).

Staat-Kirche-Verträge. Die nur wenige Entscheidungen umfassende Rechtsprechung des BVerfG, die (auch) religionsrechtliche Gleichheitsfragen betraf, enthielt bis zur religionsrechtlichen Wende um 1965 somit zwar ein pluralistisch ausbaufähiges Potential, gleichzeitig aber erstaunlich regressive Aussagen. Schon damals zeigten sich bemerkenswerte Abweichungen zwischen den beiden Senaten.

2. 1965-1995

Die Zeit des Umbruchs von ca. 1965 bis 1995 war auch hinsichtlich der Neutralitäts-(Gleichheits-)Problematik gekennzeichnet durch eine Reihe wichtiger Entscheidungen, deren Möglichkeiten freilich nicht ausgeschöpft wurden und die viele Widersprüche enthielten. Die Begriffe „weltanschaulich-religiöse Neutralität" und „religiös-weltanschauliche Neutralität" spielten in vielen Entscheidungen eine Rolle, wurden aber vielfach nur als allgemeine Floskel zur vagen Kennzeichnung einer säkularen Richtung des Staats eingesetzt.

Die Entscheidung zur Gebührenfreiheit der *Neuapostolischen Kirche*[128] betonte die staatskirchenrechtliche Neutralität gegenüber Religionen und Weltanschauungen und erstreckte sie auf alle Bürger. Sachgerechte Differenzierungen wegen tatsächlicher Unterschiede der Religionsgesellschaften seien zulässig. Eine gleichzeitige erhebliche Abwertung der Neutralitätsforderung erfolgte aber durch die erneute Behauptung, der Abschluss von Kirchenverträgen liege im völligen Belieben des Staats. Denn gleichheitsrechtlich waren die seit der Weimarer Zeit geschlossenen Verträge fragwürdig.

Zunächst bahnbrechend war kurz darauf das Urteil zur *Badischen Kirchenbausteuer*[129] mit seiner vielzitierten knappen Passage zur Ableitung der Neutralität bzw. des Privilegierungsverbots aus der Religionsfreiheit und den einschlägigen Gleichheitsrechten des GG. Die Formulierung legte die Etablierung einer objektiv-rechtlichen Rechtsregel nahe. Das Verhältnis des erwähnten Trennungsgebots zum Neutralitätsgebot wurde nicht erläutert. Das Neutralitätsgebot selbst wurde nicht in einer Formel zu definieren versucht, sondern nur als Begriff besser etabliert.

128 BVerfGE 19, 1 – siehe D III.

129 BVerfGE 19, 206 – s. D III.

Das für die Entwicklung der sozialen Einrichtungen auch im religiös-weltanschaulichen Bereich so bedeutsame *Sozialhilfe-Urteil*[130] enthielt neben der bloßen Verbalerwähnung des Art. 4 GG nicht die sich daraus ergebende Forderung nach dem Vorhandensein einer ausreichenden weltanschaulich neutralen Grundversorgung, bevor eine (weitere) religiöse Einrichtung genehmigt werden darf.

Die *Rumpelkammer-Entscheidung*[131] enthielt nicht nur eine höchst problematische Erweiterung der Religionsausübungsfreiheit, sondern auch eine klare Aussage zur Auslegung der Verfassung. Sie müsse im religiös neutralen Staat „nach neutralen, allgemeingültigen, nicht konfessionell oder weltanschaulich gebundenen, Gesichtspunkten" erfolgen.

Die Entscheidung zum *Kreuz im Gerichtssaal*[132] drückte sich auffällig um eine Erläuterung des Neutralitätsbegriffs mit rechtlich nicht nachvollziehbaren Behauptungen herum und hielt ihn für variabel. Das vertrug sich nicht mit der auch vom BVerfG selbst so häufig zitierten Grundformel von 1965.

Auch in den Entscheidungen zu den sogenannten *christlichen Gemeinschaftsschulen*[133] von 1975 hätte ein zwingender Anlass gesehen werden müssen, die schulpraktisch heikle Frage der religiös-weltanschaulich neutralen Schulgestaltung nach neutralen, weltanschaulich ungebundenen Gesichtspunkten systematisch zu untersuchen mit einer Klarstellung, was religiös-weltanschauliche Neutralität/Gleichheit in der offenen Schulsituation bedeutet. Stattdessen enthalten die Entscheidungsgründe recht widersprüchliche Aussagen, von denen sich jede weltanschauliche Richtung das für sie Günstige heraussuchen konnte. Die gescheiterte Quadratur des Kreises, nämlich der Versuch, eine quasichristliche Schule möglichst neutral erscheinen zu lassen, ist ein juristisches Desaster. Genaugenommen spielte das Gleichheitsgebot allenfalls eine geringe Rolle.

Im kirchensteuerrechtlichen Fall der *Nachbesteuerung*[134] nach erfolgtem „Kirchenaustritt" ließ das Gericht trotz erkannter Problematik zumindest eine zeitlich stark begrenzte Nachbesteuerung aus bloßen Zweckmäßigkeitsgründen zu. Das heißt, dass insoweit Nichtmitglieder wie Mitglieder behandelt wurden, was gerade bei Art. 4 I, II GG erstaunt. Ein verfassungsunmittelbarer Rechtfertigungsgrund war die bloße Zweckmäßigkeit

---

130 BVerfGE 22, 180.

131 BVerfGE 24, 236 (auch Lumpensammler-Beschluss).

132 BVerfGE 35, 366.

133 BVerfGE 41, 29; 41, 65 – dazu D III.

134 BVerfGE 44, 37.

sicher nicht. Dieser Missgriff wurde nur etwas abgemildert durch folgende Ausführungen: „Der ... Gedanke einer Fürsorge des Staates in Glaubensangelegenheiten ... ist dem Grundgesetz fremd." Ergänzend wurde auf die religiöse und weltanschauliche Neutralität des Staates verwiesen.

Demgegenüber wurde nur zwei Jahre später das vom Lehrer initiierte und mitgesprochene *Schulgebet*[135] gegenüber Minderheiten gebilligt, obwohl das BVerfG selber einräumte, das bedeute eine Förderung des Christentums über die bloße Anerkennung seines prägenden Kultur- und Bildungsauftrags[136] hinaus. Das Neutralitätsgebot wurde nicht einmal erwähnt.

Im Fall der *Hamburger Privatschulförderung*[137] hielt das BVerfG eine unterschiedliche Behandlung von religiösen und nichtreligiösen Schulen nur dann für verfassungswidrig, wenn sie als besonders krass zu werten ist. Fünf Jahre später freilich wurde das zuvor im Privatschulfall verneinte Vorliegen eines Anknüpfungsverbots (Art. 3 III GG) ausdrücklich anders beurteilt. Auch die religiöse und politische Anschauung darf nach dieser Entscheidung zum *Nachtarbeitsverbot für Frauen*[138] selbst dann grundsätzlich „nicht als Anknüpfungspunkt für eine rechtliche Ungleichbehandlung herangezogen werden ... wenn eine Regelung nicht auf eine nach Art. 3 III GG verbotene Ungleichbehandlung angelegt ist, sondern in erster Linie andere Ziele verfolgt".

In der Frage der *Schulbuchzulassung*[139] erklärte eine Kammer, Rechte der Eltern und Schüler würden erst dann verletzt, wenn die staatliche Schulerziehung die Schüler „gezielt" beeinflusse oder sie gar zu einem bestimmten Verhalten „indoktriniere" und der Staat dadurch seine Erziehungsgewalt „missbrauche". Wann eine „gezielte Beeinflussung" vorliege, wurde wiederum nicht ausreichend erläutert.

Ausgerechnet im zweiten Urteil zum *Schwangerschaftsabbruch*[140] findet sich die Passage, ein individuelles Verfassungsrecht [expressis verbis: Lebensrecht des Ungeborenen] gelte „unabhängig von bestimmten religiösen oder philosophischen Überzeugungen, über die der Rechtsordnung eines religiös-weltanschaulich neutralen Staates kein Urteil zusteht."

135 BVerfGE 52, 223 – Schulgebet.
136 BVerfGE 41, 29 (52) – Christliche Gemeinschaftsschule Ba-Wü.
137 BVerfGE 75, 40 – Hamburger Privatschulförderung.
138 BVerfGE 85, 191 (206) – Nachtarbeitsverbot.
139 BVerfG NVwZ 1990, 54 – Schulbuchzulassung.
140 BVerfGE 88, 203 – Schwangerschaftsabbruch II.

3. 1995 bis heute

Der *Kruzifix-Beschluss*[141] brachte nicht nur schulrechtlich (zumindest theoretisch) eine Neuorientierung, sondern fasste auch die Neutralitätsproblematik verdienstvoll zusammen, weit über die klassische Standardformel von 1965 hinaus. Es listete folgende Punkte auf, zu denen auch Passagen aus den Erläuterungen zur Glaubensfreiheit hinzuzurechnen sind: Gewährleistung friedlicher Koexistenz; Grundlage in weiteren GG-Artikeln; Verbot staatskirchlicher Rechtsformen; Untersagung der Privilegierung bestimmter Bekenntnisse; keine Einmischung in Glaubensüberzeugungen, Glaubenshandlungen und Glaubensdarstellungen von Einzelnen und von religiösen Gemeinschaften [nicht ausdrücklich erwähnt: weltanschaulichen Gemeinschaften]; keine unmittelbare und mittelbare staatliche Beeinflussung zugunsten eines bestimmten Glaubens, auch nicht durch Symbole; Verbot der Ausgrenzung Andersgläubiger; Unerheblichkeit zahlenmäßiger Stärke oder sozialer Relevanz; staatliche Einhaltung einer am Gleichheitssatz orientierten Behandlung der verschiedenen Religions- und Weltanschauungsgemeinschaften; Verbot der Identifikation mit einer bestimmten Religionsgemeinschaft, auch bei der Zusammenarbeit oder Förderung. Das Minderheitsvotum dreier Richter bringt großen Unmut zum Ausdruck und lehnt zumindest indirekt das Neutralitätsgebot zugunsten bloßer Toleranz gegenüber der (unterstellten) Minderheit ab.[142]

Die theoretische Betonung der Neutralität kommt auch in der *Osho-Entscheidung*[143] zum Ausdruck, denn sie forderte, amtliche Kritik an Aktivitäten müsse mit Zurückhaltung und in religiös-weltanschaulicher Neutralität und unter Verhaltensbeurteilung nach weltlichen Kriterien erfolgen. Diffamierung, Diskriminierung und Verfälschung wurden für unzulässig erklärt. Damit schwer vereinbar war es aber, die allgemein (nicht freilich wissenschaftlich) als negativ, wenn nicht verächtlich gebrauchten Begriffe Sekte oder gar Psychosekte nicht zu beanstanden.

Die *1. Kopftuchentscheidung*[144] (des zweiten Senats) von 2003 gewichtete das Neutralitätsgebot als immerhin so hoch, dass es sich in Landesgesetzen gegenüber der Religionsfreiheit der Lehrerinnen ggf. auch ganz durchsetzen durfte. Nur wegen der objektiven Mehrdeutigkeit des nicht amtlich

141 BVerfGE 93, 1 – Kruzifix-Beschluss.
142 Kritisch u. a. *G. Czermak*, Schieflage, 2021, 73-76.
143 BVerfGE 105, 279 – Osho.
144 BVerfGE 108, 282 – Kopftuch 1.

getragenen Kopftuchs wurde kein Verbotszwang angenommen, vorausgesetzt, die Lehrerin präsentierte sich zweifelsfrei religiös-weltanschaulich neutral. Demgegenüber judizierte die *2. Kopftuchentscheidung*[145] (des 1. Senats) von 2015 unter wohl gesetzwidriger Vermeidung einer Plenarentscheidung fast gegenteilig.[146] Grundsätzlich hatten Lehrerinnen nunmehr einen Anspruch, bis zur Entstehung einer konkreten Gefahr für einen geordneten Schulbetrieb das religiöse Kopftuch zu tragen. Zwei gegensätzliche Neutralitätsauffassungen stiften seitdem Verwirrung. Das BVerfG kann somit in einer rechtspolitisch bedeutsamen Frage keine Direktivwirkung entfalten (streitig). Eine gesetzliche Privilegierung des Christentums bei der Lehrerkleidung untersagte auch der 1. Senat.

Beim *Kindergarten-Tischgebet*[147] sah sich eine Kammer des 1. Senats 2003 außerstande, ohne nähere Sachaufklärung zu entscheiden, ob christliche Gebete in einem christlich orientierten kommunalen Kindergarten eine unzulässige missionarische Zielsetzung haben. Die Frage der Inkompetenz der Gemeinden in religiös-weltanschaulicher Hinsicht wurde nicht aufgeworfen.

Ebenfalls eine Kammer des 1. Senats hat 2016 erstaunlicherweise nicht beanstandet, dass in *Kindertagesstätten ein Kopftuchverbot*[148] für das Personal laut Gesetz auch dann ausgesprochen werden kann, wenn eine nur abstrakte Gefährdung der Neutralität als möglich erscheint. Gleichzeitig sah die Kammer in einer Erziehung im Geiste der christlichen Nächstenliebe entsprechend der Landesverfassung legislativ keine Neutralitätsgefährdung. Mit diesem offensichtlichen Widerspruch gegen das Privilegierungsverbot des eigenen Senats ignorierte die Kammer nicht nur die Existenz eines Neutralitätsgebots, sondern verstieß zudem gegen die Pflicht, den Fall dem Senat vorzulegen.

Demgegenber betonte die Entscheidung des 2. Senats zum *Kopftuchverbot für Rechtsreferendarinnen*[149] die strikte Neutralität der Justiz auch durch äußerliche Distanz.

145 BVerfGE 138, 296 – Kopftuch 2.

146 Siehe zur kontroversen Frage der Bindungswirkung die Hinweise bei W. Hecker, Die Kopftuchdebatte, 2022, 160 ff.

147 BVerfG-K NJW 2003, 3468 – 1BvR 1522/03 – Kindergarten-Tischgebet.

148 BVerfG-K NVwZ 2017, 549 – 1 BvR 354/11 – Kindertagesstätten-Kopftuchverbot.

149 BVerfGE 153, 1 – Referendarinnen-Kopftuch.

4. Gesamtwürdigung

Fasst man die vom BVerfG in seiner bisherigen Rechtsprechungsgeschichte niedergelegten Grundaussagen zusammen, die durch zahlreiche (hier nicht vollständig ausgewertete) Belege erhärtet sind, so kann man sie – wenngleich nur mit einer gewissen Unsicherheit – unter dem Gesichtspunkt der Säkularität sowie Gleichheit der Bürger und religiös-weltanschaulichen Gemeinschaften wie folgt formulieren:

Der Staat (die öffentliche Hand) ist nicht kompetent in Fragen von Religion und Weltanschauung. Er Staat darf sich mit keiner Religion oder Weltanschauung identifizieren bzw. sie privilegieren. Alle Diskriminierungen sind untersagt. Das bedeutet ein Verbot der staatlichen religiösen oder weltanschaulichen Einflussnahme. Ob und inwieweit die Intensität der Beeinflussung eine Rolle spielt, ist ungeklärt. Das Gebot der religiös-weltanschaulichen Neutralität ist normatives objektives Verfassungsrecht. Es kann als Begriff auch im Individualrecht benutzt werden. Die Rechtsordnung muss unabhängig von Religion und Weltanschauung sein, soll sie aber gegebenenfalls als soziales Faktum berücksichtigen. Der Staat darf sich nicht einmischen und darf Glaubens- und Weltanschauungsfragen nicht bewerten. Sozialpolitisch begründete Förderung ist zulässig, aber nur auf der Basis der Gleichheit. Inwieweit Differenzierungen zulässig sind, bleibt offen.

Beide Senate des BVerfG sind sich teilweise auch in Grundfragen noch heute uneins. Viel zu häufig haben sie und manche Senatskammern sich selber nicht an die oben wiedergegebenen Erkenntnisse gehalten und sich in Begründungswidersprüche verwickelt. So wurden etwa ihre eigenen richtig formulierten Obersätze in der Begründung der konkreten Fälle nicht immer überzeugend angewendet. Besonders inkonsistent sind die Entscheidungen zu den christlichen Gemeinschaftsschulen, die das christliche Moment einerseits betonen, andererseits zurückdämmen, statt klare Direktiven zu geben. Einerseits wird mehrfach deutlich die Gleichheit von christlicher und nichtchristlicher Religion gefordert, andererseits das christliche Gebet oder Ordensgewand privilegiert. Die Bedeutung der Neutralität als objektives Verfassungsrecht im Verhältnis zum subjektiven Recht ist unklar (s. Kruzifix-Beschluss). Man kann nicht abschätzen, wo die Grenzen zwischen zulässiger und unzulässiger, also gezielt einseitiger, Beeinflussung verlaufen (Schul- und Kindergartenerziehung, religiöse Symbole, Schulbücher) oder ob jede, auch wenig intensive, einseitige Beeinflussung untersagt ist. Zur Frage der „Begründungs- oder Wirkungsneutralität",

d. h. der Notwendigkeit, in der Neutralitätsfrage unterschiedliche Auswirkungen auf die Religionsgemeinschaften zu berücksichtigen[150], hat das Gericht bisher anscheinend nicht ausdrücklich Stellung genommen. Die zu Recht herrschende Ansicht vom Genügen neutral begründbarer Gesetze ist bisher vom BVerfG nur der Sache nach gelegentlich bestätigt worden.[151]

Kritikwürdig ist der oft verfehlte Einsatz des Begriffs *Toleranz*. Anne Debus[152] hat den häufigen Gebrauch des Begriffs in Entscheidungen des BVerfG intensiv untersucht mit dem Ergebnis, dass er i. d. R. gar nicht entscheidungserheblich war. In all diesen Fällen hätte er unterbleiben sollen, denn religiös-weltanschauliche Toleranz setzt einen entsprechenden Standpunkt voraus, den der Staat hierbei aber gerade nicht haben darf. Toleranz ist etwas wesensgemäß Anderes als Neutralität. Neutralität hat zwar auch eine Basis, nämlich die Gleichheitsnormen des Grundgesetzes. Das liegt aber auf einer anderen Ebene. Der Nebeneinandergebrauch von „Neutralität" und „Toleranz" ist daher bestenfalls verwirrend und trägt erheblich dazu bei, das Neutralitätsgebot in die Beliebigkeit abdriften zu lassen.[153]

Nach welchen Kriterien *Religionsförderung* (und Förderung nichtreligiöser Weltanschauung?) zulässig ist, bleibt ebenfalls ungeklärt. Das betrifft die Größe und soziale Bedeutung der jeweiligen Gemeinschaft und die konkreten inhaltlichen Grenzen.

Es gibt nach allem zwar Fixpunkte der Rechtsprechung des BVerfG (objektives Verfassungsrecht, Gleichstellung von religiöser und nichtreligiöser Überzeugung, Identifikations- und Bewertungsverbot, Einmischungsverbot, Privilegierungs- und Diskriminierungsverbot, Schutzgebot, Beeinflussungsverbot, der Staat als „Heimstatt aller Bürger"). Ob und wie von diesen Gesichtspunkten, die alle mit Gleichheit und Gleichbehandlung zu

150 Dazu E IV 3 b.

151 Schon 1973 wurde in BVerfGE 36, 146 (163) ausgeführt, ein Eheverbot wegen früherer Geschlechtsgemeinschaft des Mannes mit der Mutter der Braut könne keinen Bestand haben. Denn es ließen sich für alte kultische Vorstellungen keine sachlichen, verstandesgemäß fassbaren Gründe finden. In diese Richtung geht auch z. B. die Entscheidung zum Schwangerschaftsabbruch von 1993. Dort heißt es, das eigene Lebensrecht des Ungeborenen gelte „unabhängig von bestimmten religiösen oder philosophischen Überzeugungen, über die der Rechtsordnung eines religiös-weltanschaulich neutralen Staates kein Urteil zusteht." Sehr überzeugend ist das freilich im Zusammenhang schon deshalb nicht, weil zur Rechtsgrundlage des Embryonenschutzes u. a. auf die „Gottesebenbildlichkeit" verwiesen wird.

152 *A. Debus*, Toleranz (1999).

153 S. dazu E II 2.

tun haben, in den verschiedenen Sachbereichen Gebrauch gemacht werden soll, ist aber oft unsicher. Groß ist die Versuchung, Differenzierungsmöglichkeiten zu finden, die aber nicht immer überzeugen.[154] Bisher kann man trotz der ständigen Rede von der religiös-weltanschaulichen Neutralität keine verlässliche und insgesamt überzeugende Rechtsprechung des Bundesverfassungsgerichts konstatieren. Zu diesem Ergebnis kommt auch Horst Dreier: „An exemplarischen Problemfeldern und entsprechenden Kontroversen lässt sich die unverminderte Aktualität des Neutralitätsgebots demonstrieren, das in der Judikatur des Bundesverfassungsgerichts allerdings eher vernachlässigt und in den notorischen Konfliktfällen nicht mit hinlänglicher Entschiedenheit aktiviert wird."[155]

---

154 Dazu F II 2.

155 *H. Dreier*, Gott (2018), 95.

E. Dogmatik des Neutralitätsgebots

I. Hinführung zum Problem

Es ist etwas Eigentümliches um die Neutralitätsdebatte. Einerseits betont man, um was für einen schillernden, flexiblen, unsicheren Begriff es sich bei der religiös-weltanschaulichen Neutralität handele. Man fragt teilweise sogar, welchen Nutzen der Begriff überhaupt habe und ob er nicht überflüssig sei. Andererseits sprechen auch Religionsrechtler oft ganz unbefangen und undefiniert von Neutralität, als ob jeder wisse, was gemeint sei. Im Grunde ist Letzteres auch tatsächlich der Fall. Neutrales Verhalten ist nämlich schlicht *unparteiliches Verhalten von einer bestimmten Basis aus*, von der die gleiche Nähe oder gleiche Distanz bestimmt werden kann. Jedermann versteht das auch ohne Erläuterung. Basis des Sport-Schiedsrichters sind die festgesetzten Spielregeln, Basis der rechtlichen Gleichbehandlung von religiösen oder nichtreligiösen Bürgern und Vereinigungen ist das Grundgesetz.

Wirft man einen Blick auf das GG, kommt man zunächst auf dieselben Gleichheitsrechte wie das BVerfG in seiner Grundformel von 1965[156] und deren Erweiterung von 1995[157] (Art. 3 III, 4 I, 7 V, 33 I GG, 136 I, IV WRV/140 GG). Hinzu kommt noch Art. 3 I GG, Art. 136 II, III WRV und der seltsamerweise ebenfalls nicht mit aufgeführte wichtige Art. 137 VII WRV/140 GG, der ausdrücklich Religionsgesellschaften und weltanschauliche Vereinigungen gleichstellt. Dass diese Auslassungen bis heute nicht korrigiert wurden, mag durch die bausteinartige Verwendung der Formel zu erklären sein. Besagte Normen garantieren allen religiösen und nichtreligiösen Einwohnern und Religions- bzw. weltanschaulichen Gemeinschaften *gleiche Freiheitsrechte.* Denn diese Gleichheitsrechte dienen der in Art. 4 GG statuierten Religions- und Weltanschauungsfreiheit. Es fragt sich übrigens, ob es wirklich so ist, dass der Neutralitätsgrundsatz (genauer: das Neutralitätsgebot, wie das BVerfG auch sagt) im Wesentlichen aus Art. 4 I GG, aber auch den anderen Gleichheitsrechten folgt.[158] Jedenfalls histo-

156 BVerfGE 19, 206 (216).
157 BVerfGE 93, 1 (16 f.).
158 So etwa BVerfGE 139, 321 (347); Dreier, Staat ohne Gott (2018), 97, Fn. 9.

risch ergab sich die zunehmende Religionsfreiheit aus der Notwendigkeit, zunächst zwei große Konfessionen, dann drei gleichzustellen und im Verein mit der Toleranzidee und der allmählichen Pluralisierung um des inneren Friedens willen auch die verschiedenen anderen religiösen Orientierungen der Bürger (ausgenommen Nichtreligiöse) formal mehr oder weniger gleich zu behandeln. Das führte in Deutschland schließlich zur vollen Religionsfreiheit der Religions- und Weltanschauungsgemeinschaften und aller Bürger unabhängig von ihrer weltanschaulichen Orientierung. Das bedeutet: Rechtsgleichheit bzw. neutrales Verhalten und Religionsfreiheit bedingen sich gegenseitig, sie korrelieren positiv. Die Neutralität ist die Kehrseite der Religionsfreiheit.[159] Der Staat hat durch neutrales Verhalten die Rahmenbedingungen dafür zu schaffen, dass jeder seine religiöse oder nichtreligiöse Weltanschauung möglichst frei in Anspruch nehmen kann.[160] In Staaten, die rechtliche Abstufungen der verschiedenen Gemeinschaften kennen, also nicht alle neutral behandeln, ist auch die Freiheit entsprechend (und sei es minimal) abgestuft. Inwieweit das deutsche System der korporierten und privatrechtlichen Religionsgemeinschaften eine unterschiedliche Behandlung rechtfertigt, ist eines der zahlreichen Neutralitätsprobleme.

II. Begriffliches

Das GG kennt zwar den Begriff „Neutralität" nicht, er wird aber angesichts seiner normativen Ableitung zu Recht *synonym zu „Gleichberechtigung" und Unparteilichkeit* gebraucht. So betitelt z. B. Kyrill-A. Schwarz einen Artikel „Das Gleichbehandlungsgebot im Hinblick auf Religion", greift aber zur Begründung (mit kleinen Ergänzungen) auf dieselben Normen zurück wie die so gut wie allgemeine Ansicht zur Herleitung des Neutralitätsgebots.[161]

1. Das Paritätsprinzip

Ob das Paritätsprinzip neben dem Neutralitätsgebot überhaupt noch eine und ggf. welche Bedeutung hat, ist unklar. Das Paritätsprinzip wird nach

159 Vgl. *P. Badura* in: HSKR 2020, § 8, 349.

160 *Classen*, Religionsrecht, 3. A. 2021, S. 65.

161 *K.-A. Schwarz* in: HSKR 3. A (2020), Bd. 1, 707 (708); ebenso der fast gleich betitelte Artikel von *M. Heckel* in: HdbStKirchR, 2. A. 1994, 623 (623).

Schwarz vom Neutralitätsgebot abgegrenzt durch Herleitung aus dem Allgemeinen Gleichheitssatz (Art. 3 I GG). Classen versteht die Parität als Gebot der Gleichbehandlung der Religionen und als Konsequenz des Neutralitätsgebots.[162] Martin Heckels Handbuchartikel zur Parität benennt als Grundnorm für diese wiederum Art. 3 I GG, fügt aber eine Reihe weiterer Gleichheitsartikel hinzu, ohne dabei den Begriff „Neutralität" zu bemühen.[163] Das aktuelle Evangelische Staatslexikon zitiert zum Paritätsgrundsatz die Gleichheitsrechte[164] ebenso wie der Artikel zur Neutralität.[165] Dass das „Paritätsprinzip" nicht oder kaum unterscheidbar ist vom Neutralitätsgebot bzw. Gleichbehandlungsgebot, zeigen auch die Hinweise von Elias Bornemann.[166] Stefan Huster weiß mit dem Paritätsbegriff als heute noch selbständigem, unterscheidbarem Rechtsbegriff ebenfalls nichts anzufangen.[167] Das ist auch die Ansicht von Stefan Magen: „Die Gleichheitssätze ... – und nicht ein abstrakter Grundsatz der Parität – sind also Maßstab der verfassungsrechtlichen Beurteilung". Er weist darauf hin, dass das BVerfG zwar mehrfach von Paritätsprinzip spricht[168], es aber nicht – wie jedoch das Neutralitätsgebot – zu einem normativ eigenständigen Verfassungsgebot entwickelt.[169] Ich schlage daher vor, den Paritätsbegriff, der historisch als Vorläufer der seit Weimar geltenden allgemeinen *gleichen* Religionsfreiheit zu sehen ist, aus dem juristischen Vokabular zu streichen und allenfalls zur sprachlichen Variabilität und zur Betonung der Gleichheit aller Religions- und Weltanschauungsgemeinschaften, also korporativ, zu verwenden. Neutralität ist synonym zu Gleichheit (Unparteilichkeit) zu gebrauchen, wie das auch das BVerfG häufig tut. Im Gegensatz zur Ansicht von Magen dürfte es nicht sinnvoll sein, den Paritätsgrundsatz wenigstens als Kürzel für die Gesamtheit der einschlägigen Gleichheitsvorschriften zu verwenden. Dafür gibt es ja den Begriff Neutralitätsgebot. Ob dieses auch eine darüber hinaus gehende Bedeutung hat, und gegebenenfalls welche, soll später diskutiert werden.

---

162 *C. D. Classen*, Religionsrecht, 3. A. 2021, S. 69.

163 *M. Heckel* in: HdbStKirchR, 2. A. 1994, 589 f.

164 *M Germann*, EvStL (2006), Art. Parität, Sp. 1727 (Sp. 1729 ff.).

165 *M. Droege*, EvStL (2006), Art. Neutralität, Sp. 1620 (1623 f.).

166 *E. Bornemann*, Neutralität, 2020, S. 109 f.

167 Im monumentalen Standardwerk *S. Huster*, Die ethische Neutralität (2002/2017) gibt Huster keine Erläuterung, sondern nur vage Hinweise, s. dort S 204.

168 BVerfGE 19, 1 (8); 24, 236 (246); 93, 1 (17); 99, 100 (127) u. a.

169 *S. Magen*, Art. 140 GG, in: Umbach/Clemens, GG, Heidelberg 2002, Bd 2, Rn. 34 f.

2. Der Toleranzgrundsatz

Häufig wird Neutralität in einem Atemzug mit Toleranz genannt, auch vom BVerfG.[170] Dieses verhält sich zum Toleranzbegriff unklar und vermeidet eine Definition. Es hat Toleranz als Prinzip des GG bezeichnet[171], ja zum tragenden Prinzip der freiheitlichen Demokratie erhoben.[172] In den Urteilen zur Christlichen Gemeinschaftsschule spricht es vom Toleranzgebot des GG und benutzt es zur Frage der Konfliktlösung.[173] Der Begriff „Toleranz" wird auch in den Entscheidungen zur Sexualkunde[174] und zum Schulgebet[175] benutzt, auch im Kruzifix-Beschluss[176], in der Kopftuchentscheidung von 2003[177] und anderen. In der Literatur wurde noch in jüngerer Zeit häufig die Ansicht vertreten, Toleranz sei ein bedeutendes ungeschriebenes Verfassungsprinzip, aber von unklarer Funktion und Bedeutung.[178] In ihrer umfassenden Analyse der umfangreichen einschlägigen Rechtsprechung des BVerfG unterscheidet Anne Debus vier Erscheinungsformen der Toleranz innerhalb der Rechtsprechung: a) Beschreibung ethischen Verhaltens, b) historischer Toleranzbegriff, c) Toleranz statt Neutralität, d) Toleranz als Topos zur Konfliktlösung. Das Ergebnis lautet: Das BVerfG habe das Toleranzprinzip „*nicht* in Gestalt eines verfassungsrechtlichen Entscheidungsmaßstabes bemüht." Das verwundere nicht, denn das Toleranzprinzip sei eine ethische Geisteshaltung, die für Konfliktlösungen prädestiniert sei und auf Gegenseitigkeit beruhe. Die Toleranzfrage könne bei Konflikten stets auch in umgekehrter Richtung gestellt werden.[179]

Die Vorgehensweise des BVerfG ist nach Debus so zu charakterisieren: „Das Bundesverfassungsgericht setzt das Toleranzprinzip ... als traditionelles, aus der gedanklichen Gewohnheit gewonnenes Klischee, als nicht näher konkretisierte formelhafte Wendung und diese immer dort ein, wo ... der Ausgleich von Überzeugungsdifferenzen ... zur Debatte steht." Und wei-

170 *A. Debus* (1999) hat die rechtliche Toleranzproblematik unter besonderer Berücksichtigung des BVerfG umfassend untersucht.
171 BVerfGE 31, 58 (75).
172 BVerfGE 33, 23 (32).
173 BVerfGE 41, 29 (29, 50 f., 64) und 41, 65 (108).
174 BVerfGE 47, 46 (77, 83).
175 BVerfGE 52, 223 (223, 247, 250, 251 f.).
176 BVerfGE 93, 1 (22, 32 f.
177 BVerfGE 108, 282 (300).
178 Eingehend *A. Debus*, Toleranz, 1999, 119-140 mit Auflistung von Begriffsformeln S. 138.
179 *A. Debus*, Toleranz, 1999, S. 206 f.

ter: „Dabei verzichtet das Gericht ... auf nähere inhaltliche Ausführungen zum substantiellen Gehalt des Toleranzprinzips." Die Geisteshaltung der Toleranz erscheint in Form eines populären Schlagwortes. Dieses ist eine „substanzlose Hülle, die das, worum es im Kern geht, zur leeren Phrase werden lässt."[180] Das wird anhand von Rechtsfällen erläutert, insbesondere bezüglich der Christlichen Gemeinschaftsschulen, des Schulgebets und der Kreuze in Schulen und Gerichtssälen. Bei der Abwägung kollidierender Rechtsgüter könne aber das Toleranzprinzip herangezogen werden. Hierzu sei ergänzt, dass es dazu nicht des Toleranzgebots bedarf.

Bei echten Rechtskollisionen – wie unterschiedlichen Erziehungsvorstellungen von Schule und Eltern[181] – brauchen zur Lösungsfindung nur die anerkannten grundrechtsdogmatischen Grundsätze angewendet zu werden: Verhältnismäßigkeit, geringstmöglicher Eingriff, Güter- und Interessenabwägung. Da ist der Toleranzgedanke automatisch inbegriffen und kein eigenständiger zusätzlicher Gesichtspunkt. Im Gegensatz zum Neutralitätsgebot findet sich für ein wie auch immer zu definierendes Toleranzgebot im Grundgesetz keinerlei textlicher Anhaltspunkt. Das kann nicht erstaunen, denn Toleranz bedeutet nicht Gleichgültigkeit, sondern setzt einen Standpunkt voraus. Nur ein solcher ermöglicht es, zu entscheiden, ob und inwieweit eine bestimmte Überzeugungsrichtung mehr oder weniger zu tolerieren, d. h. hinzunehmen ist. Das bedeutet immer Privilegierungen und Diskriminierungen. Das GG kennt in religiös-weltanschaulicher Hinsicht keinen Standpunkt außer dem Gleichheitsgebot für alle.

Der Staat ist nicht in irgendeiner Weise unchristlich oder gar generell religionskritisch, aber auch nicht religiös oder sogar speziell christlich. Unbestreitbar ist das pluralistische GG zwar religionsfreundlich, denn es enthält Sonderregelungen, die faktisch besonders den christlichen Kirchen zugutekommen. Sie können aber von Verfassungs wegen auch von allen anderen religiösen und nichtreligiösen Vereinigungen in Anspruch genommen werden.[182] Trotz aller Versuche, bei der praktischen Anwendung des Religionsrechts insbesondere die christlichen Kirchen zu privilegieren (etwa bei der Religionsförderung, im Bildungswesen u. a.), wagt es doch

180 *A. Debus*, Toleranz, 1999, S. 207.

181 Anders ist das Problem gelagert beim Kreuz im Klassenzimmer, wo ja nur unterschiedliche Interessen gegeneinanderstehen, nicht aber Rechte: Niemand hat einen Anspruch auf Anbringung des gerade von ihm bevorzugten Symbols.

182 Eingehend zur Frage einer religiösen Grundorientierung des GG *Czermak*, System, 2019, 47-59.

kaum ein religiöser Jurist, zu behaupten, der Staat des GG sei christlich, mögen auch die Versuche, das zu konterkarieren, häufig sein. Daher formuliert Horst Dreier: „Im freiheitlichen Verfassungsstaat ist die Autorität des Rechts von der Autorität eines bestimmten Glaubens oder einer bestimmten Weltanschauung abgekoppelt."[183] Das heißt: Der Staat hat keine religiös-weltanschauliche Kompetenz. Ja, laut Martin Heckel, mehr noch: „Von der christlichen Tradition ‚des Abendlandes', vom göttlichen Gesetz und Evangelium ... findet sich in der Staatsverfassung keine Spur."[184] Das bedeutet freilich nicht, dass der Staat nicht von der religiös-weltanschaulichen Orientierung seiner Bürger Kenntnis nehmen und daraus „neutrale" Folgerungen für rechtliche Regelungen ziehen darf oder soll. Jedenfalls hat in einem System der Privilegienfeindlichkeit ein verfassungsrechtliches Toleranzprinzip, das definitionsgemäß auf Ungleichbehandlung beruht, keinen Platz. Toleranz ist eine bürgerliche Tugend und kein allgemeines Rechtsprinzip. Der deutsche Staat hat sich 1919 vom Glaubensstaat mit gestufter Glaubensfreiheit zum Staat der gleichen Religionsfreiheit für alle gewandelt, was der gesellschaftlichen Pluralität entspricht. Eine staatliche Verpflichtung, sich gegenüber seinen Bürgern sowie Religions- und Weltanschauungsgemeinschaften (nur) tolerant zu verhalten, kann es daher nicht geben: Die Bürger haben einen *Rechtsanspruch* auf Gleichbehandlung, auf Neutralität. Das ist etwas fundamental anderes als nur ein Anspruch auf Duldung, in welchem Ausmaß und mit welcher Motivation auch immer. Toleranz ist das Merkmal eines mehr oder weniger fortschrittlichen Glaubensstaats. Dieser ist aber im Deutschland der Weimarer Zeit und der Bundesrepublik *verfassungsrechtlich* überwunden. Der Staat darf in religiös-weltanschaulicher Hinsicht keine eigene Position beziehen, er darf sich nicht einmischen.

Toleranz als an den Staat adressiertes Verfassungsprinzip ist daher abzulehnen.[185] Es ist mit dem Rechtsanspruch auf Gleichbehandlung nicht vereinbar und könnte sich auch nicht auf Anwendungsmaßstäbe stützen. Toleranz ist vielmehr – in verschiedenen Formen – eine bürgerliche Tugend und soll natürlich Gegenstand auch schulischer Erziehung sein.[186] Sie dient als Mittel friedlicher Vermittlung zwischen unterschiedlichen Vorstellungen

183 *H. Dreier*, Gott, 2018, 10.

184 *M. Heckel*, Gleichheit oder Privilegien? 1993, 40.

185 Vgl *S. Huster*, 2002/2017, S. 233 f. mit einer Fülle an Hinweisen zu gleichlautenden Meinungen.

186 *S. Huster* (2002/2017) S. 342 ff.

vom guten, richtigen Handeln. Eine *rechtliche* Toleranzpflicht der Bürger gibt es nicht.

3. Neutralitätsgebot und Trennungsgebot

Neutralitäts- und Trennungsgebot hängen eng zusammen, sind aber funktionell klar zu unterscheiden. Leider geschieht das oft nicht[187], selbst in der Rechtsprechung des BVerfG.[188] Durch die oft propagierte Aufweichung des Trennungsgebots, soweit es vom GG erfasst ist, wird aber auch das Neutralitätsgebot beeinträchtigt. Beide Gebote sind die Kehrseiten einer Medaille. Im Einzelnen ist die Frage der Reichweite des Trennungsgebots umstritten. Es wird oft durch die Behauptung der Zulässigkeit, ja Erforderlichkeit der Kooperation relativiert. Die Zulässigkeit der Kooperation von Staat und Religionsgemeinschaften (Weltanschauungsgemeinschaften sind derzeit von solchen Erörterungen praktisch kaum betroffen) kann aber nicht pauschal entschieden werden, sondern ist für jede Sachmaterie gesondert zu prüfen. Auch das Trennungsgebot ist im GG nicht klar gefordert, aber doch nach allgemeiner Ansicht indirekt in Art. 137 I WRV/140 GG verankert. Der Satz „Es besteht keine Staatskirche" (Art. 137 I WRV) beseitigte die Restbestände des landesherrlichen Kirchenregiments. Schon zuvor hatte der Prozess des geistigen Auseinanderlebens von Staat und Kirche dazu geführt, dass trotz aller äußeren Verklammerungen dieser Prozess „etwas fassadenhaft verdeckt" wurde, „bis sich dann im Jahre 1919 die äußere Trennung gleichsam als reife Frucht eines Jahrhunderts vom Baume der Geschichte löst[e]".[189] Die evangelischen Kirchen hatten zwar im Gegensatz zur katholischen Kirche keine eigene Verwaltung gehabt, sich aber eigene Gesetzgebungsorgane schaffen dürfen.

1919 wurde die lange Epoche von Thron und Altar endgültig beseitigt. Art. 137 I WRV bedeutete zunächst, dass künftig jedes staatliche Landeskirchentum untersagt war, was aber schon zuvor im Kern nicht mehr bestan-

---

187 So lautet die Überschrift der einschlägigen Darstellung bei *K.-H. Kästner*, Bonner Kommentar (2010), zu Art. 140 GG, S. 92 ff. „Trennung und Kooperation", die sich hauptsächlich gegen die Vertreter einer angeblich „radikalen" Trennung richtet, die jedoch das GG nur textnäher und widerspruchsfrei auslegen wollen.

188 Insb. in der auch hier oft zitierten Standardformel zum Staat als „Heimstatt aller Bürger" und zur Neutralität, BVerfGE 19, 906 (916) und vielen Folgeentscheidungen, s. insb. E 108, 282 (Kopftuch).

189 Zu dieser Entwicklung *M. Heckel*, ZevKR 12 (1066/67), 1 (31, mit Zitat).

den hatte und von niemandem wieder eingeführt werden wollte. Verbot der Staatskirche bedeutet grundsätzliche Trennung[190], wobei Abweichungen möglich sind, wie WRV und GG das auch vorsehen (Religionsunterricht, Kirchensteuer). Praktisch sollten 1919 institutionelle Verbindungen von Staat und Kirchen bzw. Religionsgesellschaften untersagt werden. Das wird zwar auch für das GG allgemein vertreten, ist jedoch im Einzelnen umstritten (*organisatorische Trennung*).[191] Ein besonderes Beispiel dafür ist die Existenz der weitgehend für verfassungswidrig erachteten Militärseelsorge[192] mit staatlich-kirchlichem Doppelstatus der Seelsorger, für den selbst ihre Verteidiger sich schwertun, ernsthafte Gründe vorzubringen.[193] In Art. 137 I WRV ist aber auch, in Verbindung mit insbesondere Art. 4 I, II GG, das Neutralitätsgebot als Gewährleistung *gleicher* religiös-weltanschaulicher Freiheit angelegt (*inhaltliche Trennung*). Denn Staatskirche bedeutet stets auch Staatsbekenntnis.[194] Da eine rein formelle Staatskirche keinen Sinn hat, muss das Verbot der Staatskirche auch inhaltliche Bedeutung haben, nämlich das Verbot jeder inhaltlichen Identifikation mit einer Konfession, Religion oder Weltanschauung.[195] Die Trennungsregel wird gern als Grundnorm zum traditionell richtigen Verständnis des Religionsverfassungsrechts verstanden, wobei eine „moderate Interpretation“ und eine „strenge Interpretation“ unterschieden werden[196] oder in einer Gesamtschau „Trennung und Kooperation“[197] mit Betonung der Kooperationsmöglichkeiten.

---

190 S. *Korioth*, in: Dürig/Herzog/Scholz, GG, Art. 140, S. 163 und allg. Meinung. Besondere Betonung des Trennungsgebots mit normativer Erläuterung des Gesamtzusammenhangs im GG *Czermak* in Czermak/Hilgendorf, Religions- und Weltanschauungsrecht, 2. A. 2018, S. 83 ff. (mit kooperativen Elementen).

191 S. z. B. *v. Campenhausen/de Wall*, Staatskirchenrecht, 4. A. 2006, 90 und 5. A. 2022, S. 104 ff; *D. Ehlers* in: Sachs, GG, 8. A. 2018, Art. 140 GG, S. 2646; *M. Morlok* in: H. Dreier, GG, Bd. 3, 2. A. 2008, Art. 140 GG/Art. 137 WRV, Rn. 18.

192 Krit. z. B. S. Korioth in: DHS, Art. 140 GG/141 WRV, S. 310-316 (Rn. 10-16); materialreich.

193 In diesem Sinn aber *K.-H. Kästner*, Bonner Kommentar, Art. 140, S. 438 f. (2010), J. Ennuschat, HSKR 3. A. S. 2295 ff; v. Campenhausen/ de Wall, 5. A. 2022, S. 243 ff.

194 Art. 14 der Preußischen Verfassung von 1850 lautete: „Die christliche Religion wird bei denjenigen Einrichtungen des Staats, welche mit der Religionsübung im Zusammenhange stehen, unbeschadet der im Art. 12 gewährleisteten Religionsfreiheit zum Grunde gelegt.“ Das bedeutet zwar streng genommen nicht, dass der Staat selbst sich als christlich verstand, aber jedenfalls war damit die staatliche Förderung der christlichen Dominanz auch theoretisch abgesichert.

195 Vgl. z. B. *S. Magen*, in: Umbach/Clemens, GG, Art. 140 S. 29 (2002); *L. Renck*, Trennung, (1988), 225 (228); *C. Walter*, Neutralität, HSKR 3. A. 2020, S. 734.

196 *S. Korioth*, in: Dürig/Herzog/Scholz, GG, Art. 140 S. 164 ff.

197 *K.-H. Kästner*, Bonner Kommentar, Art. 140, S. 92 ff.

Dem werden Auffassungen der strikten oder gar radikalen Trennung gegenübergestellt, wobei aber i. d. R. nicht vorhandene Schreckgespenster bekämpft werden. Dabei wird überspielt, dass die Grundüberlegungen zumindest weitgehend gleich, wenn nicht identisch sind und die praktischen Unterschiede mehr darin liegen, ob die Grunderkenntnisse konsequent angewendet werden oder nicht. Anders ausgedrückt lautet die Frage, ob vom allgemeinen Trennungsprinzip bzw. Trennungsgebot die im Verfassungstext enthaltenen Abweichungen nur strikte Bereichsausnahmen sind oder ob der Trennungsgrundsatz insgesamt flexibel ist zugunsten von Kooperationsmöglichkeiten. Diese Fragen werden aber im Zusammenhang der Abgrenzung des Neutralitätsbegriffs von anderen Begriffen erst später näher behandelt.[198]

III. Vielfalt der Aspekte des Neutralitätsgebots

Im Lauf der Jahrzehnte wurde zum Thema eine Fülle an Begriffen und Wendungen verwendet. Sie werden im Folgenden zusammengetragen und grob sortiert. Alle haben mit den Gleichheitsgeboten des GG zu tun und einige sind synonym.

Gebot der Nichtidentifikation und Gleichbehandlung

Anknüpfungsverbot; Äquidistanz, Gleichbehandlung, Parität; Beeinflussungsverbot; Bewertungsverbot; Verbot der Parteinahme, Diskriminierungs- und Privilegierungsverbot; Einmischungsverbot und Nichtintervention; Indifferenz; Integration; Religionsförderung; Religiös-weltanschauliche Inkompetenz des Staats; Staat als „Heimstatt aller Bürger".

Strukturen

Religiös-weltanschauliche Inkompetenz des Staats; objektives und subjektives Recht; Begründungsneutralität und Wirkungsneutralität; Neutralitätsliberalismus und das Rechte und Gute; Ethische Neutralität; Trennung und Kooperation; Neutralitätsgebot, Bereichsausnahme und Reichweite der

198 Siehe E IV 3 d; dazu schon *G. Czermak*, Religions- und Weltanschauungsrecht, 2. A. 2018, S. 83 ff. in klarer Abgrenzung von den traditionelleren Ansichten.

Neutralität; übergreifende (offene, wohlwollende, positive) und distanzierende Neutralität; Bereichsabhängigkeit; Chancengleichheit; Heuristischer Grundsatz; Körperschaftsrecht als Privilegierungsgrund; Verstärkung der Neutralität der WRV durch GG.

Funktionen des Neutralitätsgebots

Schlüsselbegriff, grundlegendes Strukturprinzip und Leitidee; Meta- oder Übernorm, vorausliegender Neutralitätsbegriff, Obergrundrecht; Positive Neutralität und Laizismus; Eigenständigkeit; Gesetzgebung; Heuristische Funktion; Integrationsfunktion.

Einwendungen gegen den Neutralitätsbegriff

Religiöse Sonderrechte im GG; Gemeinwohldienlichkeit; Gott und Ehrfurcht vor Gott; Unmöglichkeit staatlicher Neutralität.

Welche neutralitätspolitischen Spielräume gibt es für den Gesetzgeber?

IV. Hauptprobleme des Neutralitätsbegriffs im Einzelnen

1. Vorab: Neutralitätsgebot als objektives Recht

Die Eigenschaft des Neutralitätsgebots als objektives (nicht grundrechtliches) Recht ist bisher sein dogmatisches Grunddatum. Seit der Popularität des Neutralitätsbegriffs (um 1965) wurde dieser als Beschreibung „nur" objektiven Rechts verstanden, das dem Staat ein „neutrales" Verhalten in religiösen und weltanschaulichen Fragen gebietet (Verhaltensgebot) im Sinn eines Verbots der direkten und wohl auch indirekten Parteinahme. Das geschah initiativ durch die Rechtsprechung des BVerfG[199], aber auch so gut wie einhellig in der Literatur. Der Staat hat auf eine am Gleichheitsgebot orientierte Behandlung der Religions- und Weltanschauungsgemeinschaften[200], aber auch der Bürger unterschiedlicher Überzeugungen zu achten. Die staatliche Neutralität dient der vollen Religions- und Weltanschauungsfreiheit und ist sowohl Voraussetzung als auch Folge derselben. Sie ist die Kehrseite der Freiheit.[201] Der Grundcharakter der Neutralität als objektives Recht ist so selbstverständlich, dass er oft gar nicht erwähnt wird.

Das kann bei manchem uninformierten Leser den Eindruck erwecken, als könne ein Neutralitätsverstoß gerichtlich selbständig geltend gemacht werden. Das ist nach bisher fast allgemeiner Meinung aber nicht der Fall.[202] Ob und inwieweit eine gewisse subjektivrechtliche Bedeutung doch vorliegen kann, wird im Rahmen der Strukturmerkmale der Neutralität erörtert.[203] Das gilt auch für die Frage, ob für das objektive Neutralitätsgebot eine über die Gehalte der fraglichen Einzelgrundrechte hinausgehende Bedeutung anzunehmen ist.

---

199 Vor allem BVerfGE 19, 206 (216).

200 Vgl. BVerfGE 123, 148 (178); *Unruh*, Religionsverfassungsrecht, 4. A. 2021, S. 66.

201 *H. Dreier*, Gott (2018), 97.

202 Nachdenkenswert ist aber der von *P. Unruh* in Religionsverfassungsrecht, 4. A. 2021 S. 66 formulierte Gedanke, das Neutralitätsgebot über Art. 4 I, II GG (Einbeziehung in den Schutzbereich der Religionsfreiheit) verfassungsgerichtlich geltend zu machen. Vgl. auch, mit anderer Argumentation, *Huster*, Ethische Neutralität, 2002/2017, S. 134 ff.

203 Siehe E IV 4 b.

2. Nichtidentifikation[204] und Gleichbehandlung

a) Grundlagen

Der Begriff Nichtidentifikation ist der wohl meistverwendete und wichtigste zur Bezeichnung der Neutralitätsproblematik. Auf ihn können sich, wenn vielleicht auch mit anderer Bezeichnung, wohl nahezu alle Autoren und Gerichte einigen. Er bezeichnet den Hauptaspekt der Neutralität. Wer sich identifiziert, setzt sich von den anderen Richtungen ab, behandelt sie also ungleich. Auch das BVerfG verwendet den Begriff.[205] Er wurde populär durch die Allgemeine Staatslehre von Herbert Krüger.[206] Deren Kernaussage ist, dass sich der Staat nicht mit bestimmten Werthaltungen oder Ideologien und Teilen der Gesellschaft identifizieren darf, sondern die Interessen der Allgemeinheit beachten muss. Das ist von zentraler Bedeutung für Religion und Gesellschaft und ergibt sich aus dem Geist und Text des GG. Karl-Hermann Kästner hat zutreffend formuliert: „Das Gebot der Nichtidentifikation hat als Konsequenz der Säkularität zum Inhalt, dass der Staat als solcher weder religiöse oder weltanschauliche Überzeugungen selbst pflegt noch nach außen hin den Anschein einer Identifikation mit religiösen oder weltanschaulichen Inhalten erweckt. Ihm ist es auch verwehrt, staatliche Entscheidungen mit religiösen oder weltanschaulichen Gesichtspunkten zu begründen oder zu legitimieren."[207]

Religion ist keine Staatsaufgabe, *der Staat hat also keine religiöse Kompetenz.* Das bedeutet freilich nicht, dass er religiös-weltanschauliche soziale Tatbestände nicht berücksichtigen darf oder ggf. soll, soweit das mit den Gleichheitsgeboten vereinbar ist.[208] Das ergibt sich schon aus den diversen

---

204 Dazu statt vieler: *E.-W. Böckenförde*, ZevKR 1975, 119 (130); *C. D. Classen*, Religionsrecht, 2021, S. 59; *H. Dreier*, Gott, 2018, 99; *M. Droege*, Staatsleistungen, 2004, 80; *H. M. Heimann*, Multireligiöser Staat, 2016, 92; *S. Huster*, Neutralität, 2002/2017, 35 f.; *S. Korioth* in: Dürig/Herzog/Scholz, GG, Art. 140 (2003), S. 167 Rn. 9; *M. Morlok* in: Dreier, GG, 2. A. 2008, Art. 140 Rn. 38; *A. Nolte*, Kreuz, JöR 2000, 87 (106); *K. Obermayer*, BK zu Art. 140 GG, Zweitbearbeitung 1971, S. 63 ff. (eingehend); *K. Schlaich*, Neutralität, 1972, 236 ff.; *P. Unruh*, Religionsverfassungsrecht, 4. A. 2018, S. 65; *C. Walter*, Neutralität, HSKR 3. A. 2020, S. 744.

205 Etwa in BVerfGE 93, 1 (17), st. Rspr.

206 *Krüger*, Allgemeine Staatslehre, 2. A. 1966, der Nichtidentifikation in distanzierendem Sinn versteht. Näher zu Krüger s. *Bornemann*, Neutralität, 2020, 127 ff.

207 *K.-H. Kästner*, BK zu Art. 140 GG (2010), S. 108 (Rn. 132).

208 Das ist allgemein völlig unbestritten. Daher bedarf es auch keiner polemischen Unterstellungen gegenüber einzelnen Autoren, die angeblich Anderes behaupten.

religionsfreundlichen Artikeln des GG. Nach richtiger Ansicht bedeutet das, dass der Staat auch nicht den *Anschein* erwecken darf, sich mit einer religiösen oder weltanschaulichen Richtung oder gar Konfession auch nur teilweise oder oberflächlich zu identifizieren.[209] Diese Klarstellung wird oft nicht vorgenommen (s. dazu anschließend unter Beeinflussungsverbot). Die Begriffe Äquidistanz, Beeinflussungsverbot, Bewertungsverbot, Diskriminierungsverbot, Einmischungsverbot, Gleichbehandlung, Indifferenz, Integration, Kooperation, Nichtintervention, Parität, Privilegierungsverbot, Religionsförderung, Religiös-weltanschauliche Inkompetenz des Staats und Verbot der Parteinahme lassen sich sämtlich, wenn auch teilweise mit Erläuterungen, unter „Nichtidentifikation" subsumieren bzw.damit vereinbaren.

b) Beeinflussungsverbot – Problemstellung

aa) *Keine Einseitigkeit.* Der Staat verhält sich nur dann neutral im Sinn der Gleichbehandlung gegenüber den Einwohnern und Religions- bzw. Weltanschauungsgemeinschaften, wenn er darauf verzichtet, sie in religiöser oder weltanschaulicher Hinsicht *einseitig* zu beeinflussen, sei es mit religiöser, sei es mit areligiöser Tendenz. Aber selbst dies wurde bisher sehr häufig nicht beachtet. Leider hat das BVerfG die *Grenze zwischen Unparteilichkeit bzw. noch zulässiger Einflussnahme* und unzulässiger Beeinflussung bisher weder konkret definiert noch an praktischen Beispielen aufgezeigt. Es hat sich regelmäßig mit der Floskel begnügt, es komme darauf an, ob eine *gezielte* Beeinflussung vorliege oder nicht.[210] Wenn es etwa heißt, die Schule müsse für andere weltanschauliche und religiöse Inhalte und Werte offen sein[211] und dürfe keinesfalls indoktrinieren, so trägt das nicht zur Klärung bei. Solche Formulierungen lassen eher darauf schließen, dass eine unaufdringliche, nicht autoritative Einflussnahme in religiös-weltanschaulicher Hinsicht zulässig sein soll. Sie müsste dann aber auch in nichtreligiöser Richtung zulässig sein, wovon nie die Rede ist. Für die Zulässigkeit leichter Formen religiös-weltanschaulicher Einflussnahmen sprechen die Entscheidungen des BVerfG zur christlichen Gemeinschaftsschule. Denn dort ist ausgeführt, die Schule dürfe hinsichtlich Religion und Weltanschauung im allgemeinen Unterricht nur das „Minimum an Zwangselementen" ent-

209 Wie hier z. B. *H. Dreier*, Gott, 2018, 99.
210 Etwa BVerfGE 108, 282 (300); E 93, 1 (16 f.).
211 BVerfGE 108, 282 (300).

halten, also eben doch einen gewissen Zwang, wenngleich unterhalb der Grenze zur „Missionierung".

bb) Eine wichtige Rolle spielte die Problematik der staatlichen religiös-weltanschaulichen Beeinflussung beim *islamischen Kopftuch* von Lehrerinnen.[212] Dabei zeigten sich große Differenzen zwischen dem BVerwG und dem 2. Senat des BVerfG sowie noch bedeutsamere zwischen den beiden Senaten des BVerfG. Das BVerwG hatte 2002 im Fall Fereshta Ludin die Neutralitätspflicht des Staats und damit auch der Lehrerinnen stark betont[213] und unter Verweisung auf den Kruzifix-Beschluss des BVerfG[214] ausgeführt, der Staat dürfe im öffentlichen Schulwesen religiöse und weltanschauliche Einflüsse nicht fördern oder unterstützen, sondern müsse solche *Einflussnahmen* „soweit wie irgend möglich ausschalten". Der Senat verschärfte das durch die apodiktische Formulierung, der Staat müsse „jede religiöse Einflussnahme durch Lehrer unterbinden". Das islamische Kopftuch als religiöses Symbol könne nicht seines spezifischen Bezuges auf Glaubensinhalte entkleidet und auf ein lediglich allgemeines Zeichen einer Kulturtradition reduziert werden. Ein Minderheitsvotum betonte die Neutralitätspflicht der Lehrer noch stärker.

Im selben Fall gab der 2. Senat des BVerfG 2003 der individuellen *Glaubensfreiheit* in der Kollision mit der beamtenrechtlichen *Neutralität* mehr Raum als das BVerwG.[215] In den gehaltvollen und widerspruchsfreien Erörterungen des 2. Senats berücksichtigte dieser nicht nur die Dienstverpflichtung auf Neutralität (Beeinflussungsverbot), sondern bei ansonsten persönlicher Eignung auch die individuelle Religionsfreiheit (mit Option für eine landesgesetzliche Vorrangstellung der Neutralität). Das wurde 2015 konterkariert durch die Kopftuchentscheidung des 1. Senats, der der Religionsfreiheit der Lehrerin – vereinfacht gesagt – trotz Art. 33 V GG eindeutig den Vorzug gab vor der Amtsverpflichtung zur auch religiös-weltanschaulichen Neutralität, und zwar bis zum Eintritt einer konkreten Schulstörung. Damit wurde die Unsicherheit der Rechtsprechung im Hinblick auf die Freiheit von staatlicher ideologischer Beeinflussung perpetuiert.[216]

Daran hat sich auch nichts durch die Entscheidung zum *Kopftuch von Rechtsreferendarinnen* von 2020 geändert, die das Neutralitätsgebot wie-

212 Einzelheiten hierzu schon unter D IV.
213 BVerwGE 116, 359.
214 BVerfGE 93, 1 (17).
215 S. D IV, V.
216 Näher ebenda.

der besonders in den Vordergrund stellte. Denn es handelt sich dabei, anders als in der Schule, um den Bereich unmittelbarer säkularer staatlicher Hoheitsgewalt. Die Ausübung justizieller Tätigkeit verträgt sich nicht mit persönlichen religiösen Bekundungen, jedenfalls soll auch kein Anschein einer Parteilichkeit erweckt werden.[217] Dass die Problematik der noch in Ausbildung stehenden Juristinnen auch toleranter geregelt werden könnte, hat das BVerfG selbst zu erkennen gegeben.

cc) Auch die *Rechtsprechung der Instanz-Gerichte* hat im Lauf der Jahrzehnte geschwankt zwischen strengem *Verbot der Einflussnahme* (Bhagwan-Kleidung, Anti-Atomkraft-Plakette) einerseits und *Zulässigkeit der Einflussnahme* bis zur Stufe vor der eng verstandenen *Indoktrination*, was beim Kreuz im Klassenzimmer noch nicht gegeben sei. Der BayVGH hat in einem Fall einem Volksschullehrer im Eilverfahren verboten, auch bei fehlendem Mala-Symbol innerhalb der Schulgebäude Kleidung in *Bhagwan*-typischen Farben (Rottönen) zu tragen.[218] Lehrer hätten den staatlichen Bildungs- und Erziehungsauftrag einschließlich der Neutralitätspflicht in Fragen der Religion und des Glaubens zu erfüllen. Das Grundrecht auf Religionsausübung des Lehrers muss nach BayVGH zurücktreten, denn aus dem Tragen der Bhagwan-Kleidung „kann sich eine religiöse Beeinflussung der Schüler ergeben". Den Lehrern sei ihr Zugeständnis hinsichtlich der Kleidung zuzumuten. Weiter heißt es in der Begründung: „Wenn er [der Lehrer] in unübersehbarer Weise durch die Farben seiner Kleidung seinen Schülern, die dieser Beeinflussung nicht ausweichen können, ständig vor Augen führt, dass er bestimmten religiösen Überzeugungen folgt, so veranlasst er sie, sich mit diesen Ideen zu beschäftigen." Das Verhalten des Lehrers bewirke eine religiöse Werbung, die als Gefahr zu sehen sei und im Gegensatz zum Neutralitätsgebot stehe. Im Ergebnis gleich entschieden das OVG Hamburg[219] und andere Gerichte, darunter auch das BVerwG[220].

Parallel zur Problematik der Bhagwan-Kleidung liegt die der politischen Einflussnahme. Im Fall einer von einem Lehrer getragenen *Anti-Atomkraft-*

217 Damit soll nicht generell gesagt werden, dass Richter schlechthin unter keinen Umständen optische Hinweise auf ihre Religion oder Weltanschauung geben dürfen (Gegenbeispiel: etwa Sikh-Kopfbedeckung in Großbritannien). Es kommt wohl auf das Vorhandensein einer entsprechenden geistigen Kultur an, in der aus solchen individuellen Bekundungen keine Rückschlüsse auf das Fehlen neutraler Berufsausübung gezogen werden.

218 BayVGH NVwZ 1986, 405 – B. 9.9.1985 – 3 CS 85 A/1338.

219 OVG Hamburg NVwZ 1986, 407.

220 BVerwG NVwZ 1988, 937.

Plakette vertrat das BVerwG eine strenge Auffassung.[221] Der Lehrer greife unzulässig in den Meinungsbildungsprozess der Schüler ein. Das Gericht verwies auf das gesetzliche Gebot der politischen Neutralität des Lehrers im Dienst und das Gebot politischer Mäßigung und führte aus: „Damit verträgt es sich aber nicht, wenn Eltern fürchten müssen, ihr Kind werde in gesellschaftspolitisch grundlegenden Kontroversen in der Schule einseitig indoktriniert und damit ihre eigene Erziehung möglicherweise beeinträchtigt. Der Staat hat daher die Pflicht, die Neutralität der Schule insoweit sicherzustellen, als für eine angemessene Rücksichtnahme auf die in einer pluralen Gesellschaft sehr unterschiedlichen Elternauffassungen gesorgt und jede einseitige Werbung politischer Art seitens der Lehrerschaft unterbunden wird." Zu Recht weist das BVerwG in Bestätigung des Berufungsgerichts darauf hin, „dass anderenfalls die Akzeptanz des öffentlichen Schulsystems bei der Elternschaft, deren Vertrauen in die Objektivität und politische Neutralität der Schule nachhaltig erschüttert würde, wenn sie gewärtig sein müsste, dass Lehrer politische Auseinandersetzungen in die Schule hineintragen und dadurch die ihnen anvertrauten Kinder indoktrinieren." Es dürfe nicht der Eindruck erweckt werden, der Dienstherr stehe hinter solchen Äußerungen.

dd) Das wird so ausführlich zitiert, weil damit der krasse Unterschied zur Instanz-Rechtsprechung im Sonderfall des *Schulkreuzes* besonders deutlich wird. Im Fall Seler, der dann zum bekannten Kruzifix-Beschluss des BVerfG von 1995 führte[222], wies das VG Regensburg 1991 einen Antrag nach § 123 VwGO ab, weil eindeutig keine Grundrechte verletzt seien.[223] Der BayVGH wies die Beschwerde zurück.[224] In der Begründung verwendete er alle Begriffe, die aus der christlich-juristischen Apologetik bestens bekannt waren: Spielraum des Landesgesetzgebers; Bildungsziel Ehrfurcht vor Gott; die Minderheit müsse gegenüber der Mehrheit, die eine religiöse Erziehung wünsche, tolerant sein; Zumutbarkeit der Einschränkung der negativen Religionsfreiheit. Dabei räumte der BayVGH ohne weiteres ein, der Staat fördere mit der Anbringung einer Kreuzesdarstellung die Anschauungen des Christentums, denn das Kreuz bringe den Glauben an Jesus Christus, seine Leidensgeschichte und Erlösungstat zum Ausdruck.

221 BVerwGE 84, 292.

222 Siehe D IV 1 und F I 1.

223 VG Regensburg BayVBl 1991, 345; zu den auf ihre Art bemerkenswerten Gründen *L. Renck*, BayVBl 1991, 346 f.

224 BayVGH NVwZ 1991, 1099 f.

Auch verbiete das Neutralitätsgebot, andersdenkende Schüler „in einem bestimmten religiös-weltanschaulichen Sinne zu beeinflussen oder gar zu indoktrinieren". Durch die Konfrontation mit dem von ihnen abgelehnten Symbol „werden sie aber nicht in einen verfassungsrechtlich unzumutbaren religiös-weltanschaulichen Konflikt gebracht". Denn es gehe nicht um den „Ausdruck des Bekenntnisses zu einem konfessionell gebundenen Glauben (vgl. BVerfGE 52, 223/238)", sondern um einen „wesentlichen Gegenstand der allgemeinen christlich-abendländischen Tradition und Gemeingut des christlich-abendländischen Kulturkreises." Die Schule werde dadurch weder „missionarisch" tätig, noch könne dabei „die Offenheit für andere religiöse und weltanschauliche Werte beeinträchtigt werden." Dabei geht das Gericht – eindeutig unzutreffend – von einer Kollision der negativen mit der positiven Religionsfreiheit aus[225], wobei die negative Religionsfreiheit der (damaligen) Minderheit unterliegen musste. „Vom Grundgesetz her ist es", so der Senat, „dem Landesgesetzgeber überlassen, den religiös-weltanschaulichen Charakter der öffentlichen Schulen unter Berücksichtigung des Grundrechts aus Art. 4 Abs. 1 GG zu bestimmen (BVerfGE 41, 65/78; 52, 223/226)." Nur das *Toleranzgebot* setze der Gestaltungsfreiheit des Staates im Bereich der öffentlichen Pflichtschule Grenzen. Damit wurde das Toleranzgebot nicht – richtigerweise – an die Bürger, sondern an den Staat adressiert und an die Stelle des Neutralitätsgebots gesetzt. Das religionsverfassungsrechtlich zentrale Neutralitätsgebot wurde also ersetzt durch einen viel vageren und andersartigen Begriff und damit abgeschafft.[226]

Gewissermaßen das i-Tüpfelchen dieser Art Argumentation ist die –an sich zutreffende – Behauptung, der Fall des Lehrers in Bhagwan-Kleidung sei ganz anders zu beurteilen als das staatliche Schulkreuz. Die Lehrer-Kleidung weise eindeutig auf eine spezifische religiöse oder weltanschauliche Überzeugung hin. Es liege eine in der Person hervortretende und dadurch besonders intensive Demonstration vor, die als Beeinflussung in einem ganz bestimmten Sinn und damit als eine unzulässige Werbung für eine bestimmte Weltanschauung angesehen werden müsse. Der Lehrer als Vorbild und Erzieher führe mit Signalwirkung eine ganz bestimmte religiöse Überzeugung vor, anders als beim bloß angebrachten Kreuz. Das heißt:

---

225 Diese bei Gegnern des Kruzifix-Beschlusses (BVerfGE 93, 1) so beliebte Argumentation ignoriert, dass Eltern und Schüler keinen Rechtsanspruch auf Etablierung gerade des von ihnen bevorzugten Symbols haben. Zum Problem der positiven und negativen Religionsfreiheit eingehend S. *Huster*, Neutralität, 2002/2017, 171 ff. (speziell auch zum Kreuz in der Schule); *L. Renck*, NVwZ 1994, 544-547.

226 S. oben zur Abgrenzung von Neutralität und Toleranz unter E II 2.

Das hoheitlich auf Dauer installierte christliche Glaubenssymbol Kreuz ist im Hinblick auf eine mögliche Beeinflussung geringer zu bewerten als der ersichtlich aus rein persönlichen Gründen, unverbindlich für andere, getragene Straßenanzug oder andere Bekleidung in bhagwantypischen Farben. Besonders fällt auf, dass die seinerzeit naheliegende Problematik des christlichen Ordenshabits nicht erwähnt wurde.

ee) Auch in der *Literatur* sind die Aussagen recht unterschiedlich. Joseph Listl schrieb im Handbuch des Staatskirchenrechts 1994: „Einer rechtlichen Regelung ist die Glaubensfreiheit nur insofern zugänglich, als es dem zu religiöser Neutralität verpflichteten Staat schlechthin verwehrt ist, auf die Bildung von Glaubensüberzeugungen Einfluss zu nehmen".[227] Axel v. Campenhausen meinte 1989 im Handbuch des Staatsrechts, die Glaubensfreiheit verbiete „staatliche Einflussnahme auf die Bildung von Glaubensüberzeugungen und jeden staatlichen Glaubenszwang, auch mittelbarer oder tatsächlicher Art. Die Freiheit der Glaubenswahl gehört mit allen Vorstadien der Meinungsbildung, der Informationsbemühungen und der suchenden Zuwendung zu einer Glaubensgemeinschaft ... dazu ... Diese Freiheit gilt unbeschränkt."[228] Derselbe Autor erklärte aber 2006 zum Schulkreuz und der Frage der Konfrontation mit anderen Meinungen, es bestehe „kein Anspruch gegen den Staat, vor missionierenden Beeinflussungen geschützt zu werden."[229] Gleichzeitig erklärte er: „Es ist nicht Staatsaufgabe, die Menschen ... zur Erfüllung einer Religion anzuhalten oder ihnen religiöse Gewohnheiten abzugewöhnen."[230] Ebenfalls 1996 schrieb Karl-Hermann Kästner zum Schulkreuz, es komme darauf an, ob die Einflussnahme die erforderliche *rechtsrelevante* Intensität aufweise.[231] Die visuelle Konfrontation mit dem Kreuzsymbol weise aber regelmäßig „äußerst geringe Intensität" auf, eine individuelle Überempfindlichkeit sei nicht maßgeblich. Ein solches Maß an Einflussnahme sei auch Nichtchristen nach dem Toleranzprinzip zumutbar.[232] Deutlich formulierte 2002 hingegen Martin Heckel: „Subtile Beeinflussung wirkt viel nachhaltiger und vergiftender auf das religiöse Leben der Kinder ein als die grobe, äußere Unterdrückung der

227 *J. Listl*, HdbStKR, 2. A. 1994, Bd. 1, 439 (455).

228 *A. v. Campenhausen* in HStR VI (1989), § 136 Rn. 41.

229 *A. v. Campenhausen/H. de Wall*, Staatskirchenrecht, 4. A. 2006, 75.

230 Ebenda S. 62.

231 *K.-H. Kästner*, Kreuz, ZevKR 1996, 241 (261).

232 *K.-H. Kästner*, Kreuz, ZevKR 1996, 241 (270) unter Verweisung auf die Rspr. des BayVGH und VG Regensburg.

Religionsfreiheit, wie die Erfahrung von Jahrhunderten ... lehrt."[233] Auch in seiner ausufernden Abhandlung zum Kruzifix-Beschluss des BVerfG ging Heckel von der grundsätzlichen Unzulässigkeit staatlicher Missionierung aus, verstieg sich dann aber zu der Behauptung, das Schulkreuz besitze ebenso wie das Schwurkreuz im Gerichtssaal im säkularen Staat und Recht keine missionarische Bedeutung. Die gegenteilige Ansicht sei „unhaltbar". Für die Nichtchristen sei das Kreuz im staatlichen Unterricht [lediglich, Cz] ein „orientierendes Zeichen für ‚die Bejahung des Christentums' als ‚prägenden Kultur- und Bildungsfaktor' im Sinn der historischen und nicht glaubensmäßigen Darstellung." Das Schulkreuz enthalte mithin „keinen finalen *religiösen* Staatseingriff".[234] Widersprüchlich äußerte sich auch Juliane Kokott. Sie schrieb einerseits, Glaubensfreiheit garantiere das Recht, zu glauben oder nicht. Der Staat dürfe hieran keine Vor- oder Nachteile knüpfen oder „auch nur im Vorstadium der Glaubensbildung" Einfluss nehmen.[235] Andererseits kritisierte sie am Kruzifix-Beschluss des BVerfG, dieses sehe bereits in der bloßen Konfrontation mit einem religiösen Symbol einen „erheblichen Eingriff" in die Glaubensfreiheit.[236]

Eine interessante Position nahm Stefan Muckel ein.[237] Zum grundrechtlichen Schutzbereich des Art. 4 I GG erklärte er, zwar schütze die Glaubensfreiheit „vor Indoktrination und Suggestion im Namen einer Religion oder Weltanschauung", das BVerfG hätte aber darlegen müssen, woraus sich das Vorliegen von Suggestion oder Indoktrination beim Schulkreuz ergebe. Der Hinweis auf den „appellativen Charakter" des Kreuzes reiche nicht. Jedenfalls das kleine, nicht bei der Tafel angebrachte Kreuz ohne Korpus entfalte „in der Regel keine Zwangswirkung", so dass der Schutzbereich der negativen Glaubensfreiheit „nicht betroffen" sei.[238] Das verwundert, denn das Kreuzsymbol ist unbestreitbar das Hauptsymbol des Christentums. Man mag es zwar, je nach räumlichem oder ideellem Zusammenhang, als „sinnvariierendes Symbol" (Martin Heckel) begreifen. Aber in erster

---

233 *M. Heckel*, in: Hollerbach-FS (2001), 657 (689).

234 *M. Heckel*, Kruzifix-Beschluss, 1996, DVBl 1996, 453 (477). Als Gesamtdarstellung wirkt die Abhandlung fast skurril, insbesondere im Hinblick auf die Bemerkung S. 455, „der Anschein der Verschleierung einer gewissen Unaufrichtigkeit" sei „freilich ein altgewohntes Phänomen im Kirchen- und Staatskirchenrecht". Eine nähere Kritik würde den Rahmen sprengen.

235 *J. Kokott* in: Sachs, GG, 18. A. 2018, Art. 4 Rn. 28.

236 *Ebenda* Art. 4 Rn. 42.

237 *S. Muckel*, KuR 1996, 65 ff.

238 *S. Muckel*, KuR 1996, 65 (75 f.).

Linie und in jedem Zusammenhang – abgesehen von offensichtlich völlig säkularisierten Tatbeständen wie Kreuzen in gemeindlichen und staatlichen Wappen oder Fahnen usw. – ist das Kreuz immer zunächst das christliche Symbol. Es ist zwar für Nicht- oder Andersgläubige nicht verbindlich, wird aber vielfach innerlich abgelehnt und stellt leicht ein beachtliches staatsbürgerliches Ärgernis dar. Sie nehmen das auf sie ungewollt einwirkende Symbol als Gegebenheit wahr, entsprechend wie 1995 in München der Kardinal und der evangelische Landesbischof bei der staatlich-kirchlichen Großkundgebung für Gegner des Kruzifix-Beschlusses: „Für uns Christen ist das Kreuz Zeichen des Heils“ bzw. „Für uns Christen ist das Kreuz vor allem ein heiliges Zeichen unseres Glaubens …“[239]

Andererseits führte Muckel aus, der Staat habe sich neutral zu verhalten, dürfe sich mit keiner Religion oder Weltanschauung identifizieren und inhaltlich nicht Partei ergreifen. Das Kreuz könne „von seinem Bezug zum Christentum nicht völlig abgelöst werden“, es sei immer auch ein religiöses Symbol. „Wenn der Staat die Anbringung eines solchen Symbols anordnet, dokumentiert er zwangsläufig seine Verbundenheit mit dem Christentum. Eine solche Parteinahme ist staatlichen Stellen nicht gestattet.“[240] Der Staat des GG sei kein christlicher Staat.

Das entscheidende Ergebnis der Ausführungen Muckels ist, dass das vom Staat angebrachte Kreuz im Klassenzimmer zwar eindeutig gegen das objektiv-rechtliche Neutralitätsgebot verstößt, jedoch zumindest im Fall des BVerfG (Fall Seler) nicht einmal der Schutzbereich der negativen Glaubensfreiheit eröffnet war. Das ist schon in sich widersprüchlich, weil Muckel gar nicht darlegen kann, im Streitfall habe keine Ausnahme von der behaupteten Regel vorgelegen, das Kreuz könne keine Zwangswirkung entfalten. Gerade im Fall des Kruzifix-Beschlusses wurde das beschwerdeführende Ehepaar vom Land Bayern besonders rüde behandelt, was den Entscheidungsgründen allerdings im Wesentlichen nicht zu entnehmen war.[241] Muckel macht den Schutzbereich der Glaubensfreiheit abhängig von einem Mindestmaß an Intensität einer Beeinträchtigung, die vom subjektiven Empfinden und Details der äußeren Umstände abhängig ist. Zu Recht spricht sich die heute ganz h. M. dagegen für einen sehr weiten Schutzbereich der Glaubensfreiheit aus, weil sonst die genaue Prüfung des als möglich erscheinenden Grundrechtseingriffs durch eine vorgezogene

239 Zitiert nach *M. Heckel*, DVBl 1996, 453 (469).
240 Dazu und Zitate bei *S. Muckel*, KuR 1996, 65 (77 f.).
241 Dazu genauer *G. Czermak*, NJW 1995, 3348 (3349).

Bewertung von vorneherein abgeschnitten wird. Für einen weiten Schutzbereich, der die thematische Betroffenheit genügen lässt, spricht gerade der Fall Seler. Nimmt man nämlich einen Eingriff in den Schutzbereich an, so kann dieser durch keinen Gesichtspunkt gerechtfertigt werden, weil er ja objektivem Verfassungsrecht widerspricht. Das Verbot der einseitigen Einflussnahme ist dann inhaltlich in seiner Funktion als objektives Recht und als subjektives Grundrecht identisch.

ff) Sämtliche hier erörterten Autoren[242] sind wichtige Repräsentanten des Religionsverfassungsrechts. Sie kommen in der Frage, ob religiös-weltanschauliche Einflussnahmen von staatlicher Seite eine gewisse Mindestintensität aufweisen müssen, um rechtserheblich zu sein, wie die Rechtsprechung zu unterschiedlichen Ergebnissen. Es bleibt, wie beim BVerfG auch, bei einer *Unsicherheit, die Entscheidungsprognosen schwer macht.* Eine grundsätzliche Erörterung dieses besonders wichtigen Aspekts der religiösweltanschaulichen Neutralität ist daher angezeigt.

c) Eigene Position: Glaubensfreiheit als Verbot jeglicher einseitiger Beeinflussung

aa) Religions- und Weltanschauungsfreiheit bedeutet Freiheit des Denkens, Redens und Handelns. Die darin enthaltenen zahlreichen Aspekte können sämtlich eingeordnet werden in die Bereiche Innenbereich (*forum internum*) oder Außenbereich (*forum externum*). Unabhängig von der Frage, ob es sich insgesamt um ein einheitliches Grundrecht handelt (so das BVerfG und wohl die Mehrheit der Literatur) oder ob zwei oder drei eigenständige Grundrechte anzunehmen sind (so eine starke Minderheit) – müssen doch jeweils sämtliche infrage kommenden Tatbestände und Beurteilungskriterien einschließlich ihrer Auswirkungen gewürdigt und beachtet werden.

Die Frage ist, wie man das unstreitige, an den Staat gerichtete zumindest grundsätzliche Verbot, religiös-weltanschaulich auf seine Einwohner Einfluss zu nehmen, im Einzelnen handhaben soll. Es geht darum, derartige unerwünschte Einflussnahmen entweder generell zu untersagen oder Differenzierungen zuzulassen. Im letzteren Fall kommt es darauf an, welche Intensität der Einflussnahme vorliegen muss, damit ein rechtserheblicher Eingriff anzunehmen ist, und ob dieser gerechtfertigt werden kann.

---

242 Sie stehen alle mehr oder weniger dem Christentum nahe.

bb) Das führt zu *Grundfragen des Religionsverfassungsrechts.* Das GG enthält keine direkte Aussage zur Frage seines eigenen religiösen oder nichtreligiösen Charakters. Aus mehreren Verfassungsbestimmungen, die auch für den Neutralitätsbegriff maßgeblich sind, ergibt sich aber eindeutig, dass *religiöse und nichtreligiöse Einstellungen gleichgestellt* sind (Art. 4 I, 33 III 2GG, 137 VII WRV/140 GG) und dass ihre Unterschiedlichkeit rechtlich keine Rolle spielen darf (Art. 3 III, 33 III 1, 136 I, II WRV/140 GG). Auch andere Verfassungsnormen gehen in diese Richtung (Art 7 V GG, 136 III, IV und 137 I WRV/140 GG). Im Grundgesetz finden sich keine Normen, die die genannten konterkarieren.

Demgegenüber kann man nicht, wie das viele Autoren immer noch tun, auf die Zulässigkeit des Religionsunterrichts, die Möglichkeit verschiedener weltanschaulicher Schulformen, das Steuererhebungsrecht in Verbindung mit dem Körperschaftscharakter, die Möglichkeit der Anstalts- und Militärseelsorge, die begrenzte Möglichkeit der Universitätstheologie und den Schutz der Sonn- und Feiertage verweisen, um daraus ein *Kooperationsgebot* zugunsten der Kirchen zu konstruieren und das Ganze durch die Gottesnennung in der GG-Präambel zu überhöhen, um so eine Art quasichristlichen Staat zu schaffen.[243] Das soll hier nicht abermals eingehend erörtert, sondern nur mit kurzen Hinweisen versehen werden.

„*Religionsunterricht*" im Sinn des GG (Art. 7 II, III GG) kann auch von einer weltanschaulichen Gemeinschaft angeboten werden, wie sich zwingend aus Art. 137 VII WRV/140 GG ergibt.[244] Die formalen Voraussetzungen müssen gleich sein. Der Schulartikel stellt die Möglichkeiten Gemeinschaftsschule, Bekenntnis- und Weltanschauungsschulen gleich, und zwar als Privatschulen und durch textlichen Rückschluss auch bei öffentlichen Schulen (Art. 7 V GG). Über die Frage der Zulässigkeit des Regelschulcharakters im Hinblick auf Art. 4 I, II GG ist damit nichts ausgesagt. Als weitere Möglichkeit kommen noch die „bekenntnisfreien Schulen" des Art.

---

243 Zumindest in diese Richtung etwa Christian Hillgruber. Neuestens: *Hillgruber*, Nicht ganz ohne Gott – der Staat des Grundgesetzes und seine begrenzte weltanschaulich-religiöse Neutralität, in: M. Kühnlein (Hrsg.), Gottloser Staat? 43-55 zu H. Dreier, Staat ohne Gott, 2018 (z. B.: der Staat dürfe sich bei der Symbolverwendung auch religiös positionieren).

244 Vgl. z. B. *v. Campenhausen/ de Wall*, Staatskirchenrecht, 4. A, 2006, 217 und 5. A. 2022, 260; *Czermak/Hilgendorf*, Religions- und Weltanschauungsrecht, 2. A. 2018, S. 175; *Jarass/Pieroth*, GG, 17. A. 2022, Art. 7 Rn. 12. Dass vereinzelt Bundesländer das zunächst nicht akzeptieren wollten, wirft kein gutes Licht auf sie. Dazu wie hier Verfassungsgericht Brandenburg, LKV 2006, 493.

7 III 1 GG hinzu.[245] Der *Körperschaftscharakter* (Art 137 V WRV/140 GG) und damit auch das Steuererhebungsrecht (Art 137 VI WRV/140 GG) ist neben den altrechtlichen Kirchen allen religiös-weltanschaulichen Gemeinschaften nach gleichen Kriterien eröffnet, wenngleich mit landesrechtlich unterschiedlicher Handhabung (Art 137 VIII WRV/140 GG). Für *Anstalts- und Militärseelsorge* gilt wie beim Religionsunterricht Art. 137 VII WRV/140 GG. Eine rechtliche Privilegierung ergibt sich auch nicht aus dem Schutz der *Sonn- und Feiertage* (Art. 139 WRV/140 GG), denn Sonntag ist lediglich die (nach dem antiken Sonnengott benannte) traditionelle Bezeichnung eines zwingend notwendigen freien Tags pro Woche. Außer der seelischen Erhebung ist kein religiöses oder gar christliches Motiv genannt. Die staatlichen *theologischen Fakultäten* sind ein historisches Sonderproblem und anerkanntermaßen nicht im Bestand garantiert und nur in bestrittenem Ausmaß zulässig. Auch hier gilt das Gebot der Gleichbehandlung der verschiedenen Richtungen, was aber – verfassungswidrig – nur teilweise eingehalten wird. Es sind zwar Katholiken, Protestanten, Juden, Muslime, und neuerdings auch Aleviten sowie die christliche Orthodoxie vertreten. Aber erst 2022 ist es dem Humanistischen Verband Berlin-Brandenburg gelungen, erstmals in Deutschland eine humanistische Hochschule (mit stark begrenztem Lehrangebot) zu errichten.[246]

Die GG-Präambel mit ihrer *Gottesnennung* (nicht: Anrufung) ist nicht geeignet, den gesamten Religion und Weltanschauung betreffenden Inhalt der Verfassung auf den Kopf zu stellen. Das ist schon so oft begründet worden, dass hier auf nähere Erläuterungen verzichtet werden soll.[247]

Der Staat des GG ist nach allem säkular, hat also *keinen religiösen Staatszweck*. Verfassungsgeber ist das „Deutsche Volk" (s. Präambel). Der Staat hat weder selbst eine Religion, noch eine nichtreligiöse Weltanschauung. Dennoch ist er beiden gegenüber aufgeschlossen. Martin Heckel resümiert, von der christlichen Tradition „des Abendlandes" und vom göttlichen Gesetz und Evangelium finde sich „in der Staatsverfassung keine Spur".[248] Geistliche und religiöse Zwecke liegen „außerhalb seines Befugniskreises".[249] Selbstverständlich darf bzw. soll der Staat die religiös-welt-

245 Zum Ganzen *Czermak/Hilgendorf*, Religions- und Weltanschauungsrecht, 2. A. 2018, S. 170 f.

246 S. F I 4 c.

247 Aus letzter Zeit: *Dreier*, Gott, 2018, 171-188; *G. Czermak*, NJW 1999, 1300 ff.

248 *Heckel*, Gleichheit oder Privilegien? 1993, 40.

249 *E.-W. Böckenförde*, Der säkularisierte Staat, 2006, 13 unter Zitierung von R. von Mohl, 1829.

anschaulichen Bedürfnisse der Bevölkerung angemessen berücksichtigen, wenn er dabei nur das Gleichheitsgebot beachtet. Es kann keine Rede davon sein, der Staat des GG wolle Religion „laizistisch" aus der Öffentlichkeit verbannen. Daher befremdet es auch, wenn Vertreter des herkömmlichen „Staatskirchenrechts" ihren Gegnern fälschlich unterstellen, sie seien laizistisch, um sie wirkungsvoller bekämpfen zu können.[250]

cc) *Folgerungen.* Berücksichtigt man all das, so spricht das klar dafür, jede Art von einseitiger religiös-weltanschaulicher Einflussnahme als unzulässigen Verstoß gegen die Glaubensfreiheit im engeren Sinn anzusehen. Sie schützt ja nach allgemeiner Ansicht das *forum internum* gegen staatliche einseitige Beeinflussung. Es geht um die *Abwehr aller nicht-neutralen Eingriffe.* Angesichts der verfeinerten Methoden, Menschen zu beeinflussen, reicht es nicht aus, nur eine klassische direkte Einflussnahme als Grundrechtseingriff zu werten. Seit langem ist daher anerkannt, dass auch faktische und mittelbare[251] Einwirkungen Grundrechtseingriffe sein können. Man kann sagen: „Auch die Anwendung ‚weicher' Mittel, namentlich der informalen Beeinflussung, ist neutralitätswidrig."[252]

Liegt eine einseitige Beeinflussung vor, so kommt es für die Grundrechtsrelevanz nicht mehr darauf an, wie intensiv die Beeinträchtigung ist. Denn bei der Glaubensfreiheit im engeren Sinn geht vom Grundrechtsinhaber keinerlei abwägungsfähige aktive Tätigkeit aus. Jede einseitige staatliche Beeinflussung, und erfolge sie auch unbewusst (etwa infolge falscher Informationen), grenzt daher den Anspruch des Grundrechtsträgers ein, frei zu bleiben von nicht-neutralen Handlungen. Ein Grund, das Abwehrrecht einzuschränken, etwa durch die Behauptung, der Gleichheitsverstoß halte sich im Rahmen des Sozialüblichen, ist nicht erkennbar, so dass jeder Gleichheitsverstoß zugleich eine rechtserhebliche Beeinträchtigung darstellt. Es ist gerade ein wesentlicher, ja typischer Tatbestand der Glaubensfreiheit im engeren Sinn, dass Einflussnahmen umso wirkungsvoller sind, je unauffälliger und leiser sie erfolgen. Andernfalls würde dieser innere Aspekt der Religionsfreiheit weitgehend leerlaufen. Es gäbe im Üb-

250 *Ludwig Renck* hat sich in DÖV 2002, 56 (64 f.) für die grundsätzliche Möglichkeit staatlicher Religionsförderung ausgesprochen. Positionen des *Verfassers* dazu: F II 3. *Erwin Fischer* hat sich vehement gegen den Vorwurf verwahrt, er sei Laizist im Sinn eines staatlich verordneten Agnostizismus, sondern vielmehr laikal (E. Fischer, Trennung von Staat und Kirche, 3. A. Frankfurt a. M. 1984, 38-40).

251 Etwa BVerfGE 90, 112 (120); Jarass/Pieroth, GG, 17. A. 2022, vor Art. 1 Rn. 28 f. (zu mittelbaren und sonstigen Einwirkungen).

252 *S. Mückl*, Bonner Kommentar, Art. 4 GG Rn. 201.

rigen auch keine handhabbaren Kriterien, nach denen die Intensität der Einflussnahme festgestellt werden könnte. Sie hängt ja entscheidend vom subjektiven Empfinden der Betroffenen ab, und das ist sehr unterschiedlich. Mit Feststellung einer nicht-neutralen Einflussnahme steht damit die Grundrechtsverletzung bereits fest, denn eine Rechtfertigung nicht-neutralen Verhaltens ist mangels kollidierender Rechte nicht denkbar.[253]

Diese strenge Position nahmen auch engagierte kirchlich orientierte Juristen ein, wenn es nicht gerade um das Kreuz im Klassenzimmer ging. So schrieb Joseph Listl: „Einer rechtlichen Regelung ist die Glaubensfreiheit nur insofern zugänglich, als es dem zu religiöser Neutralität verpflichteten Staat schlechthin verwehrt ist, auf die *Bildung von Glaubensüberzeugungen* Einfluss zu nehmen" [Hervorhebung im Original].[254] Axel v. Campenhausen erklärte, das gelte auch für mittelbare oder tatsächliche Einflussnahmen. Wörtlich: „Die Freiheit der Glaubenswahl gehört mit allen Vorstadien der Meinungsbildung, der Informationsbemühungen und der suchenden Zuwendung zu einer Glaubensgemeinschaft ... dazu ... Diese Freiheit gilt unbeschränkt."[255] Erneut sei Martin Heckel zitiert: „Subtile Beeinflussung wirkt viel nachhaltiger und vergiftender auf das religiöse Leben der Kinder ein als grobe, äußere Unterdrückung der Religionsfreiheit, wie die Erfahrung von Jahrhunderten ... lehrt."[256] Solche Positionen hat man seinerzeit besonders gegenüber kleinen Religionsgemeinschaften (z. B. Bhagwan), gern abwertend „Sekten" genannt, ausdrücklich vertreten, aber beim Kreuz im Klassenzimmer, sozusagen in eigener Sache, erstaunlicherweise ignoriert (wie die genannten drei Autoren).

Im Ergebnis bedeutet das Verbot einer staatlichen religiösen oder weltanschaulichen einseitigen Beeinflussung schlicht die *Enthaltung von jeglicher derartigen Beeinflussung*, mag sie manchem Betrachter auch als sehr geringfügig erscheinen. Wird das nicht vollständig beachtet, so verfehlt man das Gebot der rechtlichen Gleichstellung bzw. Neutralität. Der subjektiv- und objektivrechtliche Gehalt der inneren Glaubensfreiheit ist identisch. In einem Fall wie dem des *staatlich* verwendeten Kreuzsymbols, das aus jeder Perspektive zumindest *auch religiöse* Bedeutung hat, subjektivrechtlich einen geringeren Schutz zu postulieren, geht nicht an. Thematisch betrifft das Kreuz den Schutzbereich der Glaubensfreiheit. Ein Grundrechts-

253 Vgl. ausführlich schon BVerwGE 116, 359, s. oben D IV (islamisches Kopftuch).
254 *J. Listl*, in: HdbStKirchR I, 2. A. 1994, 439 (455).
255 *A. v. Campenhausen*, HdbStR VI (1989), § 136 Rn. 41.
256 *M. Heckel*, in: Hollerbach-FS, 2001, 657 (689).

eingriff ist gegeben, weil selbst die (problematische) Annahme einer nur denkbar geringfügigen Beeinträchtigung[257] bereits den Kernbereich des Grundrechts beeinträchtigt. Eine Rechtfertigung ist weder aus objektiv-, noch subjektivrechtlicher Sicht gegeben, noch liegt eine erörterungsfähige grundrechtliche oder verfassungsunmittelbare Rechtsgüterkollision vor.

Für ein strenges Verständnis des Verbots staatlicher Einflussnahme sprechen zudem folgende Überlegungen.

Würde derjenige, der ein Kreuz/Kruzifix im Klassenzimmer für verfassungsgemäß hält, auch die *Anbringung eines Parteisymbols* (z. B. CDU oder SPD) für rechtens halten? Etwa mit der Begründung, da der Staat ja parteipolitisch neutral sei, könne das keine Parteipropaganda bedeuten, sondern solle nur auf die demokratische Notwendigkeit hinweisen, sich mit politischen Fragen auseinanderzusetzen? Eine solche Fragestellung würde sicher jedermann als absurd bezeichnen. Ablehnend würde man wohl schon auf eine Lehrer-Plakette mit der Aufschrift *Atomkraft, nein danke!*[258] oder *Freie Fahrt für freie Bürger* reagieren, weil diese auch Lehrern grundsätzlich erlaubten Meinungsäußerungen in der Schule in dieser Form eine unzulässige einseitige Werbung für die jeweilige Position darstellen würden. Einseitige politische oder gar parteipolitische Stellungnahmen sind auch beamtenrechtlich untersagt. Welchen plausiblen Grund könnte es geben, Entsprechendes bei religiösen und weltanschaulichen Lehreräußerungen nicht zu verlangen? Und was dem Lehrer dienstlich untersagt ist, kann dem Staat als Dienstherrn erst recht nicht erlaubt sein.

In *politischer Hinsicht* ist anerkannt, dass der Staat in den freien politischen Wettbewerb nicht parteiergreifend und somit wettbewerbsverzerrend, insbesondere durch öffentliche Äußerungen, eingreifen darf. Für alle Inhaber eines öffentlichen Amts gilt: gleiche Nähe bzw. gleiche Distanz zu allen politischen Bewerbern (s. Art. 21 I GG). Das BVerfG hat zu den Fragen der politischen und parteipolitischen Neutralität bzw. staatsfreien Teilnahme am öffentlichen Willensbildungsprozess mehrfach Stellung genom-

---

257 Im Hinblick auf die 2000-jährige christliche Judenverfolgung ist das staatlich verwendete Kreuz stets schwerwiegend. Auch stoßen sich staatsbürgerlich und rechtlich bewusste Schüler zwangsläufig an diesem Neutralitätsverstoß. Beim bhagwanroten Straßenanzug eines Lehrers hat die Rspr. teilweise sogar eine Gefahr und eine Indoktrination gesehen, s. oben E IV 2 b, cc.

258 So BVerwGE 84, 292 (Ein solcher von einem Lehrer im Dienst getragener Anstecker stelle eine demonstrative ständige Indoktrination dar, übe gerade auf jüngere Schüler starken Einfluss aus und erschüttere nachhaltig das Vertrauen in die Objektivität und politische Neutralität der Schule.)

men.[259] Auch das *Wahlrecht* führt zu Überlegungen, die entsprechend auch Geltung für den religiös-weltanschaulichen Bereich nahelegen. Das BVerfG hat 1977 Folgendes entschieden: „Den Staatsorganen ist es von Verfassungs wegen versagt, sich in amtlicher Funktion im Hinblick auf Wahlen mit politischen Parteien oder Wahlbewerbern zu identifizieren und sie unter Einsatz staatlicher Mittel zu unterstützen oder zu bekämpfen, insbesondere durch Werbung die Entscheidung des Wählers zu beeinflussen." Die Öffentlichkeitsarbeit der Regierung finde dort ihre Grenze, wo die Wahlwerbung beginne. Für die Vorwahlzeit gelte für die Bundesregierung das Gebot äußerster Zurückhaltung und das Verbot jeglicher mit Haushaltsmitteln betriebener Öffentlichkeitsarbeit.[260] Das Gebot der Wahlfreiheit diene dem unbeeinflussten Prozess der Willensbildung.

dd) Hinzuweisen ist für *besondere Bereiche* noch auf weitere *Einwendungen* gegen strikte Neutralität bei der Glaubensfreiheit im engeren Sinn.

Wie eine *landesrechtliche Regelung* eine nicht-neutrale Beeinflussung sollte zulassen können, ist nicht ersichtlich. Die landesrechtliche Kompetenz für Schulfragen kann nicht die grundgesetzliche strenge Beeinflussungsfreiheit außer Kraft setzen (Art. 31 GG).

Ein wichtiges Sonderthema ist das der *Beeinflussung durch die staatliche Schulerziehung*, die in religiöser, weltanschaulicher und politischer Hinsicht nicht einseitig erfolgen darf.[261] Die Frage, wann konkret eine unzulässige Einflussnahme vorliegt, ist in Grenzbereichen oft schwer zu entscheiden. In einem Graubereich hängt die Frage der Zulässigkeit vom jeweiligen Verständnishorizont der Adressaten ab, von der Bewertung des Umfeld-Zusammenhangs, von der Kenntnis und Interpretation historischer oder anderer Umstände, der angemessenen Auswahl von Bereichen und Fakten und auch der richtigen sprachlichen Darstellung. Für die Praxis dürfte es regelmäßig genügen, wenn Unterrichtung und ggf. vorsichtige Wertung in der erkennbaren Absicht erfolgen, im Rahmen des Möglichen unvoreinge-

259 Zur Gesamtproblematik ausführlich *D. Dişçi*, MIP 2016, 101 ff.; BVerfGE 138, 102, 16.12.2014 (Neutralitätsgebot für Mitglieder der Bundesregierung – Fall Schwesig); BVerfG, NVwZ-RR 2016, 241 – 7.11.2015 (Anti-Pegida-Presseerklärung von Bundesministerin) und andere.

260 BVerfGE 44, 125, LS 1, 4, 8; 63, 230.

261 BVerfG-K NVwZ 1990, 54 – Schulbuchzulassung, Nichtannahmebeschluss; wenig hilfreich (keine „gezielte" Beeinflussung oder gar Agitation), so auch *S. Huster*, Neutralität, 2002/2017, 282.

nommen zu sein. Die Fragen (Verhältnis zum Elternrecht, Erziehungsziele, ethische Erziehung, Multikulturalismus) sind sehr komplex.[262]

Ein ebenfalls bedeutendes Sonderthema ist das Problem der *Zulässigkeit staatlicher Warnungen vor bestimmten Religionsgemeinschaften*, durch die die Öffentlichkeit zu Lasten von Minderheiten beeinflusst werden soll.[263] Eine umfangreiche diesbezügliche Rechtsprechung und Literatur war und ist umstritten. Das Vorliegen von Grundrechtseingriffen wurde i. d. R. bejaht[264], manchmal aber auch durch auffällig-absichtsvolle Verneinung des Schutzbereichs des Art. 4 I GG jeglicher Rechtsschutz abgeblockt.[265]

d) Religiöse Gleichheit nach Art. 3 GG

Nach Art. 3 III 1 GG darf niemand u. a „wegen ... seines Glaubens, seiner religiösen oder politischen Anschauungen benachteiligt oder bevorzugt werden". Das ist die gleichheitsrechtliche Grundnorm für den Bereich von Religion und Weltanschauung, die nach unbestrittener Ansicht Vorrang vor dem Allgemeinen Gleichheitssatz des Art. 3 I GG hat. In der Praxis des Religions- und Weltanschauungsrechts hat der Besondere Gleichheitssatz freilich noch keine große Rolle gespielt. Zwar darf der Staat wegen der Vielzahl unterschiedlicher Freiheiten grundsätzlich in seinem Verhalten *allgemein* nachvollziehbare Bewertungen mit Gemeinwohlerwägungen vornehmen. Bei Religion und Weltanschauung aber ist das nach heute überwiegender Ansicht unzulässig.[266]

Art. 3 III 1 GG untersagt wie schon Art. 4 I, II GG[267] dem Staat strikt, religiöse und weltanschauliche Überzeugungen zu bewerten oder daran im Grundsatz auch nur anzuknüpfen und daran sein Verhalten auszurichten. Solche Überzeugungen können die politische Ordnung nicht legitimieren,

---

262 Umfassend und tiefschürfend zur Erziehung im neutralen Staat *Huster*, Ethische Neutralität (2002/2017), 272-435. S. auch F I 3.

263 Siehe kompakt *Czermak/Hilgendorf*, Religions- und Weltanschauungsrecht, 2018, S. 126 m. N.; *H. Alberts*, Weltanschauliche Neutralität, ZRP 1993, 432-435; *S. Huster*, Ethische Neutralität (2002/2017), S. 144 ff.

264 Insbesondere BVerwGE 82, 76 (79) – Transzendentale Meditation.

265 Selbst durch das BVerfG, s. BVerfGE 105, 279 – Osho; krit. dazu *Czermak*, Schieflage, 2021, 79 ff.

266 Nicht einmal beim Körperschaftsstatus hat das BVerfG in E 102, 270 die Gemeinwohldienlichkeit verlangt. Zur Problematik Czermak/Hilgendorf, Religions- und Weltanschauungsrecht, 2. A. 2018, S. 216 ff und 119 f. Näher unten E V 2 b, bb.

267 BVerfGE 12, 1 (4).

wie das freilich zur Zeit der Aufklärung noch bei John Locke und Jean-Jacques Rousseau der Fall war. Staatliche Maßnahmen, die unmittelbar an solche Überzeugungen anknüpfen, sind untersagt, und zwar nicht nur, wenn sie final erfolgen. Heute ist man sich mit dem BVerfG[268] weitgehend einig, dass das Diskriminierungsverbot des Art. 3 III 1 GG als *grundsätzliches Anknüpfungsverbot* anzusehen ist.[269] Ausnahmen, bei denen doch eine Differenzierung möglich ist, sind nur unter sehr engen Voraussetzungen zulässig, weil das Diskriminierungsverbot sonst leicht unterlaufen werden könnte. Das Diskriminierungsverbot gilt auch im Regelfall, nämlich dann, wenn eine Regelung nicht auf eine solche Ungleichbehandlung angelegt ist, sondern andere Ziele verfolgt (mittelbare Diskriminierung). Lediglich „vernünftige" Überlegungen machen eine Anknüpfung nicht zulässig.[270] Differenzierungen zwischen verschiedenen Religionen oder zwischen Religion und Nichtreligion sind grundsätzlich unzulässig. Ausnahmen bedürfen einer Rechtfertigung durch konkurrierendes Verfassungsrecht bzw. „tragfähige Gründe".[271]

Art. 3 I GG ist nur subsidiär heranzuziehen, wenn Art 3 III 1 GG nicht einschlägig ist bzw. wenn eine *Anknüpfung ausnahmsweise zulässig* ist. Das ist etwa der Fall, wenn ein kirchlicher Sportverein oder ein kirchliches Orchester oder eine kirchlich organisierte Kunstausstellung gefördert werden soll, was in rechtlicher Gleichstellung mit anderen Veranstaltern erfolgen muss. Dabei sind schon wegen der unterschiedlichen bezuschussenden öffentlichen Körperschaften ggf. heikle Fragen zu beantworten. Dazu werden Hinweise im bereichsbezogenen Abschnitt F II 3 gegeben.

e) Privilegierungsverbot und Diskriminierung

Das Religionsverfassungsrecht ist ausweislich seiner Gleichheitsrechte im Grundsatz privilegienfeindlich. Das GG enthält aber auch *Vergünstigungen*, die nur den religiös-weltanschaulichen Bereich betreffen. Ihre Bedeutung

---

268 Erstmals BVerfGE 85, 191 (206 f.); E 97, 35 (43 f.); BVerfGE 121, 241 (254) u. a.

269 *Classen*, Religionsrecht 3. A. 2021, S. 111 ff; *Huster*, Ethische Neutralität (2002/2017), 219 ff.; *Jarass/Pieroth*, GG, 17. A. 2022, Art. 3 Rn. 149.

270 *K.-A. Schwarz*, in HSKR 3. A. 2020, S. 707 (714).

271 BVerfGE 138, 296 (Rn. 129); *Classen*, Religionsrecht 3. A. 2021, S. 111 ff. mit unterstützender Heranziehung des Europarechts, RL 2000/78/EG; s. auch *Jarass/Pieroth*, 17. A. 2022, Art. 3 Rn. 138. Zu denken wäre an eine Ausnahme zugunsten spezieller Gründe der Religionsfreiheit.

ist umstritten. Nicht immer ist klar, was unter „Privilegien" zu verstehen ist. Ursprünglich verstand man darunter rechtliche Bevorzugungen, jedenfalls herrschaftliche Vergünstigungen vor Anderen. Das GG kennt nur vereinzelt normierte Vergünstigungen (Schulrecht[272], Körperschaftsstatus und Kirchensteuer[273], Militär- und Anstaltsseelsorge[274], indirekt auch teilweise Theologie an staatlichen Universitäten[275]), deren Reichweite und verfassungsrechtliche Zulässigkeit aber umstritten sind. Das gilt nach hier vertretener Ansicht auch bezüglich der historischen Staatsleistungen (Art. 138 I WRV), weil sie zumindest größtenteils durch faktisch erfolgte Abgeltung erloschen sind.[276] Daher ist eine weitere Leistungserbringung eine unzulässige, nicht neutrale Privilegierung.[277]

Darüber hinaus gibt es eine große Fülle an rechtlichen Vergünstigungen in zahlreichen Lebensbereichen, die z. T. eindeutig verfassungswidrig sind (etwa bei der Auslandsmission oder im militärischen Bereich), häufig aber verfassungsrechtlich zumindest fragwürdig. Ein großes gleichheitsrechtliches Problem sind freiwillige *Subventionen* von Staat und Gemeinden. Unabhängig vom jeweiligen Begriffsverständnis ist die von manchen Politikern und Theologen immer noch zu hörende pauschale Behauptung, es gebe keine unberechtigte Kirchenprivilegierung, als zumindest kühn zu bezeichnen.

Ergänzend wird auf A II und den Abschnitt zur Religionsförderung unter F II 3 verwiesen sowie insbesondere hinsichtlich der durchweg kirchen- bzw. religionsgünstigen Staat-Kirchen-Verträge auf F III.

---

272 D III, F I, 1-3.

273 E IV 3 c, hh; F II 1, 2.

274 E IV 3 c, ii.

275 Dazu *Czermak/Hilgendorf*, Religions- und Weltanschauungsrecht, 2. A. 2018, S. 236 ff.

276 S. bei Schwanitz: https://weltanschauungsrecht.de/sites/default/files/download/freilegungen_ifw_aufsatz.pdf. Demgegenüber geht Bodo Pieroth trotz seiner eindrucksvollen Kritik an den aktuellen Tendenzen zur Schaffung eines 2023 gescheiterten Grundsätze-Gesetzes gem. Art. 138 I 2 WRV von einem noch abzulösenden Bestand an altrechtlichen Staatsleistungen aus. Er plädiert in *B. Pieroth*, NVwZ 2022, 1837 für eine angemessene Entschädigung, ggf. nach dem 9,3- fachen Betrag der derzeit jährlichen Zahlungen (Leistungen von unbestimmter Dauer), die aber zu mindern sei im Hinblick auf die jahrzehntelangen neutralitätswidrig erbrachten Leistungen. Hieraus ergeben sich bei Pieroth immer noch großzügige, aber gut leistbare Beträge.

277 S. näher *Czermak/Hilgendorf*, Religions- und Weltanschauungsrecht, 2. A. 2018, S. 213 f. S. aber die vorangehende Fn. und die Erörterung von Pieroth.

3. Strukturen des Neutralitätsgebots

a) Neutralitätsbasis, Grundkonsens und liberale Rechtstheorie (Neutralitätsliberalismus)

Neutralität kann sich auf verschiedene Lebensbereiche beziehen, etwa Wirtschaft, Außenpolitik, Parteipolitik, Arbeitskampf und andere. Davon unterscheidet sich der Begriff der religiösen, weltanschaulichen oder ethischen Neutralität. Er betrifft unterschiedliche Beurteilungen dessen, was unter einem guten Leben zu verstehen ist. Das friedliche, im Grundsatz gleichberechtigte Zusammenleben von Menschen und Gemeinschaften mit ihren unterschiedlichen Anschauungen in Sachen Moral bzw. Ethik wird rechtstheoretisch gewährleistet durch die große Zahl religionsverfassungsrechtlicher Bestimmungen, die im Wesentlichen ein *Maximum von Freiheit auf der Basis formaler Gleichberechtigung aller* bezwecken. Das ist ein Resultat der historischen Entwicklung in Deutschland und ein Erfordernis in einem derart pluralistischen Land wie Deutschland.

Neutrales rechtliches Verhalten im Hinblick auf zwei oder mehrere Positionen, etwa zu Fragen der Familie, Sexualität, Medizinethik usw., ist immer nur von einem bestimmten Standort aus möglich. Dieser Standpunkt, die *Neutralitätsbasis*, ist rechtlich das GG. Martin Heckel hat die Aussage des GG wie folgt auf den Punkt gebracht: „Generell bedeutet Neutralität Enthaltung von Parteilichkeit und Parteinahme des Staates hinsichtlich der plural existierenden und konkurrierenden Richtungen des religiösen und weltanschaulichen Spektrums der freien, offenen Gesellschaft".[278] Das BVerfG hat einmal formuliert, der „ethische Standard" des GG bestehe in der „Offenheit gegenüber dem Pluralismus weltanschaulich-religiöser Anschauungen angesichts eines Menschenbildes, das von der Würde des Menschen und der freien Entfaltung der Persönlichkeit in Selbstbestimmung und Eigenverantwortung bestimmt ist. In dieser Offenheit bewahrt der freiheitliche Staat des GG seine religiöse und weltanschauliche Neutralität".[279]

Damit ist das Problem der *Leitprinzipien des GG* aufgeworfen. Diese dem Verfassungstext zu entnehmenden Grundprinzipien allein ergeben in mancher Hinsicht aber keine klare Direktive. So muss etwa in Fragen der Bioethik zwangsläufig zwischen verschiedenen ethischen Positionen entschieden werden. Ein Sonderproblem ist dabei das Gebot der Achtung

278 *M. Heckel*, DVBl 1996, 453 (472).
279 BVerfGE 41,29 (50).

der Menschenwürde, weil es begrifflich besonders schwer zu fassen ist.[280] Nun muss jede mit rationalen Argumenten getroffene Entscheidung von möglichst allen Bürgern wenigstens als Versuch des Gerechten anerkannt werden können. Sie soll im Hinblick auf die pluralistische Allgemeinheit soweit wie möglich auch individuell akzeptierbar sein. Mit anderen Worten: Der *Grundkonsens* muss, wenn er die verschiedensten, auch unvereinbaren Vorstellungen über das gute Leben zulassen soll, gerecht sein. Das erfordert, dass das gesetzte Recht unter dem Gesichtspunkt des inneren Friedens möglichst alle wesentlichen Umstände berücksichtigt. Anders kann der Staat nicht „Heimstatt aller Bürger“[281] sein. Das setzt aber voraus, dass der Staat weder religiös noch nichtreligiös definiert ist. Dieser Anforderung entspricht das Grundgesetz mit seinen religiös-weltanschaulichen Gleichheitsrechten. Gleichheit der Bürger und Gerechtigkeit einer Ordnung haben stets Vorrang vor den individuell divergierenden Vorstellungen vom guten Leben.

Das bedeutet, dass der Staat normative Werturteile über bestimmte Konzeptionen des Guten im Rahmen des Möglichen vermeiden muss. Zumindest das *Ergebnis* seiner Entscheidungen muss so begründet werden können, dass die Gründe unabhängig von religiösen und weltanschaulichen Überlegungen Bestand haben können. Das heißt natürlich nicht, dass der Staat Fakten des religiös-weltanschaulichen Lebens ignorieren soll oder gar muss, denn sie sind Bestandteil einer säkularen Entscheidungsfindung. Das GG mit seinen Regeln des freien geistigen Prozesses[282] und des Selbstbestimmungsrechts des Individuums entspricht mit obigen Überlegungen den Forderungen der liberalen Rechtstheorie. Man kann sie mit Stefan Huster als *Neutralitätsliberalismus* bezeichnen.[283] Das Grundanliegen besteht darin, dass das gesamte staatliche Handeln eigenständig und ohne Bezugnahme auf religiös-weltanschauliche Werte neutral begründet werden kann. Man spricht daher von *Begründungsneutralität*[284]*, genauer neutraler Begründbarkeit* [dazu im Folgenden b]. Eine Forderung, dass bereits im Gesetzgebungsverfahren nur weltanschaulich neutrale Gründe vorgetragen werden dürfen, wäre freilich irreal und auch im Hinblick auf das demo-

280 *Czermak/Hilgendorf*, Religions- und Weltanschauungsrecht, 2. A. 2018, S. 42.
281 BVerfGE 19, 206 (216).
282 BVerfGE 5, 85 (205)
283 Zum Ganzen S. *Huster*, Ethische Neutralität (2002/2017), 105 ff.
284 Eingehend zur Begründungsneutralität neben *Huster*, Ethische Neutralität (2002/2017), 98 ff. auch *B. Fateh-Moghadam*, Neutralität des Strafrechts, 2014.

kratische Mehrheitsprinzip problematisch. Es geht nicht an, im Gesetzgebungsprozess bestimmte Argumente, auch religiöse, nicht zuzulassen. Eine solche Forderung wäre „grotesk".[285] Es muss genügen, dass das *Entscheidungsergebnis* religiös-weltanschaulich rational und neutral begründet werden kann.

Bei der gebotenen Unparteilichkeit (Äquidistanz) gegenüber Religion und Weltanschauung kann der Staat nicht darauf verzichten, Wertentscheidungen zu treffen. Rechtsnormen wirken sich aber unvermeidlich verschieden auf Religionen und Weltanschauungen und auf Personen und Umstände aus. Jede Regelung und jede Nichtregelung hat positive oder negative Auswirkungen. Recht griffig hat Horst Dreier formuliert: „Weltanschauliche Neutralität verlangt keine Indifferenz gegenüber den sozialen und politischen Verhältnissen, denn der Staat ist kein Neutrum. Jede Rechtsordnung, auch und gerade eine demokratische, beruht auf bestimmten sozialen, kulturellen und ideellen Grundlagen."[286] Auswirkungsneutralität ist daher grundsätzlich nicht möglich, wie sogleich näher ausgeführt wird.

Als Rechtsregel kann man formulieren:

„Staatliche Regulierungen sowie Beschränkungen individueller Handlungsfreiheit sind im Ergebnis nur auf der Grundlage solcher Argumente zulässig, die keine speziellen religiösen oder philosophisch-weltanschauliche Lehren voraussetzen. Mit anderen Worten: Freiheitsbeschränkungen, aber auch Fördermaßnahmen dürfen nur auf Grund solcher Rechtsgüter erfolgen, deren Vorrang im konkreten Fall unter dem Gesichtspunkt der Gerechtigkeit neutral begründet werden kann."[287]

Zumindest im Grundsatz hat auch das BVerfG die Forderung nach ideologisch neutraler Rechtsfindung schon oft erhoben. So heißt es (ausgerechnet) in der zweiten Entscheidung zum Schwangerschaftsabbruch von 1993, das eigene Lebensrecht des Ungeborenen gelte „unabhängig von bestimmten religiösen oder philosophischen Überzeugungen, über die der Rechtsordnung eines religiös-weltanschaulich neutralen Staates kein Urteil zusteht."[288] In der Grundidee ist der Neutralitätsliberalismus mit seiner (teilweise bestrittenen) „Begründungsneutralität" bzw. Neutralität der Begründbarkeit klar, in der praktischen Verwirklichung aber anspruchsvoll.

---

285 *H. Dreier*, Gott, 2018, 111.

286 *H. Dreier*, Gott, 2018, 103 ff., Zitat 104 f.

287 G. *Czermak* in: Czermak/Hilgendorf, Religions- und Weltanschauungsrecht, 2. A. 2018, S. 42, in Anlehnung an Huster, Neutralität, 1998, 69 (75).

288 BVerfGE 88, 203 (252); im Zusammenhang der Urteilsbegründung wirkt diese Erkenntnis freilich sehr unglaubhaft, s. dazu *G. Czermak*, Schieflage (2021), 68-70.

Gegenmodell des neutralitätsliberalen Staats ist die Diktatur eines Gottesstaats oder Weltanschauungsstaats. Schon jede zivilreligiöse Staatsfundierung trägt den Keim einer Überzeugungsdiktatur.

b) Neutrale Begründbarkeit oder Wirkungsneutralität?

aa) Dieses Problem wird besonders seit der großen Neutralitätsuntersuchung Stefan Husters von 2002[289] diskutiert, gleichwohl von zahlreichen Autoren aber nicht einmal angesprochen. Die liberale Neutralitätsforderung bezüglich einer Rechtsfindung, die von religiösen oder weltanschaulichen Vorstellungen ganz unabhängig ist, bedeutet – mit Ausnahme des zwingend zu beachtenden Grundkonsenses: Der Staat, der nach den anerkannten Auslegungsregeln regelmäßig auch die Auswirkungen der praktischen Rechtsanwendung zu bedenken hat, darf diese Auswirkungen bei der Gleichbehandlung im religiös-weltanschaulichen Bereich grundsätzlich nicht berücksichtigen. Denn die Auswirkungen neutralen Verhaltens auf Religionsgemeinschaften sind zwangsläufig unterschiedlich, wie bereits dargelegt.

Die individuell und korporativ verschiedenen Überzeugungen vom Guten und Gerechten, die den neutral begründeten oder *zumindest begründbaren* Rechtsregeln unterworfen sind, müssen mit dem freien Wettbewerb der Ideen zurechtkommen. Dabei gibt es Gewinner und Verlierer. Bündig ausgedrückt: Rechtsgleichheit differenziert.[290] Das hat den Staat aber nicht zu interessieren. Er sorgt nur dafür, dass die Bürger in ethisch-weltanschaulichen Fragen frei entscheiden können. Das kann für einzelne Überzeugungen oder Gedankensysteme auch mit deutlichen Verlusten bei der Zahl ihrer Anhänger verbunden sein. Solche Auswirkungen hat aber zwangsläufig jede Rechtsordnung. Sie sind daher hinzunehmen, es sei denn, das Ergebnis wäre durch „Ungerechtigkeit“ bzw. fehlende Fairness der Regelung bedingt. In einem solchen Fall läge aber ein Fehler der Gesetzgebung vor. Die liberale Auffassung setzt auf den Wettbewerb der ethischen Überzeugungen. Diese können zwar auch gesellschaftlich untragbar erscheinen, aber dann kann außerrechtlich soziale Ächtung und notfalls der Einsatz des Strafrechts helfen. Auch hat der Staat für die Voraussetzungen eines funk-

289 *S. Huster*, Ethische Neutralität (2002/2017), zur speziellen Problematik insb. S. 98 ff.
290 So *M. Heckel*, Gleichheit oder Privilegien? 1993, 49.

tionierenden Wettbewerbs zu sorgen, nämlich für freie Meinungsäußerung, für Informationsfreiheit und den Schutz derselben.

Dass sich Rechtsnormen unterschiedlich auf verschiedene Sachverhalte und Personen auswirken, ist zwangsläufig und keine Diskriminierung. Treffend schreibt Christian Waldhoff: „Kategorial falsch wäre es, stattdessen auf das Konzept der Auswirkungsneutralität abzustellen, da damit die Gleichheit des Gesetzes als eines zentralen Legitimationskonzepts der Rechtsordnung in Frage gestellt wäre."[291] Es soll aber nicht ausgeschlossen werden, dass die reine Durchführung des Prinzips der neutralen Begründbarkeit einer Gesetzesregelung im Einzelfall zu besonders ungerechten Ergebnissen (Auswirkungen) führt, die eine andere Regelung nahelegen oder erfordern. Das mag dann, neutral und gut begründet, zu einer ergänzenden Ausnahmeregelung führen.[292]

bb) Die Ablehnung der Wirkungsneutralität erfährt in der Literatur teilweise *ausdrückliche Kritik*. So macht Karl-Hermann Kästner geltend, es widerspreche dem Zweck des Neutralitätsprinzips, wenn die Auswirkungen einer Entscheidung auf diejenigen gesellschaftlichen Bereiche, deren Schutz dieses Prinzip gerade dienen solle, ausgeblendet würden.[293] Hans-Michael Heinig räumt zwar ein, die „Begründungsneutralität" wirke zwar auf den ersten Blick bestechend, kritisiert aber, dieses Modell filtere „jedwede religiöse Überzeugungen aus dem Prozess demokratischer Willensbildung heraus" und verdränge so Religion aus dem öffentlichen Raum.[294] Beide Ansichten überzeugen nicht. Neutralität ist ein Gleichheitsprinzip. Wollte der Staat die von ihm festgelegten neutralen Regeln durch Einflussnahme auf deren Auswirkungen wieder aushebeln, so wäre es ehrlicher, die gewünschten rechtlich fairen Auswirkungen unmittelbar durch entsprechende Erleichterungen (Ausnahmen) zu erreichen.. [295] Auch gäbe es für solche Differenzierungen im Allgemeinen keine tragfähigen Rechtskriterien. Heinig geht fälschlich von der strikt wörtlichen Bedeutung von „Begründungsneutralität" aus, wenn er sie so versteht, Religion solle aus dem demokrati-

291 *C. Waldhoff*, Neue Religionskonflikte (2010), S. 51.

292 Deutlich in Richtung der Möglichkeit einer Abweichung von der Bedeutungslosigkeit der Wirkungsneutralität in Sonderfällen *Huster*, Ethische Neutralität (2002/2017), 642.

293 *K.-H. Kästner* in BK, Art. 140 GG, Rn. 127.

294 *H.-M. Heinig*, JZ 2009, 1136 (1138).

295 Deutlich in Richtung der Möglichkeit einer Abweichung von der Bedeutungslosigkeit der Wirkungsneutralität in Sonderfällen *Huster*, Ethische Neutralität (2002/2017), 642.

schen Entscheidungsfindungsprozess ausgeschieden werden. Nach richtiger Ansicht kommt es für die verfassungsrechtliche Beurteilung aber nur auf die gegebenenfalls nachträgliche neutrale *Begründbarkeit* der Entscheidung an, wie oben bereits ausgeführt. Der von Stefan Huster geprägte Ausdruck „Begründungsneutralität" ist missverständlich.[296] Mittlerweile hat Huster ausdrücklich bestätigt, dass es ihm um neutrale Begründbarkeit und nicht um Einschränkung der demokratischen Willensbildung gehe.[297]

Neuerdings hat sich *Ulfrid Neumann* intensiv und recht kritisch mit der Frage beschäftigt, ob eine neutrale Begründung erforderlich ist oder ob eine bloße Begründbarkeitsneutralität genügt. Richtig ist zwar, dass Abgeordnete Inhaber eines staatlichen Amtes und als solche auch zur Neutralität verpflichtet sind. Aber zum einen ist deren konkreter Inhalt oft sehr umstritten und zum anderen ist die Berufung auf ein nur persönliches Gewissen (Art 38 I 2 GG), das keine Rücksicht auf den Abgeordnetenstatus nimmt, nur unter ganz besonderen Umständen rechtlich sanktioniert und könnte auch ganz unterbleiben.[298] Aber da keine *verfassungsrechtliche* Verpflichtung zur Gesetzesbegründung besteht, läuft auch eine strenge Neutralitätsauffassung darauf hinaus, dass die Vermeidung eindeutig religiöser Begründung durch die Abgeordneten zumindest ein *nobile officium* darstellen sollte. Bei klaren Verstößen dagegen bleibt die verfassungsgerichtliche Gesetzesprüfung mit ggf. verfassungskonformer Auslegung unbenommen. Neumann sagt aber ausdrücklich selbst, es gehe ihm nicht um eine verfassungsrechtliche Forderung, sondern um demokratie- und argumentationstheoretische Prämissen.[299]

296 *S. Huster* spricht zwar wohl durchgängig von Begründungsneutralität, hat sich aber anscheinend nicht ausdrücklich mit Fragen des Gesetzgebungsprozesses befasst. Er erklärt aber auch, das staatliche Handeln und die politische Ordnung müssten „prinzipiell gegenüber jedermann rechtfertigungsfähig sein" (so in Huster, Neutralität, 1998, 69 (83)). Rechtfertigungsfähigkeit dürfte aber der hier vertretenen Ansicht entsprechen. Vgl. auch Huster, Ethische Neutralität, 2002/2017, 633. Im Vorwort der 2. A. 2017 hat Huster S. LXIII erkennen lassen, dass es um neutrale *Begründbarkeit* geht.

297 *Huster* hat das gegenüber dem Verf. im Hinblick auf die Kritik von *H. M. Heinig* und *C. Möllers* im Juli 2022 ausdrücklich bestätigt.

298 Zu diesen Fragen etwa Sachs-GG, 8. A. 2018, Rn. 52 ff. zu Art. 38 GG. *M. Schmidt-Salomon*, Der blinde Fleck ... (2018).

299 *U. Neumann*, Der „Wille Gottes"? (2022), a.a.O. 69 (84).

c) Offene und distanzierende Neutralität

aa) Eine gängige Unterscheidung von Handlungsformen bei ansonsten neutralem Staatshandeln ist die der *pluralistisch-offenen Neutralität* (positiven, übergreifenden, wohlwollenden Neutralität) und der *strikten, distanzierenden Neutralität.*

Bei der *pluralistisch-offenen Neutralität* berücksichtigt die öffentliche Hand religiös-weltanschauliche Belange im Hinblick auf die gesellschaftliche Situation aller wesentlichen religiös-weltanschaulichen Richtungen, was aber diskriminierungsfrei erfolgen muss. Von besonderer Bedeutung ist das im Schulwesen. Eine vom BVerfG ständig wiederholte Formel lautet wie folgt: „Die dem Staat gebotene religiös-weltanschauliche Neutralität ist indes nicht als eine distanzierende im Sinne einer strikten Trennung von Staat und Kirche, sondern als eine offene und übergreifende, die Glaubensfreiheit für alle Bekenntnisse gleichermaßen fördernde Haltung zu verstehen. Art. 4 Abs. 1 und 2 GG gebietet auch in positivem Sinn, den Raum für die aktive Betätigung der Glaubensüberzeugung und die Verwirklichung der autonomen Persönlichkeit auf weltanschaulich-religiösem Gebiet zu sichern."[300] Diese Standardformel erweckt fälschlich den Eindruck, das GG erlaube nur eine solche positive, fördernde Neutralität. Kirchennahe Juristen berufen sich gern auf diese Formel, vergessen dabei aber, wie möglicherweise auch das BVerfG, dass diese positive, religionsfördernde Neutralität entsprechend und gleichermaßen den Nichtreligiösen zugutekommen muss.

Dass es daneben mit grundsätzlich gleicher Berechtigung auch die Option einer *distanzierenden Neutralität* gibt, hat sich in der Entscheidung des BVerfG zum religiösen Kopftuch von Rechtsreferendarinnen gezeigt.[301] Diese Modalität des Neutralitätsbegriffs gilt notwendig überall da, wo es um die Selbstdarstellung des Staates und die amtliche Tätigkeit aller öffentlichen Hände geht.[302] Da diese ihre Tätigkeit nicht auf eine spezielle religiös-weltanschauliche Grundlage stellen dürfen, dürfen sie auch keine entsprechenden Symbole verwenden.[303] Distanzierende Neutralität bedeu-

---

300 vgl. BVerfGE 41, 29 (49); 93, 1 (16); selbst in BVerfGE 153, 1 zum Referendarinnen-Kopftuch verwendet das Gericht zunächst unverändert diese Formel, obwohl es dann die Untersagung des Kopftuchtragens aus Gründen der Neutralität billigt.

301 BVerfGE 153, 1.

302 *E.-W. Böckenförde*, ZevKR 20 (1975), 119 ff.; *D. Deiseroth*, Betrifft: Justiz 2010, 374 ff.

303 S. etwa *K. Schlaich*, Zwei Modelle, 1980, 427 (447); daher lehnt *Schlaich* auch aus christlicher Sicht Kreuze in Gerichtssälen ab.

tet die Ausklammerung religiös-weltanschaulicher Fragen. Diese gehen den Staat bei der Ausübung von Hoheitsfunktionen nichts an. Wegen des objektiv-rechtlichen Gehalts des Neutralitätsgebots[304] darf es nicht erst darauf ankommen, ob sich ein Betroffener auf seine Religionsfreiheit beruft. Dagegen wird in mehreren Bundesländern massiv verstoßen. Teilweise nutzen es Staat und Gemeinden bisher bewusst aus, dass bei auch noch so klaren Verstößen gegen das objektiv-rechtliche Neutralitätsgebot eine subjektive Grundrechtsverletzung manchmal fraglich ist oder als fraglich angesehen wird. Dann kann man sich gegebenenfalls ein unerwünschtes aktives Tätigwerden ersparen. Dass diese grob rechtsstaatswidrige Denkweise auch das allgemeine Rechtsstaatsbewusstsein schädigt, wird dabei ignoriert.

bb) Ob eine *pluralistisch-offene* und gleichheitsgerechte oder *ausgrenzend-distanzierende* Neutralität vorliegt, spielt neutralitätsrechtlich keine Rolle. Es handelt sich nur um *zwei Modalitäten von Neutralität.* Nur bei hoheitlicher Tätigkeit ist ein distanziertes Staatsverhalten erforderlich. Ansonsten ist aber verfassungsrechtlich *nicht eine Regelvermutung zugunsten der offenen Neutralität* anzunehmen, sondern der öffentlichen Hand stehen zwei Optionen zur Verfügung, aus denen sie entsprechend den jeweiligen Gegebenheiten wählen kann.[305] Für die Förderung von Religion und Weltanschauung[306] ist anerkannt, dass der Staat – bei Vorliegen der sonstigen Voraussetzungen – solche Subventionen leisten kann, aber nie muss.

Hieran hat Hans-Michael Heinig Kritik geübt mit der Behauptung, es gelte eine Regelvermutung zugunsten des offen-kooperativen Verhältnisses von Staat und Religion. Die Befürworter eines distanzierten Verhältnisses trügen die Argumentationslast.[307] Die Frage des Verhältnisses von offener, positiver, kooperativer Neutralität zur distanzierenden, negativen Neutralität wird daher im folgenden Abschnitt erörtert.

Vielfach werden von religiöser Seite immer noch Angriffe gegen sogenannte *Laizisten* geführt, die Religion aus dem öffentlichen Leben ausschließen und nicht von ihr behelligt werden wollen.[308] Diese ständigen Behauptungen auch und gerade von Juristen entbehren aber jeder Grundlage. Denn es gibt sicher Viele, die Religion nicht gutheißen – wie auch

---

304 S. unten E IV 4 b.

305 *S. Huster*, Ethische Neutralität (2002/2017), 626 f.

306 S. dazu F II.

307 *H. M. Heinig*, JZ 2009, 1136 (1138).

308 Neuerdings *M. Germann*, System, in HSKR 3. A. 2020, S. 261 (303 f.), der auch dem Verfasser dieser Arbeit Ansichten unterstellt, die er noch nie vertreten hat.

Religiöse keine Religionsgegner mögen – aber religionskritische Juristen, die das geltende Religionsverfassungsrecht mit seinen normativen Vergünstigungen für Religion und Weltanschauung nicht respektieren, gibt es wohl keine. Das Recht, öffentlich die Religion auszuüben und religiöse Positionen öffentlich zu vertreten, kann und will niemand den Kirchen und anderen – verfassungsgemäßen – Religionsgemeinschaften nehmen. Denn das verstieße grob gegen Religionsfreiheit und Neutralität. Laizismus ist weder rechtlich noch gesellschaftspolitisch eine Option. Kritiker vertreten „laikale" Positionen, das ist etwas völlig anderes.[309] Laizisten wollen Religion nicht nur gesellschaftlich aus der Öffentlichkeit drängen, sondern auch rechtlich, im Gegensatz zu den laikal Denkenden. Laikale wollen nicht verfassungsrechtliche Positionen der Religionsgemeinschaften missachten, sondern nur angemaßte Rechtspositionen oder verfassungswidrige Privilegien beseitigen.

d) Trennung, Kooperation, Neutralität

aa) Das *Verhältnis von offener und distanzierender Neutralität* bedarf im Hinblick auf die Kritik an der hier vertretenen These von der grundsätzlichen theoretischen Gleichberechtigung beider Neutralitätsvarianten einer Auseinandersetzung mit *Grundfragen des Religionsverfassungsrechts.* Darauf stellt auch Heinig ab, wenn er vom „herkömmlichen Kanon staatskirchenrechtlicher Selbstverständlichkeiten"[310] spricht, der zu einer Regelvermutung zugunsten der offenen Neutralität führe. Hierzu sei angemerkt, dass diese „Selbstverständlichkeiten" der Verfassungsauslegung noch nie selbstverständlich waren, denn die wenigen, aber stets vorhandenen Kritiker wurden aufgrund der gesellschaftlich-politischen Verhältnisse zu sehr dominiert von den Vertretern der „positiven Neutralität". Diese Neutralitätsvariante kam stets den großen Kirchen entgegen, jedoch kaum den kleinen Religionsgemeinschaften und so gut wie nie den zunächst wenigen, heute besonders in vielen Großstädten zahlenmäßig schon dominierenden religiös nicht Gebundenen.

Der Staat des GG soll jedoch *„Heimstatt aller Bürger"* sein, was nur bei echter Gleichberechtigung Aller möglich ist. Das bedeutet, dass die Rechte und Interessen aller religiösen und nichtreligiösen Menschen und

309 Zum Ganzen *G. Czermak*, https://weltanschauungsrecht.de/laizismus.
310 *H. M. Heinig*, JZ 2009, 1136 (1138).

Vereinigungen gleichermaßen gewahrt bzw. berücksichtigt werden müssen, vorausgesetzt, sie beachten die Mindestvoraussetzungen unserer Rechtsordnung. Es gilt daher, das etwas disparate grundgesetzliche System des Religions- und Weltanschauungsrechts *vollständig* zur Kenntnis zu nehmen, nüchtern zu analysieren und dabei auch gegenläufige Interessen gleichermaßen zu berücksichtigen. Im Kontext der Neutralitätsdebatte steht die Zuordnung von rechtlicher Trennung und rechtlichen Kooperationsmöglichkeiten.

bb) Der Grundsatz bzw. das *Gebot der Trennung von Staat und Religion* ist in erster Linie in Art 137 I WRV/140 GG verankert. Der schlichte Satz: „Es besteht keine Staatskirche" ist erläuterungsbedürftig. Das Weimarer Trennungsgebot sollte die Restbestände des in seiner ursprünglichen Form (etwa des Preußischen Allgemeinen Landrechts von 1794) längst nicht mehr bestehenden Landeskirchentums beseitigen. Es war eine Absage an den Glaubensstaat, wie er bis 1918 bestanden hatte. Staat und Religion waren jetzt im Grundsatz getrennt, zum gleichen Nutzen der Religions- und Weltanschauungsfreiheit für alle. Da mit der Etablierung der Republik das Kirchenregiment des Landesherrn und die evangelischen Landeskirchen als Gebietskörperschaften ohnehin abgeschafft waren, musste man das Verbot der Staatskirche abstrakt verstehen, nämlich als *Verbot aller institutionellen Verbindungen* zwischen Staat und Kirche. So wird der organisatorische Aspekt des Art. 137 I WRV heute so gut wie allgemein verstanden.[311] Von Anfang an hatte Art. 137 I WRV auch eine inhaltliche Komponente, nämlich die *Gleichbehandlung* der Religionsgemeinschaften bzw. das an den Staat adressierte Identifikationsverbot. Es tritt aber heute angesichts der ohnehin zahlreichen konkreten religiös-weltanschaulichen Gleichheitsgebote in den Hintergrund.

cc) Das im Text der WRV nicht ausdrücklich formulierte *Trennungsgebot* hat das kirchliche *Selbstverwaltungsrecht* (nicht: Selbstbestimmungsrecht) des Art. 137 III WRV zur notwendigen Folge. So ergibt sich das unumstößliche Prinzip der in eigenen Angelegenheiten grundsätzlich staatsfreien Kirchen bzw. der Religionsgemeinschaften im religionsfreien Staat. Die so *allgemein festgeschriebene Trennung von Staat und Religion* wird verstärkt

311 In der Praxis wird das Gebot der organisatorischen Trennung freilich in manchen Bereichen einfach ignoriert: insb. bei der Kirchensteuer, in der Militär- und Anstaltsseelsorge und staatlichen Universitätstheologie. S. hierzu *Czermak/Hilgendorf*, Religions- und Weltanschauungsrecht, 2. A. 2018, S. 86 und in den speziellen Abschnitten.

durch die in Art. 138 WRV normierte finanzielle Trennung. Die zusätzlich in Art. 140 GG/136 I, II WRV und Art. 33 I bis III GG verankerte individuelle Rechtsgleichheit (bei diesbezüglicher Bedeutungslosigkeit von Religion und Weltanschauung) wird noch ergänzt durch Art. 136 III, IV WRV. Hieraus ergibt sich erneut, dass die religiös-weltanschauliche Überzeugung der Bürger die öffentlichen Hände generell nichts angeht. Das Gesamtergebnis ist nach der hier vertretenen Ansicht, dass im Verhältnis Staat-Religion *das Trennungsgebot, zusammen mit dem – davon zu unterscheidenden*[312] *– Neutralitätsgebot, die eindeutigen Hauptprinzipien des Religionsverfassungsrechts sind.* Dabei dient das Trennungsgebot der Einhaltung des Neutralitätsgebots.

dd) Gleichwohl will eine bisher dominierende Meinung diese Gewichtung nicht akzeptieren. Man verweist auf die zweifellos geltenden und *de lege lata* unangreifbaren *verfassungsrechtlichen Vergünstigungen* für Religionsgemeinschaften (und Weltanschauungsgemeinschaften!), die zwangsläufig mit institutioneller Kooperation verbunden sind: Religionsunterricht (Art. 7 III GG), Körperschaftsstatus (Art. 137 V WRV, begrenzt auf Anerkennungsverfahren und beschränkte Rechtsaufsicht), Kirchensteuern (Art. 137 VI WRV, begrenzter Umfang), Militär- und Anstaltsseelsorge (Art. 141 WRV, stark begrenzte Zusammenarbeit) und theologische Lehrstühle, ggf. Fakultäten (zur Ausbildung der Religionslehrer, ansonsten streitig). Das sind einzelne und verfassungsrechtlich überwiegend untergeordnete Bereiche.

ee) Auch noch den in Art. 139 WRV festgelegten *Schutz der Sonn- und Feiertage* für eine mehr religionsbetonte Sicht heranzuziehen, erscheint abwegig. Sonntage (gleich mit welcher Bezeichnung) sind in der Arbeitswelt als freie Tage schon aus gesundheitlichen Gründen zwingend erforderlich, ohne dass ein spezieller Bezug auf Religion oder Weltanschauung einen Sinn ergäbe. Die Feiertage sind weder nach Anzahl noch Inhalt festgelegt und müssen gesetzlich geregelt werden. Als Zweck ist in Art. 139 WRV lediglich angegeben, es gehe um „Tage der Arbeitsruhe und der seelischen Erhebung“. Art. 139 WRV ist neutral gefasst[313], wenn er auch, abgesehen von der besonderen sozialpolitischen Bedeutung, für Religionsgemeinschaften eine spezielle positive Auswirkung hat. Für die Frage des Gewichts verfassungsmäßiger Kooperationen mit Religions- und Weltanschauungsgemein-

---

312 dazu oben E II 3.

313 *Korioth*, Stefan, in: Dürig/Herzog/Scholz, GG, Art. 140 (2003), Anm. zu Art. 139 WRV (mehrfach).

schaften gibt das nichts her.[314] Siehe zum Ganzen schon ausführlich E IV 2 c.

ff) *Zwischenergebnis.* Im Verfassungstext sind, wie oben dargelegt, nur vereinzelte Bereiche formuliert, die eine Kooperation von Staat und Religionsgemeinschaften erfordern oder zulassen. Der klar konfessionsgebundene Religionsunterricht war und ist immer noch von besonderer Bedeutung für die Religionsgemeinschaften. Diese Spezialregelung – staatlicher religiöser Unterricht nach den Grundsätzen der jeweiligen Religionsgemeinschaft bei Freiwilligkeit der Teilnahme – steht in einem Spannungsverhältnis zum allgemein anerkannten Grundsatz der organisatorischen Trennung von Staat und Religion (Art. 137 I/140 GG)[315], nicht aber zum Neutralitätsgebot. Konträre Verfassungsprinzipien, d. h. legale Verfassungswidersprüche, sind wegen des Kompromisscharakters jeder Verfassung nichts Ungewöhnliches und beanspruchen jeweils volle Geltung und Auslegung nach den anerkannten Regeln. Daher erscheint die traditionelle starke Betonung eines wichtigen Unterschieds zwischen einer „strikten" und einer „gemäßigten" Trennung nicht angebracht.

Anders die *Vertreter der traditionellen Richtung.* Sie zeigen ein besonderes Interesse an insbesondere den großen christlichen Konfessionen und stellen oft die regelmäßig falsche Behauptung auf, die Vertreter der strikten Trennung wollten jegliche Verwicklung des Staats in religiöse Aspekte vermeiden und Religion aus der Öffentlichkeit verdrängen.[316] Andererseits wird betont, organisatorische und inhaltliche Trennung schlössen kooperative Aufgabenwahrnehmung in vielen Bereichen nicht aus. Diese Bereiche seien keine Ausnahmen von Art. 137 I WRV, sondern Bestätigungen der im GG enthaltenen „freundlichen" Trennung. Die „positive Trennung" stehe für eine unbefangene Kooperation.[317] Es soll vermieden werden, von Ausnahme im Sinn prinzipienwidriger Regeldurchbrechung zu sprechen, die dann eng auszulegen sei. Es soll daher unabhängig von der Frage, ob Ausnahmen von allgemeinen Prinzipien vorliegen oder nicht, näher darauf eingegangen werden, warum die genannten Bereiche nicht die Bedeutung

314 Daran vermag auch die eigenartige Entscheidung des BVerfG zu den Berliner Ladenöffnungszeiten, BVerfGE 125, 39 nichts zu ändern, obwohl sie völlig verfehlt von einer Schutzmaßnahme zugunsten der Religionsfreiheit spricht. *Classen* spricht sogar von einer „Pervertierung der Grundrechte", in: Classen, Religionsrecht, 3. A. 2021, S. 326; *C. D. Classen* JZ 2010, 144 ff; *G. Czermak*, Schieflage, 2019, 87 ff.

315 s. oben E II 3.

316 So etwa *K.-H. Kästner*, BK, Art. 140, 2010, S. 96, Rn. 114 f.

317 *S. Korioth*, in: Dürig/Herzog/Scholz, GG, Art. 140/137 WRV (2003), S. 165 f.

haben, die ihnen meist beigelegt wird. Daher werden die Bereiche Religionsunterricht, Körperschaftsstatus und Seelsorge im öffentlichen Bereich im Folgenden näher erörtert.

gg) Der *Religionsunterricht* enthält nach ganz h. M. eine institutionelle Garantie. Das kann aber für die jedenfalls in Bremen und Berlin geltende „Bremer Klausel" (Art. 141 GG) nicht gesagt werden, und die Frage der Geltung dieser Klausel in den übrigen östlichen Bundesländern ist ungeklärt. Im Hinblick auf die religionssoziologischen Verhältnisse in der alten Bundesrepublik hat man den in allen Flächenländern eingeführten Religionsunterricht als selbstverständlichen Regelfall angesehen. *Verfassungsrechtlich* ist das aber anders zu sehen. Art. 7 III 1 GG enthält keinerlei Hinweis zur These der institutionellen Garantie. Vielmehr gibt es den Religionsunterricht in den öffentlichen Schulen „mit Ausnahme der bekenntnisfreien Schulen". Damit setzt sich die herkömmliche Lehre aber ganz auffällig gar nicht auseinander. Der reine Text des Art. 7 III 1 GG spricht nicht von Regel und Ausnahme, sondern bietet neben Art. 141 GG zwei rechtlich gleichrangige Optionen: eine mit und eine ohne Religionsunterricht. Eine dauerhafte Pflichteinrichtung bzw. ein Gebot eines schulischen Normaltypus mit Religionsunterricht sieht Art. 7 III 1 GG nicht vor. Der Hinweis darauf, die WRV habe die bekenntnisfreie Schule nur als Antragsschule vorgesehen (Art. 146 II WRV), was der Parlamentarische Rat angeblich nicht habe ändern wollen[318], überzeugt nicht. Denn trotz ausdrücklicher Beratungen hat der Parlamentarische Rat dem dahingehenden Druck der Kirchen nicht nachgegeben.[319] Das GG hat weder einen Normaltypus festgelegt[320], noch von einer antragspflichtigen bekenntnisfreien Schule gesprochen. Dieses textnahe Verständnis entspricht auch dem starken föderalistischen Prinzip des GG. Selbst bei unterschiedlicher Auslegungsmöglichkeit ist im Übrigen zu beachten, dass das Recht möglichst geänderten Umständen Rechnung tragen soll. Mehrfach hat das BVerfG erklärt, der bloße Verweis auf Tradition sei kein Rechtsargument, und selbst ein im Einzelfall nachweisbarer „Wille des Gesetzgebers" verliert mit Änderung der Umstände bei der Verfassungsauslegung zunehmend an Bedeutung. Jedenfalls kann als Regelschule landesrechtlich jede Schulform eingeführt werden (Art. 7 III 1, V),

318 *M. Ogorek* in HSKR 3. A. 2020, S. 1824.
319 Näher *H. Kreß*, Religionsunterricht, 2022, 136.
320 BVerfGE 41,29 (46).

die nicht gegen Art. 4 I, II GG verstößt. Daher wäre eine *inhaltlich neutrale* bekenntnisfreie Regelschule verfassungsrechtlich problemlos.[321]

Schulen sind somit mit und ohne Religionsunterricht auch als Regelschule zulässig. Art. 7 III 1 GG enthält also zwei verfassungsrechtlich gleichrangige Optionen. Das ist unabhängig davon, was 1949 vielleicht gewollt war, denn die historische Auslegung ist zwar eine häufige, aber nur nachrangige Interpretationsmethode.[322] Art. 7 III GG erweitert den Gestaltungsspielraum der Länder. Der Religionsunterricht wird nur dann ausgehebelt[323], wenn ein Bundesland das will.

Zum Argument der verfassungsrechtlichen Gleichrangigkeit von Schulen mit und ohne Religionsunterricht kommt hinzu, dass es sich stets um einen freiwilligen Unterricht handelt. Das wird besonders deutlich, wenn Schüler zunehmend nicht den Religions-, sondern Ethikunterricht besuchen, was regional auch umschlagen könnte oder bereits umgeschlagen ist. Die Einhaltung des Art. 4 I, II GG bedeutet inhaltlich die religiös-weltanschauliche Neutralität der öffentlichen Schulen. Bei Einhaltung formaler Mindestvoraussetzungen müssen grundsätzlich alle Religions- und (wegen Art. 140 GG/137 VII WRV sowie Art. 4 I GG) auch Weltanschauungsgemeinschaften zum Religions- bzw. Weltanschauungsunterricht gleichermaßen zugelassen werden.[324]

Fazit: Der Religionsunterricht ist nicht geeignet, das Verhältnis Staat-Religion einseitig mitzuprägen. Es liegt eine verfassungsgültige Abweichung vom allgemeinen Gebot formaler Trennung gem. 140 GG/Art. 137 I WRV vor. Ob man hierbei von Regelausnahme spricht oder nicht, spielt dabei keine Rolle. Die gängige Behauptung auch Heinigs, es gebe „zumindest eine Regelvermutung zugunsten einer offen-kooperativen wechselseitigen Zugewandtheit von Staat und Religionsgemeinschaften“[325], benennt keine Kriterien und wird von Art. 7 GG nicht gestützt. Jede Ausweitung oder Verengung dieser Regelung bedarf einer konkreten verfassungsgemäßen Legitimation.

---

321 Vgl. *Czermak/IHilgendorf*, Religions- und Weltanschauungsrecht, 2. A. 2018, S. 170 f.; *H. Kreß*, Religionsunterricht, 2022, 136-139; *L. Renck*, SächsVBl 2000, 257 (259 f.) und ZRP 2003, 137.

322 So auch z. B. *Jarass/Pieroth*, GG, 17. A. 2022, Art. 20 Rn. 60, 63.

323 Das zu vermeiden ist offenbar das Anliegen der These von der institutionellen Garantie des Religionsunterrichts.

324 So auch die heute h. M., s. *M. Ogorek* in HSKR, 3. A. 2020, S. 1799 ff., Rn. 47-49; VfGBbg LKV 2006, 493.

325 *H. M. Heinig*, JZ 2009, 1136 (1138).

hh) Der *Körperschaftsstatus* (*sui generis*) des Art. 140 GG/137 V WRV[326] und die daran verfassungsunmittelbar geknüpfte *Kirchensteuer* gelten als besondere Vergünstigungen für die Kirchen und – aus Gründen der Gleichstellung – die anderen Religionsgemeinschaften bzw. Weltanschauungsgemeinschaften. Als Mindestinhalte dieses Status gelten nach weit überwiegender Meinung neben der Befugnis zur Kirchensteuererhebung folgende Befugnisse: die *Organisationsgewalt* (Befugnis, öffentlich-rechtliche Untergliederungen und andere rechtsfähige Institutionen zu bilden); die *Dienstherrenfähigkeit* (Fähigkeit, öffentlich-rechtliche Dienstverhältnisse zu begründen, die nicht dem Arbeitsrecht unterliegen und nicht sozialversicherungspflichtig sind); *Widmungsbefugnis* (Fähigkeit, durch innerkirchlichen Rechtsakt Teile des Eigenvermögens zu öffentlich-rechtlichen Sachen mit öffentlich-rechtlicher Zweckgebundenheit zu widmen) und schließlich das *Parochialrecht* (ein Ausdruck des historischen Territorialprinzips, wonach die örtliche Zugehörigkeit der Kirchenmitglieder mit dem Wohnsitzwechsel automatisch zur neuen Wohnsitzgemeinde bzw. Gliedkirche wechselt). Soweit damit innerkirchliche Handlungen unmittelbar Rechtswirkungen im staatlichen Bereich zur Folge haben, ist das zumindest merkwürdig. Verfassungsrechtlich bestehen größte Bedenken.[327]

Mit dem *Neutralitätsgebot* steht der Körperschaftsstatus, um das klarzustellen, nicht in Konflikt, weil er grundsätzlich und unstreitig allen Religions- und Weltanschauungsgemeinschaften zur Verfügung steht. Der spezielle Körperschaftsstatus des Art. 137 V WRV, der mit dem allgemeinen Status staatlicher oder staatlich anerkannter Körperschaften unter staatlicher Hoheit nichts zu tun hat, gilt aber weithin als Ausdruck einer weitgehenden Kooperation von Staat und Kirche und somit als Gegenpol zum Modell „radikaler Trennung". So wurde sogar davon gesprochen, die Korporationsqualität sei eine abkürzende Bezeichnung für öffentlich-rechtliche „Vorrechte und Begünstigungen" der Kirchen.[328] Art. 137 V WRV verdunkele die Rechtslage mehr, als dass er sie erhelle.[329] Dahinter verberge sich aber die „charakteristische Entscheidung für die Fortsetzung bestimmter Beziehungen zwischen Staat und Kirche und für die Zusammenarbeit zwischen ihnen".[330]

326 ergänzend F II 1.
327 Wie hier und näher ausgeführt bei *S. Magen*, in: HSKR 3. A. 2020, S. 1045 ff., Rn. 42.
328 *v. Campenhausen/de Wall*, Religionsverfassungsrecht, 5. A. 2022,,153.
329 *Ebenda* 152.
330 *So noch v. Campenhausen/ de Wall, 4. A. 2006,* 129.

Diese Sichtweise überzeugt aber nicht. Denn *Sinn und Zweck des Körperschaftsstatus* ist nicht die Kooperation zwischen Staat und Religionsgemeinschaften und auch nicht eine Gegenleistung für eine (für die Statusverleihung ohnehin nicht maßgebende) Gemeinwohlerwartung. Die (abgesehen von der Kirchensteuer) *im GG ausdrücklich vorgesehenen Kooperationsformen*, nämlich Religionsunterricht sowie Anstalts- und Militärseelsorge, *sind vom Körperschaftsstatus unabhängig.*[331] Das GG fordert für die Anerkennung als Körperschaft i. S. des Art. 137 V WRV keine Kooperation und keine besondere Staatsloyalität über Rechtstreue hinaus, um Religionsgemeinschaften zu privilegieren. Das sollte nach der Grundsatzentscheidung des BVerfG anlässlich des Zeugen-Jehova-Falles geklärt sein.[332]

An den Körperschaftsstatus ist im Verfassungstext nur das Recht auf Erhebung des Mitgliedsbeitrags in Form einer „Steuer“ gekoppelt. Da es die in Art. 137 VI WRV genannten „bürgerlichen Steuerlisten“ längst nicht mehr gibt, sind die Bundesländer lediglich verpflichtet, den berechtigten Gemeinschaften alle für die Berechnung des Steuer-/Mitglieds-Beitrags erforderlichen Steuerdaten zur Verfügung zu stellen. Erforderlichenfalls wird die Kirchensteuer durch staatlichen Verwaltungszwang beigetrieben (Steuerbegriff).

Die heute so aufgeblähte Bedeutung des Körperschaftsstatus, zumal in Verbindung mit überaus zahlreichen einfachgesetzlichen (freiwilligen) Privilegien („Privilegienbündel“)[333], ist aber rein verfassungsrechtlich eher gering. Unter anderen hat Achim Janssen entstehungsgeschichtlich eindringlich dargelegt, dass im 19. Jh. und auch 1918/19 in der Nationalversammlung hinsichtlich des Korporationsstatus „eine geradezu babylonische Begriffsverwirrung“ bestanden hat.[334] In der damaligen Umbruchsituation ging es darum, vor allem den großen Kirchen eine freiheitliche Fortexistenz im neuen Staatssystem zu ermöglichen. Für die protestantischen Kirchen, die bis dahin keine substantiellen eigenen Einnahmen hatten, ging es um die Existenz. Daher war die Etablierung eines kirchlichen Steuererhebungsrechts notwendig. Das konnte nach damaliger allgemeiner Überzeugung nur auf Grund eines – wie auch immer gearteten – öffentlich-rechtlichen Körperschaftsstatus erfolgen. Ein solcher, wenn auch undefinierten Inhalts,

331 *S. Magen* in HSKR 3. A. 2020, S. 1045 (1060).

332 BVerfGE 102, 370 (395 f.).

333 Zum Umfang eingehend *A. Janssen*, Aspekte, 2017, 112-120; *J.-B. Schrooten*, Gleichheitssatz (2015), 176 ff.

334 *A. Janssen*, Aspekte, 2. A. 2017, 71 ff. (83).

war auch deshalb erforderlich, weil die mächtigen Kirchen nach den damaligen Vorstellungen nicht auf den Status privater Institutionen „heruntergedrückt" werden konnten. Da in den Diskussionen über den Inhalt des Körperschaftsstatus in Verfassungsausschuss und Plenum der Weimarer Nationalversammlung bis zuletzt große Unklarheiten bestanden, verabschiedete man den Körperschaftsstatus des Art. 137 V 1 WRV als rein formalen Begriff, der nur der Ermöglichung der kirchlichen Steuer und des Prestigeerhalts diente. Die inhaltliche Ausgestaltung der religiösen Körperschaften auf Basis gleicher, wenn auch vager Zulassungskriterien wurde durch Art. 137 VIII WRV zur Gänze der Landesgesetzgebung übertragen, wobei keinerlei Vorgaben gemacht wurden. Hierzu sei angemerkt, dass es sich um eine Notlösung handelte, zumal bei den Beratungen immer wieder auf die Landesgesetzgebung verwiesen wurde. Dem entsprach die Weimarer Verfassungspraxis. Einige Bundesländer erließen körperschaftsrechtliche Landesgesetze, die jedoch recht unterschiedlich waren. Von einem Normalbestand an für alle als Körperschaften anerkannten Religionsgemeinschaften geltenden Rechten konnte keine Rede sein.[335] Der Körperschaftsstatus der Religionsgemeinschaften gab „keinen Anhaltspunkt mehr für die Annahme eines partiellen Fortbestands der herkömmlichen Verflechtung von Staat und Kirche".[336]

Daran hat sich mit der Verabschiedung des Grundgesetzes 1949 nichts geändert. Denn da im Parlamentarischen Rat eine Einigung an den kulturpolitischen Fragen zu scheitern drohte, einigte man sich zuletzt auf den Vorschlag des späteren Bundespräsidenten Heuss, die Weimarer Kirchenartikel als Übergangsregeln zu inkorporieren. Zwar wurde über Fragen des späteren Art. 140 GG diskutiert, die Bedeutung des Körperschaftscharakters aber nicht problematisiert.[337] Folglich blieb auch im System des GG die Ausgestaltung des Körperschaftsstatus, abgesehen von den Verleihungsvoraussetzungen, vollständig den Ländern überlassen. Insoweit ist dieser be-

335 *E. Ruppel*, Die Behandlung der Kirche als Körperschaft öffentlichen Rechts in der neueren Gesetzgebung (1939), in: Akademie für Deutsches Recht 1933-1945. Protokolle der Ausschüsse Bd. XV, Ausschuss für Religionsrecht (Hg. Werner Schubert), Frankfurt u. a. 2003, 181 (185); zit. nach Janssen, Aspekte, 2. A. 2017, 108.

336 *D. Pirson*, Zeitlose Qualität, Maurer-FS 2001, 409 (416).

337 Zur Entstehungsgeschichte des Art. 140 GG s. *v. Doemming/Füsslein/Matz*, JöR 1, 1951, hier S. 73 ff: *K.-H. Kästner* in: BK, Art. 140 GG, Rn. 31 ff. zur Inkorporationslösung.

sondere Status bundesrechtlich ohne Belang.[338] Bisher haben Bundesländer (Teil-)Regelungen zum Körperschaftsstatus nur ausnahmsweise erlassen.

Unabhängig von diesen Grundsatzfragen hat der Körperschaftsstatus von Religionsgemeinschafen auch bei Zugrundelegung der herkömmlichen Meinungen bei weitem nicht die ihm bisher zugesprochene Bedeutung. Rechtsfähigkeit und Religionsunterricht hängen ebenso wenig wie das Selbstverwaltungsrecht des Art. 137 III WRV und das Recht, eigene Friedhöfe zu betreiben, vom Körperschaftsstatus ab. Das Selbstverwaltungsrecht enthält auch die Befugnis zur Setzung religionsinternen Rechts mit eigenen Gerichten. Bei Entfall der Möglichkeit, die Mitgliedsbeiträge in öffentlich-rechtlicher Form mit notfalls staatlichem Zwang beizutreiben, würde den Religionsgemeinschaften nicht mehr abverlangt als anderen Großorganisationen. Sie könnten auf der Basis einer eigenen Mitgliederverwaltung ggf. die Beitragsforderung bei staatlichen Gerichten einklagen, wie in anderen europäischen Ländern auch. Subventionen hängen verfassungsrechtlich ebenfalls nicht vom Körperschaftsstatus ab, wenn nur die Gleichheitsrechte eingehalten werden. Schließlich ist darauf hinzuweisen, dass eine Beseitigung des Art. 137 V WRV/140 GG ohne Bedeutung für die volle Gewährleistung der Religionsfreiheit wäre.[339] Eine übergroße Fülle an ungeklärten Rechtsfragen würde damit beseitigt[340], wenngleich an die Stelle nicht vorhandener landesrechtlicher Regelungen (Art. 137 VIII WRV) wohl eine Gesamtregelung zum Status von Religions- und Weltanschauungsgemeinschaften – unter Ablösung vom (modifizierten) Vereinsrecht – treten sollte.

ii) Auch die *Militär- und Anstaltsseelsorge* ist nicht Ausdruck eines verfassungsrechtlichen Kooperationsgebots. Denn in Art. 140 GG/141 WRV ist nur davon die Rede, dass bei bestehendem Bedürfnis nach Gottesdienst und Seelsorge die Religionsgesellschaften zur Vornahme religiöser Handlungen „zuzulassen“ sind. Das heißt, dass die Ausübung der Religionsfreiheit erleichtert bzw. ermöglicht werden soll. Darin liegt die Trennung des staatlichen und religiösen Aufgabenbereichs bei grundsätzlich gleichen Ansprüchen der verschiedenen Religionsgemeinschaften. Die erforderlichen funktionellen Absprachen erfolgen nicht, *weil* Staat und Religionsgesell-

338 Bedauerlich daher die kursorische Anerkennung bundesrechtlicher Körperschaftsrechte in BVerfGE 102, 370 (371).

339 So z. B. auch *Ehlers* in: Sachs, GG, 8. A. 2018, Rn. 21 zu Art. 137 WRV (S. 2660). Es verbliebe die Möglichkeit der Schaffung religionsinternen Rechts gem. Art. 137 III WRV und des ggf. nach BVerfGE 83, 341 modifizierten Vereinsrechts.

340 Nicht grundlos hat man von der Crux des Körperschaftsstatus gesprochen.

schaften kooperieren wollen; sie müssen es auf Grund der tatsächlichen Situation.

jj) *Gesamtwürdigung der Bedeutung von Trennung und Kooperation im Hinblick auf die Neutralitätsfrage*

Zentraler Gesichtspunkt des Religionsverfassungsrechts ist, zusammen mit der Religionsfreiheit, das Gebot der religiös-weltanschaulichen Neutralität/Gleichberechtigung. Dieses kommt zum Ausdruck in einer Reihe von Vorschriften des GG, teilweise i. V. m. der WRV, betrifft Individuen und Gemeinschaften, und zwar jeweils in religiöser oder nichtreligiöser Ausrichtung gleichermaßen. Daher spricht man davon, das Neutralitätsgebot sei zunehmend das zentrale Argument zur Lösung religionsrechtlicher Konflikte[341], es sei „vielleicht die zentrale *ideé directrice* des Religionsverfassungsrechts“[342]. Andere formulieren, die religiöse und weltanschauliche Neutralität sei „Voraussetzung eines freien politischen Prozesses“ und „Grundlage heutiger Rechtsstaatlichkeit“[343] oder das Prinzip der religiös-weltanschaulichen Neutralität sei Richtschnur für Recht, Gerechtigkeit und Wohlfahrt.[344] Dieses Gebot geht zwangsläufig i. d. R. einher mit dem Gebot der organisatorischen Trennung (Art. 137 I WRV) und einer inhaltlichen Trennung in Gestalt des Selbstverwaltungsrechts der Kirchen (Art. 140 GG/137 III WRV) sowie der finanziellen Trennung (Art. 140 GG/138 WRV). Demgegenüber stehen verfassungsrechtlich nur sehr wenige und in der Gesamtschau nicht so wichtige Gesichtspunkte, wobei die Möglichkeiten des Religionsunterrichts, der „Kirchensteuer“ und Anstaltsseelsorge zwar im Widerspruch zum Trennungsgebot stehen, wegen der (zumindest theoretisch) gleichberechtigten Zulassung aller rechtstreuen religiös-weltanschaulichen Gemeinschaften aber nicht dem Neutralitätsgebot.

Von einer Aufweichung des Neutralitäts- bzw. Trennungsgebots durch ein – kriterienloses – Kooperationsprinzip kann daher keine Rede sein. Auch das Trennungsgebot gilt konsequent, nur nicht in den Bereichen, die von seinem Geltungsbereich durch den Verfassungstext ausdrücklich ausgenommen sind.

---

341 *P. Unruh*, Religionsverfassungsrecht (2018), S. 65.

342 *C. Walter*, HSKR 3. A. 2020, 727 (759).

343 *K. Hesse*, Grundzüge des Verfassungsrechts der Bundesrepublik Deutschland, 20. A. 1995, 159 ff.

344 *P. Badura* in: HSKR 3. A. 2020, 333 (339).

4. Funktionen des Neutralitätsgebots

a) Neutralität als eigenständiges objektives Recht

Der Charakter der gebotenen staatlichen Neutralität als objektives Recht wurde oben bereits betont.[345]

aa) Das objektivrechtliche und subjektivrechtliche Verständnis des Neutralitätsgebots wird nicht immer klar auseinandergehalten. Zunächst kann man alle zum Religionsverfassungsrecht gehörenden Gleichheitssätze des GG und der inkorporierten Weimarer Kirchenartikel unter dem Begriff „religiös-weltanschauliche Neutralität" aus Gründen der sprachlichen Vereinfachung zusammenfassen, wobei ggf. konkret die speziellen Artikel zu benennen sind. Diese Artikel zusammen ergeben, entsprechend der objektivrechtlichen Bedeutung jedes Grundrechts, das objektivrechtliche Neutralitätsgebot mit seinen Aspekten Nichtidentifikation, Privilegienverbot, neutrale Begründbarkeit der Entscheidungen, offene und distanzierende Neutralität usw. Was dann jeweils als rechtlich gleich bzw. ungleich zu behandeln ist und auf welche Art, ist jeweils Sache der bereichsspezifischen Erfassung, Gewichtung und Entscheidung. Natürlich kann man mit der schlichten Rede von Neutralität auch die jeweilige grundrechtliche Ebene meinen.

bb) Fraglich ist, ob das Neutralitätsgebot über die einzelnen normativen Grundlagen hinaus eine *eigenständige Rechtsbedeutung* hat. Wenn Konrad Hesse die staatliche Neutralität als Grundelement der demokratisch-rechtsstaatlichen Ordnung bezeichnete und als Voraussetzung eines freien politischen Prozesses[346], so entspricht das im Kern der Neutralitätsformel des BVerfG von 1965[347], die ein Staatsprinzip beschrieb. Dieses trat an die Seite des Rechtsstaatsprinzips, Demokratieprinzips, Bundesstaats- und Sozialstaatsprinzips. Dabei bleibt die Rückbindung an die einzelnen Verfassungsnormen selbstverständlich in jedem konkreten Fall bestehen.[348] Es handelt sich aber nicht, wie bei den anderen genannten Prinzipien, um ein solches im weiteren Sinn, das Spielräume für die rechtspolitische Gestaltung lässt. Vielmehr ist das eng zu verstehende Neutralitätsprinzip ein *striktes Neutralitätsgebot*. Entweder ist ein staatliches Verhalten – auf seiner

345 S. unter E IV 1 und besonders E IV 4 a, b.

346 *K. Hesse*, Grundzüge des Verfassungsrechts, 20. A. 1995, Rn. 159 ff., 204. Besonders eingehend *A. Nolte*, Kreuz, JöR 2000, 87 (109 ff).

347 BVerfGE 19, 206 (216).

348 Das betont auch *S. Huster*, s. Die ethische Neutralität 2002/2017, 41.

verfassungsrechtlichen Basis – neutral oder ist es nicht. Anlässlich der Feststellung der zur Neutralität in Bezug zu setzenden Tatbestände kann es deutliche Unterschiede (offene oder distanzierende Neutralität) und große Schwierigkeiten (etwa die Frage der Zulässigkeit von Differenzierungen) geben, aber wenn sich Gesetzgeber oder Verwaltung entschieden haben, liegt wie bei jeder Gleichheitsfrage entweder eine Übereinstimmung mit dem rechtlichen Gleichheitsgebot vor oder nicht. Ein bisschen Gleichheit oder ungefähre Gleichheit gibt es bei der rechtlichen Beurteilung nicht. Die sicher oft bestehende Schwierigkeit bei der Feststellung und Festlegung rechtlich gleicher Tatbestände ändert daran ebenso wenig etwas wie die Frage der Intensität der Ungleichbehandlung. Das liegt in der Natur von Gleichheitsfragen.

Die Frage, ob das Neutralitätsgebot eine *eigenständige normative Bedeutung* als grundlegendes Verfassungsgebot hat oder nicht, ist in der Literatur sehr umstritten.[349] Aber nach der wohl überwiegenden und zutreffenden Meinung ist Neutralität mehr als die Summe der GG-Artikel, aus der sie abgeleitet wird. Sie ist ein *selbständiger Rechtssatz* mit dem Inhalt der Gleichheit und Nichtidentifikation, ein Staatsprinzip und Strukturprinzip mit Verfassungsrang und Voraussetzung zur Funktion des Staates als „Heimstatt aller Bürger".[350] Hierzu ist anzumerken, dass sich das Gebot der Nichtidentifikation schon aus dem richtigen Verständnis der Art. 3 III 1, 4 I und 33 III GG ergibt, denn die Nichtidentifikation ist Voraussetzung dafür, dass der Staat die sich aus diesen Artikeln ergebenden Verpflichtungen erfüllen kann. Die Frage, ob es sich um ein eigenständiges Rechtsgebot handelt oder nur ein abgeleitetes Gebot, ändert nichts an der großen Bedeutung des Gebots der Nichtidentifikation. Das Neutralitätsgebot des GG erschöpft sich nicht im Identifikationsverbot, sondern ist mit der *gleichen* Freiheit aller verknüpft. Denn auch eine Rechtsordnung mit Abstufungen der Freiheit muss nicht mit einer Identifikation verbunden sein.

cc) *Folgerungen.* Die religiös-weltanschauliche Neutralität als objektiv-rechtliches Gebot hat eine zentrale Bedeutung als griffige Aussage, die den Gedanken der gleichen Berechtigung aller religiösen und nichtreligiösen Überzeugungssysteme und entsprechend eingestellten Bürger auf den Punkt bringt. Das Gebot der religiös-weltanschaulichen Neutralität (Unparteilichkeit) ist eine *verbindliche generelle Verhaltensdirektive* für alle

349 Zur Problemstellung *S. Huster*, Ethische Neutralität (2002/2017), 40 ff.

350 So etwa *A. Nolte*, JöR 2000, 87 (112 f.).

staatlich-öffentlichen Institutionen, das heißt alle Träger öffentlicher Gewalt. Diesbezügliche Einschränkungen ergeben sich aus den einschlägigen Gleichheitsartikeln nicht. Die religions- und weltanschauungsfreundlichen besonderen Regelungen des GG (Art. 7 III, V GG sowie Art. 137 V, VI, 139 und 141 WRV) stehen zwar teilweise in Widerspruch zum Trennungsgebot, nicht aber zum Gebot der Unparteilichkeit. Nach dem GG sind jeweils alle Religions- und Weltanschauungsgemeinschaften bei formal gleichen Voraussetzungen gleichberechtigt zugelassen und gleich zu behandeln. Der Begriff der Neutralität bedeutet nichts anderes als die *neben der Religionsfreiheit zentrale Idee des Religionsverfassungsrechts*[351], nämlich das rechtsgleiche Verhalten des Staats gegenüber allen Einwohnern und verfassungstreuen Religions- und Weltanschauungsgemeinschaften, in welcher Form auch immer.

Gäbe es den Begriff Neutralität nicht, so würde das am normativen Bestand und somit diesbezüglichen Verfassungsinhalt nichts ändern. Es würde stattdessen ein anderer Begriff gewählt werden müssen, der das Gemeinte sicher nicht besser zum Ausdruck bringen würde. *Neutralität bedeutet schlicht Gleichheit* und umgreift auch die Gleichheit der Religions- und Weltanschauungsgemeinschaften (häufig noch als „Parität“ bezeichnet). Dass die Bezeichnung „religiös-weltanschauliche Neutralität“ sehr abstrakt ist, wie Gleichheit oder eine andere Benennung auch, ist keine juristische Besonderheit. Gerade weil die Materie spezielle und schwierige Probleme mit sich bringt, ist die zusammenfassende Rede von der Neutralität sinnvoll und gerechtfertigt.

b) Neutralität als objektives und subjektives Recht – Rechtsschutzfragen

Nach traditioneller Ansicht in Rechtsprechung und Literatur ist religiösweltanschauliche Neutralität im engeren Sinn „nur“ objektives Recht, das bei Verstößen auch von konkret Betroffenen nicht rechtlich geltend gemacht werden kann und somit auch nicht per Verfassungsbeschwerde. Es bedarf immer der Geltendmachung eines subjektiven Rechts. Wie misslich, ja befremdlich die Ergebnisse dieser Entscheidungen sein können, zeigt besonders der *Fall des vom Staat angebrachten Kreuzes* in Schulen, Gerichten, Behörden und Ratssälen. Wie unter E IV 2 b, dd bereits dargelegt, hieß

351 Vgl. *C. Walter* in HSKR 3. A. 2020, S. 727 (459 f.).

es in einem juristischen Artikel zum Kruzifix-Beschluss von 1995: „Wenn der Staat die Anbringung eines solchen Symbols anordnet, dokumentiert er zwangsläufig seine Verbundenheit mit dem Christentum. Eine solche Parteinahme ist staatlichen Stellen nicht gestattet."[352] Gleichzeitig wurde im selben Artikel die äußerst strenge, ja merkwürdige Ansicht vertreten, in der Schule sei nicht einmal der Schutzbereich des Art. 4 I, II GG eröffnet[353], so dass die Verfassungsbeschwerde hätte abgewiesen werden müssen. Das heißt: Wenn der Staat in Schulen für eine bestimmte Religionsrichtung sinnfällig wirbt, verstößt das gegen das Verfassungsgebot der Neutralität, aber wenn sich Schüler, die persönlich davon betroffen sind, auf ihr Grundrecht der Gleichheit (Unparteilichkeit) und die unabhängig davon ohnehin bestehende staatliche Neutralitätspflicht berufen, so nutzt ihnen das gar nichts, weil sie (angeblich) nicht rechtserheblich betroffen sind. So ein Auseinanderklaffen von objektivem und subjektivem Recht verstößt grob gegen das *Rechtsempfinden* und verlangt nach einer juristischen Lösung.

Die Rechtsprechung des BVerfG enthält hierzu eine Möglichkeit. Seit langem prüft das Gericht dann, wenn Verfassungsbeschwerden zulässig sind und ein Grundrechtseingriff angenommen wird, die Fälle auch auf die Einhaltung des Grundgesetzes insgesamt. Denn die Verfassungsbeschwerde ist nicht nur ein Rechtsbehelf zur Sicherung und Durchsetzung grundgesetzlich garantierter individueller Rechtspositionen, sondern in gleicher Weise ein „spezifisches Rechtsschutzmittel des objektiven Verfassungsrechts".[354] Dieser objektive Geltungsanspruch der Verfassung ist in der Rechtsprechung seit dem Elfes-Urteil[355] anerkannt. Das gilt sowohl in der Rechtsprechung des 1. Senats[356] (zumindest grundsätzlich) als auch des 2. Senats[357]. Aufgrund des heute allgemeinen Verständnisses des Art. 2 I GG liegt das auch nahe. Denn die Allgemeine Handlungsfreiheit (Art. 2 I GG) als grundrechtlicher Auffangtatbestand greift durch, wenn ein staatlicher Eingriff formell oder materiell gegen die verfassungsmäßige Rechtsordnung, auch z. B. gegen das Rechtsstaatsprinzip, verstößt. Dann kann doch bei Tangierung der Schutzbereichssphäre eines speziellen

---

352 *S. Muckel*, KuR 1996, 65 (77 f.).

353 Ebenso etwa *J. Isensee*, ZRP 1996, 10 (11 f.) und, besonders ausführlich, *M. Jestaedt*, JRP 1995, 237 (250 ff.).

354 BVerfGE 33, 247 (259).

355 BVerfGE 6, 32.

356 BVerfGE 6, 32 (41); 45, 63; 80, 137 (153).

357 BVerfGE 17, 252 (258); 31, 314 (333); 33, 247 (258 f.); 42, 313 (325); 51 (130); 76, 1 (74) u. a.

Grundrechts wie des Art. 4 I, II GG bei Zulässigkeit der Verfassungsbeschwerde (mögliche Grundrechtsverletzung) ein klarer Verstoß gegen das Neutralitätsgebot nicht deswegen für unbeachtlich erklärt werden, weil letztlich das Vorliegen einer rechtlich durchschlagenden Verletzung eines speziellen Grundrechts nicht angenommen wird. Dann wäre die Berufung auf ein spezielles Grundrecht gegenüber einer Berufung auf Art. 2 I GG eine Benachteiligung. Auch das BVerfG hat schon frühzeitig mit Art. 2 GG argumentiert.[358]

Somit wäre zu empfehlen, eine Verletzung des Art. 4 I, II GG und zugleich des Neutralitätsgebots zu rügen.[359] Eine Subjektivierung des Neutralitätsgebots wird auch in der Literatur in Erwägung gezogen, der Ansatz hat sich aber bisher nicht durchgesetzt. So argumentiert Stefan Huster: Wenn aus Art. 4 I GG ein objektivrechtliches Neutralitätsgebot folge, müsse dieses im Fall eines Grundrechtseingriffs auch subjektivrechtlich geltend gemacht werden können. Subjektiv- und objektivrechtliche Gehalte der Glaubensfreiheit fielen unplausibel auseinander, wenn zwar die Träger der Grundrechte, aus denen das Neutralitätsgebot abgeleitet wird, von staatlichem Handeln betroffen wären, der Eingriff aber nicht neutral wäre.[360] Das Ergebnis dürfte aber einfacher dadurch zu erreichen sein, dass man die Glaubensfreiheit, wie oben unter unter E IV 2 c erläutert, als Beeinflussungsfreiheit unabhängig von der Intensität der Beeinflussung versteht[361], so dass die Glaubensfreiheit (im engeren Sinn) des Art. 4 I GG verletzt wird.

V. Zur Kritik an der religiös-weltanschaulichen Neutralität und am Trennungsgebot

1. Religionsfördernde Bestimmungen in Grundgesetz und Landesrecht

a) Auf die speziellen *religionsfreundlichen Bestimmungen des GG* wurde schon bei den Überlegungen zur Relativierung des Neutralitätsgebots un-

358 In der vielzitierten Entscheidung BVerfGE 19, 206 hat es bezüglich der Kirchenbausteuerforderung gegenüber juristischen Personen erklärt, es handele sich nicht um einen Fall des Art. 4 I, II GG, wegen Verstoßes gegen Art. 2 I GG aber den Verfassungsbeschwerden stattgegeben.

359 In diese Richtung auch *Unruh*, Religionsverfassungsrecht (2018), S. 66.

360 *S. Huster*, Ethische Neutralität (2002/2017), 134.

361 S. oben E IV 2 b. Zur Glaubensfreiheit als Beeinflussungsfreiheit auch insbesondere *Czermak/Hilgendorf*, Religions- und Weltanschauungsrecht, 2. A, 2018, S. 65 ff.

ter IV 2 c bb eingegangen. Sie dienen der h. M. zur Propagierung eines Kooperationsverhältnisses von Staat und Religion (Kirche) und zur Rede von der positiven Neutralität, um in ihrem Sinn das *Neutralitätsgebot zu verwässern.* Damit geht jede klare Dogmatik zu einem bedeutenden Verfassungsgebot verloren und reduziert dieses zu einem einfachen Verfassungsprinzip, das nur eine Richtschnur darstellt, die vom Gesetzgeber ohne weiteres beiseitegeschoben werden kann.

Hier sei nochmals darauf hingewiesen, dass das GG nur sehr wenige wichtige und echte Elemente der Verbindung von Staat und Religion enthält: den Religionsunterricht (mit neutralem Zugang der für den Inhalt verantwortlichen Verbände und als Annex dazu eine hierzu erforderliche Universitätstheologie); die Möglichkeit von öffentlichen Bekenntnisschulen und Privatschulen, aber nur bei Beachtung des Art. 4 GG; eine religiöse Steuer, bei gleichem Zugang für andere Steuergläubiger; Anstalts- und Militärseelsorge (soweit verfassungsgemäß ausgestaltet). Der Sonn- und Feiertagsschutz fällt demgegenüber nicht ins Gewicht. Fundamental ist hingegen das Gebot der organisatorisch-institutionellen und inhaltlichen Trennung von Staat und Religion. Es sieht keine Einschränkungen vor, sondern Abweichungen sind ausdrücklich geregelt. Die Abweichungen sind Ausnahmen vom Geltungsbereich des ansonsten generell geltenden Trennungsgebots. Dieses wird unterstrichen durch das Selbstverwaltungsrecht und die finanzielle Trennung.

Das GG berücksichtigt zwar deutlich den Faktor Religion – bei Gleichsetzung mit nichtreligiösen Überzeugungen und Vereinigungen –, ist selbst aber frei von speziellen Weltanschauungen. Den Begriff „Kirche“ verwendet es zwar in Art. 140 GG i. V. m. 137 I WRV, aber nur in Form des Verbots der „Staatskirche“. Auch das Wort „kirchlich“ existiert im Verfassungstext, aber nur einmal und ebenfalls in einem negativen Kontext: Art. 136 IV WRV untersagt den Zwang zu einer „kirchlichen Handlung oder Feierlichkeit“. Das GG ist in keinerlei Hinsicht christlich zu nennen. Daher hat, wie schon gesagt, Martin Heckel erklärt: „Von der christlichen Tradition ‚des Abendlandes‘ ... findet sich in der Staatsverfassung keine Spur“.[362]

b) Einziger vordergründig möglicher Gesichtspunkt zugunsten einer religiösen Einfärbung des GG bleibt somit die *Nennung Gottes* (nicht Anrufung) in der Präambel, die es in der Paulskirchenverfassung von 1848, der Reichsverfassung von 1871 und der Weimarer Verfassung freilich nicht

362 *ebenda* 40.

gab. Der Gottesklausel in der GG-Präambel eine *rechtliche* Bedeutung zuzuschreiben, wäre ein Rückfall in den Glaubensstaat, der nach Jahrhunderte dauernden Auseinandersetzungen mit der Religion 1919 beendet wurde. Sie stünde in klarem Gegensatz zum Inhalt des GG, das religiöse und nichtreligiöse Überzeugungen gleichbehandelt. Nach allgemeiner Ansicht unter Juristen stellt die *Nominatio Dei* in der GG-Präambel lediglich einen rechtlich unerheblichen Hinweis auf die im Parlamentarischen Rat völlig herrschende Überzeugung dar, die auch der in der Bevölkerung entsprach. Der Präambel-Gott bedeutet eine Absage an die Absolutierung der Staatsgewalt, die in Deutschland gerade überwunden worden war.[363]

c) Auch der Hinweis auf die z. T. eindeutig *religiösen Passagen vieler Landesverfassungen*[364] und den großen Komplex der Staat-Kirche-Verträge ist nicht geeignet, die Bedeutung von Neutralitäts- und Trennungsgebot zu mindern. Zu den landesrechtlichen Bestimmungen genügt der Hinweis auf Art. 31 GG. Dasselbe gilt für das *Vertragsrecht.* Obwohl auch in wichtigen aktuellen Publikationen das Vertragswesen kaum kritisch erörtert, sondern konkludent pauschal gebilligt wird, ist doch seit Jahrzehnten ausnahmslos anerkannt, dass sämtliche Verträge in vollem Umfang mit dem GG vereinbar sein müssen. So gesehen ist ein vertraglicher Einfluss auf das Verständnis des GG ausgeschlossen.

2. Grundsätzliche Kritik am Neutralitätsgebot

a) Ablehnung des Neutralitätsgedankens

aa) Eine radikale Ablehnung hat die Neutralitätsidee 2017 durch eine Schweizer Monographie erfahren. Die Schweizer Rechtslage ist individualrechtlich der in Deutschland mit ihrer Garantie der Glaubens- und Gewissensfreiheit einschließlich nichtreligiöser Überzeugungen bundesrechtlich vergleichbar. Das korporative Religionsrecht der dafür zuständigen Kantone hat hingegen teilweise sogar staatskirchlichen Charakter. Markus Müller (Bern) legt dar, die religiöse Neutralität des Staats gelte der h. M. in der Schweiz als wichtige Errungenschaft des modernen Staats mit unparteilichem Verhalten und Identifikationsverbot in subjektiv- und objektivrechtlicher Hinsicht. Demnach sei klar, was vom Staat verlangt werde. In seiner

363 *H. Dreier*, Staat ohne Gott (2018), 171 ff.; *G. Czermak*, NJW 1999, 1300 ff., auch zu den negativen Aspekten der Gottesnennung und ihrer Instrumentalisierung.

364 *G. Czermak*, in: Neumann u. a., Aktuelle Entwicklungen 2019, 27 (54 ff.).

Lagebeschreibung lässt Müller dabei auch eine sachgerechte Differenzierung zugunsten der christlichen Prägung und Verwurzelung zu. Aber auch die Beschwörung des in diesem Sinn nur relativ neutralen Staats wecke unrealistische Erwartungen.

Im Hinblick auf die Organe und Amtsträger erklärt Müller: „Der nüchtern vernünftige Umgang mit rechtlichen, rechtspolitischen und gesellschaftlichen Fragestellungen ... ist ein die menschliche Natur überforderndes Ansinnen."[365] Jeder Mensch sei unabhängig von seiner Einstellung zum Religiösen religiös vorgeprägt. Der Staat müsse daher anerkennen, dass er in seiner Gesamtheit ein christlich-jüdisch geprägtes Gebilde sei. Der Autor plädiert daher für ein gesellschaftspolitisches Großprojekt: „Vom *Mythos des säkular-neutralen zur Realität des religiös geprägten Staats*"[366]. Das Grundanliegen des Autors ist ein religiös-ethisch fundierter Grundkonsens im pluralistischen Staat zur Überwindung religiöser und damit gesellschaftlicher Konflikte.

Müller sagt, weil von Natur aus kein Mensch mit gesellschaftlichen und religiösen Dingen nüchtern und vernünftig umgehen könne, müsse sich der Staat von der rein hypothetischen Neutralität als irreal verabschieden und seine christlich-jüdische Prägung akzeptieren, bei gleichzeitiger Toleranz für Andersdenkende. Dass er damit – speziell in Deutschland, wo die Mitglieder der großen Kirchen jetzt nicht nur in den allermeisten Großstädten, sondern insgesamt sogar formal weniger als die Hälfte der Bevölkerung ausmachen – alle Nichtreligiösen diskriminiert, scheint Müller nicht recht wahrzunehmen. Das Buch lässt aber vermuten, dass derartiges die rechtliche Neutralität ablehnendes Denken durchaus noch viele Anhänger hat. Freilich sind so spezielle Ansichten wie die Markus Müllers in der Schweiz und auch in Deutschland singulär.

bb) Die Grundsatzkritik von *Christoph Möllers* ist nicht so radikal und anders geartet. In einer vielzitierten Abhandlung vertritt er die Meinung, angesichts der Rechtswirklichkeit von Privilegierungen der christlichen Religion scheine es „wenig plausibel, die Entscheidungen des demokratischen Gesetzgebers als neutrales Phänomen zu bezeichnen".[367] Die Position der

---

365 *M. Müller*, Religion im Rechtsstaat (2017), 85; *ders.* zur Ablehnung des Neutralitätsgedankens insgesamt auch in VVDStRL (81), 2022, S. 251-288 und ZBl 2022, 575-601.

366 *Ebenda* 140-149; Zitat 140 f.

367 *C. Möllers*, Grenzen der Ausdifferenzierung, 2015, 9 (11).

Begründungsneutralität[368] versteht er so, dass nichtneutrale Äußerungen zur Normbegründung im parlamentarischen Prozess als illegitim auszusondern seien. Das behindere unzulässig den demokratischen Willensbildungsprozess (das „voluntaristische Element") und missachte die Mehrheitsregel.[369] Ein solches Missverständnis des Neutralitätsliberalismus, der bei richtigem Verständnis die nachträgliche neutrale Begründbarkeit genügen lässt, ist aber leicht vermeidbar.[370] Noch gravierender ist, dass Möllers das Neutralitätsgebot als generelles objektivrechtliches Prinzip ablehnt.[371] Er hält juristische Einzelentscheidungen für konfliktbefriedender als Grundsatzentscheidungen im Namen eines übergeordneten Prinzips.

b) Abstufungen des Neutralitätsbegriffs?

aa) Zur Frage, ob das strikte Neutralitätsgebot nicht Abschwächungen erfährt durch andere Regelungen des GG, wurde schon Stellung genommen.[372] Die Frage wurde verneint mit der Begründung, die Abweichungen von der generellen Rechtsregel des Neutralitätsgebots seien nur Ausnahmen vom Geltungsbereich dieses Gebots. Das GG enthält legitimerweise gegenläufige Regelungen, die jeweils Verfassungsrecht gleichen Ranges sind, aber unterschiedlichen Grundsätzen folgen. Solche Widersprüche sind im Recht nicht ganz ungewöhnlich. Die Normen sind jeweils nach den anerkannten Regeln auszulegen, und zwar nach den Erfordernissen des jeweiligen Sachbereichs. Ansatzpunkte für eine Vermengung der gegenläufigen Grundsätze enthält das GG nicht. Vor allem gibt es dazu keine klaren Kriterien.

bb) Aber immer noch bzw. wieder wird das Argument der *Gemeinwohldienlichkeit* von Religionsgemeinschaften zur Differenzierung gebraucht. Bekannt ist die frühere Formel des BVerfG zum Kulturvorbehalt, wonach nur solche Religionen den Schutz des Art. 4 I, II GG erhalten können, die mit den Grundlagen der abendländisch-christlichen Wertordnung vereinbar seien.[373] Diese Position hat das BVerfG aber schon wenige Jahre

368 s. E IV 3 b.
369 *C. Möllers* 13 ff.
370 S. E IV 3 b.
371 *C. Möllers* 19 ff.
372 S. E IV 2.
373 BVerfGE 12, 1 (4).

später wieder aufgegeben.[374] Die Egalisierung der sehr unterschiedlichen Religionsgemeinschaften wurde verstärkt durch das Zeugen-Jehova-Urteil von 2002.[375] Dennoch gibt es seit einiger Zeit wieder als Ausnahme eine Art Wiederkehr des christlich-abendländischen Kulturvorbehalts[376], und die These von der notwendigen Bevorzugung der sozialverträglichen und dem Gemeinwohl besonders dienlichen Religionsgemeinschaften hat noch mehr Anhänger aufzuweisen.[377] Eine Bedeutung von Gemeinwohlerwartungen hat das BVerfG zumindest für den Körperschaftsstatus aber klar abgelehnt.[378]

Für eine *Differenzierung nach Nützlichkeit und Kulturadäquanz* gibt es keine ausreichenden Kriterien. Die Vorstellungen und Bewertungen bezüglich des Verhaltens von Religionsgemeinschaften sind in einer plural-komplexen Gesellschaft recht unterschiedlich und wandelbar. Das zeigt auch das Beispiel der geänderten Beurteilung der katholischen Kirche wegen der seit 2010 immer deutlicher zutage getretenen enormen internen und gesellschaftspolitischen Defizite.[379] Instrumentalisierungen der Religion für staatliche Zwecke lassen sich auch mit den Gleichheitsrechten des GG nicht vereinbaren. Eine solche Nützlichkeits- bzw. Schädlichkeitsbewertung verstieße gegen das Identifikationsverbot. Sie würde, meint Horst Dreier, eine Revolution des Religionsverfassungsrechts bedeuten. Das privilegienfeindliche Grundgesetz unterscheidet nicht zwischen erwünschten und unerwünschten Religionen. Mit solchen Differenzierungen würde „die Axt an das Neutralitätsgebot gelegt".[380] Das wäre eine „Abschaffung des Neutralitätsprinzips".[381]

---

374 BVerfGE 41, 29 (50): pluralistische Offenheit des GG als sein ethischer Standard. Zurückweisung der Kulturadäquanzformel.

375 BVerfGE 102, 37.

376 Dazu gehört eine kleine Gruppe von Autoren wie *Arnd Uhle* und *Christian Hillgruber*. Auch die sog. Kopftuchgesetze von Baden-Württemberg, Bayern und Nordrhein-Westfalen sind auch nach ihrer Entstehungsgeschichte von dieser Sichtweise geprägt.

377 So selbst nach dem Zeugen-Jehova-Urteil *C. Hillgruber*, Staat und Religion, 2007, 67 ff.; *P. Kirchhof*, Essener Gespräche 2005, 105 (114 f.); *K-H. Ladeur* JZ 2007, 12 (17).

378 BVerfGE 102, 370.

379 In diese Richtung deutlich *H. Dreier*, Staat ohne Gott (2018), S. 29 f. unter Hinweis auf die kirchlichen Positionen in der Weimarer Zeit und frühen Bundesrepublik.

380 *H. Dreier*, Staat ohne Gott (2018), 127 ff., Zitat S. 129.

381 So *C. Walter*, HSKR 2020, 727 (747).

c) Überflüssigkeit und Unbrauchbarkeit des Neutralitätsbegriffs?

Zu den Autoren, die für eine Aufgabe des Begriffs „Neutralität" plädieren, gehört Frank Holzke.[382] Entweder enthalte das Neutralitätsprinzip nur die Sachaussage der Religionsverfassung und sei dann überflüssig, zudem im Hinblick auf die religionsfördernden Elemente des GG irreführend. Oder aber, man reichere die Neutralitätsforderung mit zusätzlichen Inhalten wie der strikten Trennung an. Das sei aber mit dem GG unvereinbar. Der Argumentationstopos „Neutralität" verwirre die Debatte.[383] Holzke plädiert dafür, sich mit denjenigen GG-Normen zu begnügen, aus denen das Gemeinte abgeleitet werde. Er drückt das Problem auch so aus: Neutralität „ist entweder ein bloßes Wort ohne Begriff oder – bei einer Gleichsetzung mit dem Identifikationsverbot – überflüssig und irreführend". Verstehe man unter „Neutralität" die „Inkompetenz des Staats in religiösen oder weltanschaulichen Fragen"[384] und ein Verbot der Identifikation mit einer religiösen oder weltanschaulichen Richtung[385], so bestehe allerdings keine Gefahr der Begriffsambivalenz.[386]

Demgegenüber wollen Juristen fast allgemein, auch wenn sie die Begriffsanalyse Holzkes mehr oder weniger teilen, am Wort Neutralität festhalten. Der derzeit defizitäre Charakter des Neutralitätsbegriffs ist zwar unbestreitbar, aber doch veränderbar. Wenn Holzke erklärt, von einem Begriff mit einer Einheit gedanklicher Merkmale könne keine Rede sein[387], stimmt das so nicht. Denn die Existenz und Bindungswirkung der bekannten religiös-weltanschaulichen Gleichheitsrechte kann niemand abstreiten. Damit sind aber alle oben genannten Aspekte der Neutralitätsdogmatik angesprochen. Somit besteht Einigkeit darin, dass Neutralität Gleichheit, Äquidistanz und im Fall der ideellen oder finanziellen Förderung *gleiche* Förderung bedeutet, soweit das möglich ist. Das Gebot der Nichtidentifikation als Kern der „Neutralität" ist ebenfalls in der Gleichheitsregel enthalten. Ein Staat, der sich in irgendeiner Hinsicht mit einer Richtung auch nur geringfügig mehr identifiziert als mit einer anderen (ideell oder durch die Tat), ist eben nicht neutral.

---

382 *F. Holzke*, NVwZ 2002, 903 ff.; Gegenposition: *G. Czermak*, NVwZ 2003, 949 ff.
383 *F. Holzke*, NVwZ 2002, 903 (913).
384 *L. Renck*, NJW 1989, 2442 (2444).
385 *A. Nolte*, JöR 2000, 87 (106).
386 *F. Holzke*, NVwZ 2002, 903 (911).
387 *F. Holzke*, NVwZ 2002, 903 (911).

3. Zum Sinn der Verwendung des Neutralitätsbegriffs

Ein Beispiel dafür, dass auch Juristen, die ein normatives Neutralitätsverständnis ablehnen, den Begriff Neutralität für dennoch sinnvoll halten können, gibt Hans Michael Heinig. Unter Betonung der *gleichen* Freiheit lehnt auch Heinig Hierarchisierungen nach Gemeinwohldienlichkeit ab. Er betont, dass die *Neutralitätsfigur* die Rede von der gleichen Freiheit *anschaulicher* macht. Gleichzeitig sieht er, wie auch viele andere Autoren, eine Gefahr der Verselbständigung des Neutralitätsparadigmas gegenüber den Einzelnormen. Jedenfalls biete die Neutralitätsvorstellung eine brauchbare *heuristische Hilfestellung*, „eine für die Norminterpretation regulative Idee".[388] Christian Walter meint, der Mehrwert des Neutralitätsprinzips, das keine eigenständige verfassungsrechtliche Bedeutung habe, liege darin, dass es eine systematisierende Zusammenschau der zugrunde liegenden Einzelgarantien als Zielvorstellung formuliere. Diese sei „vielleicht *die* zentrale *idée directrice* des Religionsverfassungsrechts". Sie stelle ein Ideal dar.[389]

Ungeachtet der Position in der Frage der Rechtsnatur der objektiven Neutralität und anderer inhaltlicher Aspekte sprechen folgende Gründe für die Verwendung des Begriffs. Neutralität ist eine *griffige Zusammenfassung der Einzelnormen*, aus denen sie abgeleitet wird. Schon wegen der sprachlichen Vereinfachung und wegen der stilistischen Abwechslung wird man nicht gern auf den Ausdruck verzichten. Martin Morlok schreibt anschaulich, die Neutralität sei individual- und kollektivrechtlich „so dicht normiert, dass die Verknappung in Gestalt eines Prinzips selbst als Satz des Verfassungsrechts genommen werden kann."[390] Er sieht daher wie Huster und andere in der Neutralität einen *Rechtssatz*. Jedenfalls spricht man regelmäßig von Neutralität als einem *objektivrechtlichen Prinzip*, wenn auch die Frage, ob eine Rechtsregel im Sinn eines rechtlichen Verhaltensgebots vorliegt oder nicht, oft abgelehnt wird oder unerörtert bleibt.

Die Verwendung des Begriffs Neutralität liegt auch deswegen nahe, weil er an Gleichheitsvorschriften rückgebunden ist. Gleichheit ist aber ihrem Wesen nach *nicht einschränkbar*. Andernfalls läge eben keine Gleichheit bzw. Neutralität vor. Wer Neutralität als selbständige Rechtsregel ablehnt, aber den Gedanken der auch objektiven Funktion der Grundrechte akzeptiert, gelangt zu einer Serie objektiver Grundrechtsfunktionen, und dann

---

388 *H.-M. Heinig*, JZ 2009, 1136 (1140).
389 *C. Walter* in HSKR 3. A. 2020, S. 727 (759).
390 *M. Morlok*, in: Dreier, GG, Bd. 3, 2. A. 2008, Rn. 33 zu Art. 140.

fragt man sich, worin eigentlich der Unterschied zur Annahme einer selbständigen objektiven Rechtsregel „Neutralität" bestehen könnte.

Neutralität ist schlicht rechtsgleiches Verhalten gegenüber Personen und religiösen bzw. weltanschaulichen Vereinigungen. Wenn rechtliche *Vergleichbarkeit* vorliegt, muss das staatliche Verhalten – wenn kein Fall des Art. 3 III GG vorliegt – jeweils ohne Abstriche gleich sein. Ein häufiges Missverständnis liegt wohl darin, dass die oben abgehandelten Fragen wie offene und distanzierende Neutralität keine unterschiedlichen Arten von Neutralität betreffen, sondern nur zu beachtende Aspekte bzw. Modalitäten. Sie betreffen alle das *Vorfeld der Entscheidung*. Im Wesentlichen geht es um die Argumente, die man benötigt, um entscheiden zu können, ob und ggf. wie rechtlich wesentlich Gleiches gleich und wesentlich Unterschiedliches verschieden behandelt werden soll. Dabei sind mehrere Aspekte zu beachten, etwa Fragen der sozialen Bedeutung (Größe), Vergleichbarkeit von unterschiedlichen Sachverhalten, das Problem unterschiedlicher Gebietskörperschaften usw. Wenn aber schließlich, ggf. unter sorgfältiger Ermessensbeurteilung (insbesondere über offene oder distanzierende Gleichheit) festgestellt ist, ob Rechtsgleichheit zwischen zwei oder mehr Tatbeständen vorliegt, gibt es bei der Rechtsfolge kein Ermessen mehr: es gibt nur konsequente, strikte Gleichheit. Insofern ist Neutralität eine ganz *klare und nicht schillernde Rechtsregel*. Dass sie die wohl am meisten missachtete grundlegende Rechtsnorm des Verfassungsrechts ist, kann man daher nur bedauern. Eine wichtige Ergänzung zur vergleichenden Beurteilung ist die *neutrale Begründbarkeit*.[391]

VI. Neutralitätsgebot in Praxis, Gesetzgebung und Religionspolitik

1. Das Neutralitätsgebot in der Rechtspraxis

Das Neutralitätsgebot ist die *zentrale Direktive* des Religionsverfassungsrechts, die theoretisch in all den zahlreichen Teilgebieten desselben ihre Bedeutung hat. Das ist aber bis heute in der Praxis weitgehend nicht der Fall. Hierzu wurden schon eingangs unter A II einige Angaben gemacht. So finden sich noch heute in zahlreichen kommunalen Sitzungssälen und

---

391 E IV 3 b.

sogar Gerichten *Kreuze*, also spezielle Glaubenssymbole.[392] *Kirchentage* der großen christlichen Konfessionen, und nur diese, werden hauptsächlich durch die öffentlichen Hände mit vielen Millionen unterstützt, selbst wenn sie um die 2000 Einzelveranstaltungen aufweisen. Dabei handelt es sich um offiziöse laienkirchliche Veranstaltungen.[393] *Theologische Fakultäten* werden zur Ausbildung innerkirchlicher Theologen und staatlicher Religionslehrer vom Staat betrieben.[394] Das große Spektrum der *nichtreligiösen Bevölkerung* wird aber ignoriert, als ob es für die gesellschaftliche Integration keinerlei Bedeutung hätte. Allein die *religiösen Körperschaften* werden durch eine große Zahl von Bundes- und Landesgesetzen bevorzugt behandelt.[395] Wie groß Vielfalt und Ausmaß finanzieller Kirchenförderung durch den Staat sind, lässt Carsten Frerk in einer einzigartigen Untersuchung erahnen.[396] Der Neutralitätsgedanke spielt in der Praxis vieler Bundesländer insgesamt allenfalls eine untergeordnete Rolle.

Das gilt auch für das mittlerweile vollständig geschlossene, sehr umfangreiche Netz an *Staat-Kirche-Verträgen*[397], das speziell kirchliche Wünsche in großem Maß erfüllt und dem Staat höchstens geringe Vorteile bietet. Alle Verträge müssen nach allgemeiner Meinung in vollem Umfang mit dem GG übereinstimmen. Der Staat könnte anerkanntermaßen alle Regelungen selbst treffen, und zwar, wie auch sonst, im Gesetzgebungsverfahren nach entsprechenden Anhörungen, und nicht nach lediglich internen Verwaltungsverhandlungen, wie jedoch bisher üblich. Dennoch hat die Hauptströmung der Literatur und auch die Rechtsprechung die inhaltliche Problematik der Verträge noch nie in breiterem Umfang kritisch untersucht. Dabei umfasst sie eine Fülle an Fragen des Religionsverfassungsrechts und

---

392 In einem dem Verf. bekannten Fall hat sich ein Richter sogar noch in jüngster Zeit geweigert, trotz ausdrücklicher Anstoßnahme durch einen Angeklagten das Kreuz im Gerichtssaal abzunehmen.

393 S. etwa https://hpd.de/artikel/kirchentag-nuernberg-wird-95-millionen-euro-staat-unterstuetzt-20698 (Abruf 23.3.2023); FR 14.5.2021 und https://hpd.de/artikel/hoechste-staatliche-pro-kopf-foerderung-fuer-den-katholikentag-aller-zeiten-20405 (Abruf 23.3.2023); https://hpd.de/artikel/oeffentliche-hand-bezahlt-52-prozent-des-oekumenischen-kirchentags-19268 (Abruf 23.3.2023). Dass die Veranstalter zivilrechtliche Vereine und nicht Teil der Großkirchen sind, ändert nichts.

394 Zur Ausbildung der Religionslehrer würden aber Institute genügen, wie sie in Bayern zum Ausgleich für weggefallene Fakultäten geschaffen wurden.

395 Vgl. die unvollständige Übersicht bei *J.-B. Schrooten*, Gleichheitssatz (2015), 216 f.

396 *C. Frerk*, Violettbuch (2010), tabellenartige Übersicht 257 ff. Dabei sind kommunale Subventionen noch gar nicht berücksichtigt. Siehe F II 2.

397 Dazu näher F III.

die Zahl der Vergünstigungen für die Kirchen ist sehr groß. Sie wird aber trotz der zudem kirchengünstigen Besonderheiten des Verfahrens pauschal gebilligt.[398]

In der *Verwaltung* hat bzw. hätte das Neutralitätsgebot in den westlichen Bundesländern an sich eine große praktische Bedeutung, es wird aber manchmal bis zur Willkür missachtet. Man denke an die Beteiligung an einer Fülle kirchlicher Investitionsmaßnahmen, die Privilegierung der großen Kirchen durch Schulverwaltungen, etwa durch unterlassene Informationen über den Ethikunterricht, durch vermeidbare Benachteiligungen bei diesem, die Benachteiligung von Schülern und Lehrern im Zusammenhang mit Schulgottesdiensten, schulisch unterstützte kirchliche Bibeltage, ferner das Friedhofswesen und Militär. Das alles ist noch kaum erforscht.

Dass das Neutralitätsgebot auch in der *Rechtsprechung* oft defizitär gehandhabt wird, wurde am Beispiel des BVerfG unter D, zusammenfassend D V, dargelegt.

2. Gesetzgebung

In der *Gesetzgebung* hat das Neutralitätsgebot in weltanschaulicher Hinsicht einen schweren Stand. Verwiesen sei auf die sehr persönlich und z. T. sehr hitzig verlaufenen Parlamentsdebatten zu Fragen wie Schwangerschaftsabbruch, Werbung dafür, Embryonenschutz, Präimplantationsdiagnostik, ärztlich assistierter Suizid, Beschneidung und anderen. Immerhin ist es heute im Allgemeinen nicht mehr üblich, ausdrücklich religiöse und kirchliche Positionen in Gesetzesdebatten anzuführen. Vielmehr versucht man immer wieder, erkennbar religiös motivierte Meinungen mit säkular klingenden Worten zu kaschieren. Das bedeutet doch, man ist sich bewusst, dass das Ergebnis des Gesetzgebungsverfahrens ohne Berücksichtigung der weltanschaulichen Einstellung von Jedermann als vernünftig akzeptierbar sein soll. Eine strenge Unterscheidung zwischen privater religiöser Meinung und Meinungsfindung aus Sicht einer aufgeklärten Allgemeinheit wäre zwar zu wünschen. Das würde aber viele Mandatsträger wohl, je nach Selbstverständnis, überfordern und die Einhaltung der Verpflichtung, eine solche Unterscheidung vorzunehmen, wäre auch nicht parlamentarisch

398 Zur Grundsatzproblematik *G. Czermak*, Der Staat 2000, 69 ff.

kontrollierbar. Daher muss es genügen, dass sich der verabschiedete Gesetzestext als säkular und neutral begründbar erweist.[399]

3. Religionspolitik

In der mittlerweile umfangreichen Literatur zur jungen Disziplin der Religionspolitik wird der Eindruck erweckt, Staat und Religion ließen sich, so der Grundtenor, nicht strikt trennen und beeinflussten sich notwendig gegenseitig. Man findet aber kaum eine Auseinandersetzung mit der Frage, was eigentlich mit „Religionspolitik“ konkret gemeint sein soll. Die Rede von Religionspolitik hat aber überhaupt nur Sinn, wenn man die *vom Verfassungsrecht gelassenen Spielräume* anders nutzen oder ggf. das Grundgesetz ändern will. Die *Verfassungsjuristen* sind mit guten Gründen der Überzeugung, dass die anstehenden Probleme anhand des heutigen Grundgesetzes gelöst werden können. Eigenartigerweise finden sich in der rechtspolitischen Literatur aber nur wenige Äußerungen von Juristen. Dabei sind schon die Ansichten von Juristen wegen der Ideologieanfälligkeit der weltanschaulichen Materie generell mit Vorsicht zu genießen. Rechtliche Ausführungen von Nichtjuristen werden daher nur selten den speziellen Anforderungen gerecht. Die Bindung der Politik an das Recht spielt in ihrem Denken meist kaum eine Rolle.

Die derzeitige deutsche Situation wird in einem repräsentativen, von Wissenschaftlern des an der Universität Münster etablierten großen und interdisziplinären Exzellenzclusters „Religion und Politik“ und des ebenfalls in Münster angesiedelten „Centrums für Religion und Moderne“ herausgegebenen Sammelband dargestellt.[400] Trotz starker Unterbelichtung des Faktors Recht mahnen viele Beiträge zumindest nebenbei die Einhaltung der Rechtsgleichheit an. In einigen grundsätzlichen Artikeln wurde darauf hingewiesen, ein wesentlicher Teil der aktuellen Probleme sei in der „religiös-christlich-großkirchlichen Schlagseite“ begründet, die auch in Länderverfassungen zum Ausdruck komme.[401] Selbst der Leiter des katholischen Büros in Nordrhein-Westfalen hielt in seinem Beitrag den Stellenwert der Kirche im Staat bei abnehmender Zahl der Gläubigen für „begründungspflichtig“.[402] Eine katholische Professorin für christliche Sozialwissenschaf-

399 Näher E IV 3 b.
400 *Gerster/van Melis/Willems* (Hg.), Religionspolitik heute (2018).
401 Ebenda *U. Willems*, 38 (45 ff; 49).
402 Ebenda *A. Hamers*, 423 (426).

ten erklärte, die Religionsfreiheit diene gerade nicht dazu, eine Religion, welche auch immer, als solche unter „Artenschutz“ zu stellen.[403] Der Juraprofessor Thomas Gutmann stellte das Gleichheitsgebot der Glaubensfreiheit als egalitäres Konzept deutlich heraus. Es sei wesentlich für die weltanschauliche Neutralität, dass der Staat bei der Normbegründung nicht an religiöse Motive anknüpfen dürfe. Die Bedeutung der Rechtspolitik reduzierte er erheblich mit seinem Resümee: „Manches spricht dafür, dass am Ende nur das Recht und nicht eine zunehmend unter populistischem Druck stehende, immer kurzfristiger agierende Politik imstande sein wird, das Prinzip gleicher Religionsfreiheit hochzuhalten.“[404]

Seit einiger Zeit diskutiert die deutsche Politik besonders *Probleme des Bildungsbereichs* und experimentiert damit. Dabei ist man teilweise sehr kreativ, aber ohne das Verfassungsrecht ausreichend, wenn überhaupt, zu berücksichtigen. Von besonderer Bedeutung waren dabei die *Empfehlungen des Wissenschaftsrats von 2010* zur Weiterentwicklung von Theologien und religionsbezogenen Wissenschaften an Hochschulen, die vom Staat ungewöhnlich forciert in Form von Zentren für islamische Theologie umgesetzt wurden. Sie dienen hauptsächlich der Ausbildung von Religionslehrern für den staatlich auffallend stark geförderten islamischen Religionsunterricht. Auf Empfehlung des Wissenschaftsrats geht auch die staatlich veranlasste Einrichtung von theoretisch pluralistischen Beiräten zurück, die an Universitäten zur Bestellung von Professoren errichtet wurden.[405] Sie sind, bei deutlichen Differenzen zwischen den vertretenen Verbänden, orthodox dominiert, so dass die (von der Politik erwünschten) liberalen Theologen kaum Chancen haben. Vergleichbar ist das Problem der Bestellung von islamischen Religionslehrern. Die rechtlichen[406] und schulpraktischen[407] Defizite sind groß.

Viel Kreativität, aber wenig Beachtung rechtlicher Probleme brachten die Diskussionen um das *Hamburger Modell* eines Religionsunterrichts mit sich. „Religionsunterricht für alle“ heißt das Motto. Schüler aller Religionen

403 Ebenda *M. Heimbach*-Steins, 141 (144).
404 Ebenda *T. Gutmann*, 162, Zitat 171.
405 Zum Ganzen kritisch *H. M. Heinig*, ZevKR 2011, 238 ff.; *H. Kreß*, Religionsunterricht oder Ethikunterricht? 2022, 162 ff. und 172 f.; *H. Stössel*, KuR 2011, 113 ff.
406 *H. Stössel*, KuR 2011, 113 (115 ff.); *Kreß*, Religionsunterricht oder Ethikunterricht? 2022, 162 (172 f.).
407 *H. Stössel*, KuR 2011, 113 (124 f.); Zu den gewichtigen schulischen Bedenken gegen den islamischen Religionsunterricht *H. Kreß*, Religionsunterricht oder Ethikunterricht? 2022, 162 ff.

und Weltanschauungen sollen in einem einzigen Schulfach unterrichtet werden, wobei der bisherige Ethikunterricht entfällt. Das wird ab 2022 in einem befristeten Modellversuch erprobt. Das ist nicht nur wegen der ja konfessionellen Ausrichtung des Art. 7 III GG ein kühnes Unterfangen, sondern auch deshalb, weil in Hamburg die Konfessionsfreien (Nichtreligiösen) mit schon über 60% der Einwohner die klare Mehrheit darstellen. Viele Religionsgemeinschaften wurden angehört, nicht aber das „Säkulare Forum Hamburg" mit seinen neun Mitgliedsorganisationen.[408]

Beispiele für rechtspolitisch und rechtlich vollkommen verunglückte Gesetzgebung sind die Regelungen im Zusammenhang mit dem *Schwangerschaftsabbruch*, das *Embryonenschutzgesetz*, die (überstürzten) Bestimmungen zur *Beschneidung* von Knaben, die zwischenzeitlich für verfassungswidrig erklärte Regelung zur Verhinderung *ärztlich assistierten Suizids* und das zwischenzeitlich als unhaltbar aufgehobene Verbot der seriösen ärztlichen öffentlichen *Information über Schwangerschaftsabbrüche* (§ 219 a StGB).

Abschließend kann man sagen, dass bei der gesetzlichen Gestaltung von Materien, bei denen Religion und Weltanschauung eine Rolle spielen, die begründete Gefahr besteht, dass die Erfordernisse der Neutralität bzw. Konsistenz nicht berücksichtigt werden. Aus Sicht des Neutralitätsgebots geht es in der Politik von Verfassungs wegen derzeit weniger um das Gestalten von Regelungen, als vielmehr um den Abbau von z. T. massiven Verstößen gegen die Neutralität in Gesetzen und Verwaltung. Art. 4 GG und das Neutralitätsgebot verbieten eine aktive religiös bestimmte Religionspolitik.[409]

---

408 Zur Kritik am Hamburger Modell: *W. Härle*, Religionsunterricht unter pluralistischen Bedingungen. Eine kritische Sichtung des Hamburger Modells, Leipzig 2019; *H. Kreß*, Religionsunterricht, 2022, 175 ff.; https://weltanschauungsrecht.de/meldung/rezension-haerle-religionsunterricht-hamburg; https://hpd.de/artikel/hamburg-alles-einen-topf-beim-religionsunterricht-20348.

409 So auch *M. Heckel*, Gleichheit oder Privilegien? (1993), 42.

F. Zur religiös-weltanschaulichen Neutralität in einzelnen Rechtsbereichen

I. Bildung und Erziehung

1. Der Kruzifix-Beschluss vom 16. 6. 1995 [s. schon unter C V, D IV sowie E IV 2 b]

Diese auch zahlreiche Juristenseelen aufwühlende Entscheidung ist eine der meistdiskutierten Entscheidungen in der Geschichte des BVerfG. Im Hinblick auf die bereits erfolgten Erörterungen soll hier im Wesentlichen nur ein dogmatischer Abriss unter Berücksichtigung des hier vertretenen Neutralitätsverständnisses gegeben werden.

a) *Vielfalt der Kritik.* Bei den öffentlichen und fachöffentlichen damaligen juristischen Stellungnahmen zu dem Beschluss fällt besonders auf, dass die Entscheidungsgegner nicht nur deutlich in der Mehrzahl waren, sondern dass sie auch in ganz unüblicher Weise besonders sensibel, manchmal übel reagierten. Das zweite Phänomen zeigte sich erst später. Die zahllosen „kritischen" Äußerungen argumentierten sehr unterschiedlich und widersprachen sich häufig, kamen aber dennoch stets zum selben Ergebnis: Das Kreuz im Klassenzimmer hat aus Rechtsgründen Bestand. So wandte man ein, der Föderalismus sei missachtet worden, zu Unrecht habe man eine Tangierung des Schutzbereichs der Glaubensfreiheit angenommen, das Gericht habe die negative Religionsfreiheit verabsolutiert, die Bekenntnislosigkeit privilegiert, sich theologische Kompetenzen angemaßt, einem übersteigerten Subjektivismus das Wort geredet, durch Überdehnung des Grundrechtsschutzes den sektiererischen Einzelwillen gefördert, das Bestehen einer Grundrechtskollision verneint, sich in starken Gegensatz zu den Entscheidungen zur Zulässigkeit der christlichen Gemeinschaftsschulen gestellt, es habe einen laizistischen Impetus und habe den Rechtsfrieden empfindlich gestört. Die wohl eigenwilligste Kritik ist Martin Heckel gelungen. Im Kern lautet sie so: Es sei evident, dass Kreuze in Schulen und Gerichtssälen in Konflikt mit einer Reihe grundgesetzlicher Normen stünden, so dass das Gericht zu einer verfassungskonformen Interpretation verpflichtet sei. Stattdessen habe es gerade „diejenige verfassungswidrige Sinndeutung des Kreuzes ausgewählt, die seine eigenen Kompetenzen ... überschreitet."

Das Kreuz als Kultur- und Bildungsfaktor entspreche dem neutralen, nicht laizistisch-religionsfeindlichen Staatsverständnis.[410] Das mutet umso seltsamer an, als die staatliche Verpflichtung, in jedem Klassenzimmer ein Kreuz anzubringen, nach dem Gesamtziel der maßgeblichen Norm der Bayerischen Volksschulordnung dem Ziel dienen sollte, „die Erziehungsberechtigten bei der religiösen Erziehung der Kinder", ggf. zusammen mit Schulgebet, Schulgottesdienst und Schulandacht, zu unterstützen.[411]

b) *Fallstruktur.* Im Gegensatz zu den aufgezählten und anderen Angriffsversuchen war die dogmatisch richtige Vorgehensweise eher schlicht zu nennen. Im Streitfall wurde das im Klassenzimmer auf staatliche Veranlassung angebrachte Kreuz von Eltern und Kindern abgelehnt, weil sie darin eine rechtlich unzulässige Einwirkung sahen. Der Schutzbereich der Art. 4 I, II und 6 II GG konnte nur eröffnet sein, wenn das Kreuzsymbol eine rechtserhebliche unzulässige Beeinträchtigung als möglich erscheinen ließ.[412] Wenn das Kreuzsymbol bzw. im Streitfall das Kruzifix aus Sicht der Schüler/Eltern als religiös anzusehen war, so war damit der Schutzbereich selbst dann eröffnet, wenn ein Beurteiler auf die Intensität der Einwirkung abstellen wollte und bei zu geringer Einwirkung den Schutzbereich nicht für gegeben ansehen mochte. Denn sogar heute noch ist in Rechtsprechung und Literatur nicht geklärt, wie das Problem der Intensität der Einflussnahme zu behandeln ist.[413] Ein Erfolg der Verfassungsbeschwerde konnte daher nicht von vorneherein als unmöglich bezeichnet werden.

Dass das Kreuzsymbol in allererster Linie als religiös anzusehen ist, kann bei ernsthafter Betrachtung keinem Zweifel unterliegen. Es ist seit 431 (3. Ökumenisches Konzil, Ephesus) offizielles Zeichen des Christentums, sein Hauptsymbol. Dass es *daneben*, insbesondere im Zusammenhang mit Gemeinde- und Familienwappen, auch eine allgemeine Bedeutung als (auch religiöses und historisches) Kultursymbol haben kann, ist nur ein untergeordneter Nebenaspekt. Das Staatswappen des Königsreichs Bayern von 1835 enthielt nur ein ziemlich kleines, nicht dominantes Kreuz auf der Königskrone. Es ist auch nicht möglich, die religiöse Bedeutung des Kreuzsymbols wegzudefinieren, auch nicht durch eine Rechtsnorm,.[414] Denn auch dann wirkt das Symbol faktisch als christliches Symbol auf

---

410 *M. Heckel*, DVBl 1996, 453 (467 f.).

411 § 13 I 3 der BayVSO damaliger Fassung.

412 Vgl. etwa *Jarass/Pieroth*, GG, 17. A. 2022, Art. 93 Rn. 22.

413 s. oben E IV 2.

414 So jetzt auch BayVGH NVwZ 2022, 1837, U. v. 1. 6. 2022 Az 5 B 22.674, LS 1.

den Betrachter ein. Ob dieser christlich ist oder nicht, ändert nichts an der Wahrnehmung des Symbols.[415]

c) Dass ein faktischer *Grundrechtseingriff* und nicht eine rechtlich vernachlässigbare Überempfindlichkeit vorlag, ergibt sich aus der einseitigen religiösen *Einflussnahme des Staats*, der ja nicht die Kompetenz besitzt, sich in religiöse oder nichtreligiöse Überzeugungen einzumischen. Vielmehr handelt es sich um einen massiven Verstoß gegen das Neutralitätsgebot. Schüler bzw. Eltern mit staatsbürgerlichem Interesse, die sich dessen bewusst sind, werden das als schlimmen Verstoß des Staats gegen seine eigene Grundlagen ansehen. Auch die häufigen massiven Reaktionen der Kreuzbefürworter sprechen deutlich für das Vorliegen eines Grundrechtseingriffs.[416] Im Übrigen ist die Glaubensfreiheit im engeren Sinn, die Abwehr von einseitiger staatlicher Einflussnahme, mangels äußeren Verhaltens des Grundrechtsträgers überhaupt nicht einschränkbar.[417]

d) Wenn das christliche Symbol einen Eingriff darstellte, war die Entscheidung über seine etwaige *Rechtfertigung* praktisch gefallen. Ein Verstoß gegen das objektivrechtliche Neutralitätsgebot war wegen der Einmischung des Staats in die Glaubenssphäre (Verstoß gegen die Nichtidentifikation) offensichtlich. Es hätte daher nahegelegen, die in der Beschluss-Begründung vorangestellte ausführliche Passage zum Neutralitätsgebot auch zur eigentlichen Fallbegründung erkennbar heranzuziehen (umfassende verfassungsrechtliche Prüfung). Dann wäre allenfalls noch daran zu denken gewesen, ob das Neutralitätsgebot im Streitfall nicht mit anderen verfassungsrechtlichen Positionen hätte abgewogen werden müssen. Solche verfassungsunmittelbaren Schranken sah das Gericht aber zu Recht nicht als gegeben an. Eine *Grundrechtskollision* lag nicht vor, weil weder Kreuzesbefürworter noch Kreuzesgegner einen Rechtsanspruch hatten, ein von ihnen bevorzugtes Symbol mit staatlicher Mitwirkung anbringen zu lassen. Eine Grundrechtsmajorisierung kam ohnehin nicht in Betracht. Mit Hilfe von

---

415 Eingehend zur Interpretation des Kreuzsymbols im Hinblick auf die Entscheidungskritiker *G. Czermak*, Zur Unzulässigkeit des Kreuzes, in: Brugger/Huster (Hg.), Streit um das Kreuz (1998), 13 (22-29), insb. zu den Fragen des Kreuzes als Kultursymbol, als profaniertes Staatssymbol und der Symbolforschung.

416 Zu diesen Tatsachenfragen *R. Lamprecht*, Zur Demontage des Bundesverfassungsgerichts, Baden-Baden 1996, 39 ff., 77 ff. Die etwa 50 Morddrohungen, die die beschwerdeführenden Eltern im Fall BVerfGE 93, 1 erhielten, sprechen klar für eine Eingriffsqualität.

417 S. oben E IV 2 b). Näher zum Grundrechtseingriff durch schulische Einflussnahmen *S. Huster*, Die ethische Neutralität, 2002/2017, 139-144.

Art. 7 I GG, einer Kompetenzvorschrift, und der Länderzuständigkeit kann nicht der bundesweit geltende zentrale Art. 4 I, II GG ausgehöhlt werden.[418] Schon strukturell ist die staatliche Schulhoheit nicht als Schranke der Art. 4 I, II und 6 II GG geeignet. Art. 7 I GG enthält kein Mandat für die Länder, öffentliche Schulerziehung *allgemein* nach speziell religiösen, areligiösen oder anderen ideologischen Mustern zu betreiben. Ausgenommen ist dabei nur das Grundgesetz als Rahmenordnung. Andernfalls könnte man in Verbindung mit Art. 7 V GG selbst heute noch Konfessionsschulen als öffentliche Regelschulen einführen.[419] Unter dieser grundgesetzlichen Voraussetzung hätte es genügt, sich nach Annahme eines Grundrechtseingriffs auf den Verstoß gegen das zuvor umschriebene Neutralitätsgebot zu berufen und den Verfassungsbeschwerden stattzugeben. Auf dasselbe wäre die Begründung hinausgelaufen, wenn das Gericht festgestellt hätte, der Eingriff beziehe sich auf die Glaubensfreiheit im engeren Sinn der Freiheit von nicht-neutralen Einflüssen des Staats, da hier keine einschränkbare Tätigkeit der Grundrechtsträger oder ein Anspruch andersdenkender Schüler bzw. Eltern vorliegt.

2. Das islamische Kopftuch [s. schon D IV, V]

Es sei nochmals darauf hingewiesen, dass hier, im Gegensatz zum Schulkreuz, kein Jurist geltend machte, der Schutzbereich des Art. 4 GG sei nicht betroffen oder es liege kein Grundrechtseingriff vor. Ein Problem war vielmehr die Frage der *Kollision* des Grundrechts der Lehrerin mit den Rechten der Schüler und Eltern einerseits und dem verfassungsrechtlichen Gebot der Neutralität andererseits. Die allgemeinen Erörterungen zur Dogmatik des Neutralitätsbegriffs helfen hier nicht weiter, da es um eine spezielle Fallgestaltung geht und die selbstverständliche rechtliche Verpflichtung der Lehrerin auf Neutralität ja der Ausgangspunkt aller Erörterungen ist. Es besteht insbesondere eine Kollision des aus unterschiedlichen Motiven getragenen, aber im Regelfall religiös zu verstehenden Kopftuchs mit dem

418 Schon im Schulgebetsurteil BVerfGE 52, 223 (238) hat das Gericht im Zusammenhang mit Art. 7 I GG die volle Anwendbarkeit des Art. 4 GG festgestellt. Eingehend zum Verhältnis der Art. 4 und 7 I GG *G. Czermak*, Zur Unzulässigkeit des Kreuzes, in Brugger/Huster (Hg.), Streit um das Kreuz (1998), 13 (35-38).

419 Dafür aber ausdrücklich *M. Heckel*, DVBl 1996, 453 (459), *J. Isensee*, ZRP 1996, 10 (14) und *J.-D. Kühne*, NWVBl 1991, 253 (256). *J. Müller-Volbehr* hält in JZ 1995, 996 (997) das Landesverfassungsrecht sogar für eine „selbstverständliche" immanente Schranke der „negativen Religionsfreiheit".

Neutralitätsgebot des GG. Dabei geht es nicht an, grundsätzlich der Glaubensfreiheit den Vorzug zu geben, wie es der 1. Senat 2015 getan hat. Dem Vorwurf, das Kopftuch übe einen unzulässigen Einfluss auf die Schüler aus, kann eine Muslima höchstens dadurch entgehen, dass sie – bei fehlender gesetzlicher Bekleidungsvorschrift – deutlich erklärt, das sei von rein persönlicher Bedeutung und für sie sehr wichtig. Aber selbst eine solche Rechtfertigung ist problematisch, wenn man fragt, wie beim Tragen des Zeichens einer politischen Partei zu verfahren wäre. Jedenfalls muss es – bei angenommener Erforderlichkeit eines Gesetzes – zulässig sein, wegen spezieller landesrechtlicher Gegebenheiten Regelungen zu treffen bis zur Möglichkeit eines Kopftuchverbots. Dass ein Kopftuchverbot auch zumutbar wäre, ergibt sich aus der großen staatspolitischen Bedeutung neutraler Staatlichkeit einerseits und der nur eingeschränkten Bedeutung für den persönlichen Glauben andererseits. Ein etwaiges Verbot gilt ja nur für den zeitlich begrenzten Bereich der dienstlichen Tätigkeit und dient zugleich dem Schutz der unerwünschten Beeinflussung der Schüler sowie der Wahrung des religiös-weltanschaulichen Elternrechts. Wegen landesweit, regional, schulbezogen oder bezüglich spezieller äußerer Umstände möglicher unterschiedlicher Gesetzgebung ist eine abschließende Beurteilung nur im Einzelfall möglich.

3. Neutrale Schulerziehung

Ausgangsentscheidungen zu diesen Fragen waren 1975 die zu den sogenannten *Christlichen Gemeinschaftsschulen*[420], die ja nach dem BVerfG zumindest *grundsätzlich* gerade *keinen* christlichen Unterricht erteilen dürfen. Sie waren aber, wie sich bei genauerem Hinsehen in der Zusammenschau erweist, widersprüchlich und nicht neutral.[421]

Zu der sehr komplexen Problematik kann im Rahmen eines Überblicks nicht näher Stellung genommen werden. Es geht um die Gestaltung des allgemeinen Unterrichts, Fragen des muslimischen Schulgebets, des Sexualkundeunterrichts, der Unterrichtsbefreiungen, um religiöse Sonderbedürfnisse. Hier zeigt sich, dass bei Einhaltung der unter E genannten Anforderungen an die Neutralität die eigentlichen Probleme oft nur fallbezogen erörtert werden können. Es geht um Fragen der Abwägung und von Kompro-

420 S. D III.

421 Näher *G. Czermak*, Siebzig Jahre (2021), 46 ff.; *Huster*, Ethische Neutralität, 185 ff.

missen. Die Literatur ist schwer überschaubar.[422] Die Rechtsprechung hat erkannt, dass mit zunehmender Pluralisierung strengere Anforderungen an die Zulässigkeit von Abweichungen von staatlichen Vorgaben gestellt werden müssen.[423] In der Vergangenheit und teilweise bis heute haben etliche Bundesländer eine ausgesprochen kirchenfreundliche Schulpolitik betrieben, in Bayern eine dezidiert christliche. Dort galt über Jahrzehnte das Motto: „Verfassungsbruch als Erziehungsmittel".[424] Erstaunliche Beispiele gibt es bis in die jüngste Zeit.[425]

Die religiös-weltanschauliche Neutralität des Schulunterrichts und der schulischen Erziehung ist in der Aufgabenstellung klar, in der Durchführung aber schwierig: unvoreingenommene Unterrichtung im Rahmen des Möglichen. Religiöse und nichtreligiöse Bezugnahmen müssen möglichst wertungsfrei, ohne Parteinahme, erfolgen, ohne Unterdrückung auch unangenehmer Fakten, ohne positive Überhöhung einzelner Bereiche, ohne einseitige Sachverhaltsauswahl, aber mit Rücksichtnahme auf die Zusammensetzung der Schüler und auf regionale Besonderheiten sowie die individuelle Persönlichkeit der Lehrer. Ein ernsthafter Versuch, unvoreingenommen zu unterrichten, muss genügen. Nicht tolerable Einseitigkeiten fallen dem Kundigen sofort auf.

4. Theologie

a) *Problematische Dogmatik.* Dass *staatliche theologische Fakultäten* weder geboten noch verboten, sondern schlicht zulässig sind, ist sowohl in der

---

422 Tiefgründige Darstellung bei *S. Huster*, Ethische Neutralität (2002/2017), 272-435; *ebenda*, 2. A. 2017, Einleitung mit theoretischer und rechtspraktischer Aktualisierung XLIX-LIV; *Huster*, Staatliche Neutralität und schulische Erziehung, Neue Sammlung 2001, 399 ff.; aus der sonstigen Literatur: *G. Kuhn-Zuber*, Werteerziehung, 2006; *C. Rathke*, Öffentliches Schulwesen, 2005; *L. Renck*, BayVBl 2003, 134 ff.; *ders.* SächsVBl 2000, 257-262; *Weiler/Hildmann* (Hrsg.), Religion in der Schule (2018).

423 BVerwG NVwZ 2014, 81, U. v. 11.9.2013 – 6 C 25/12 (Burkini) und BVerwG NVwZ 2014, 237, U. v. 11.9.2013 – 6 C 12.12 (Krabat).

424 So der Titel eines Aufsatzes (mit Fragezeichen versehen) von *G. Czermak*, KJ 1992, 46 ff. zur schulischen Zwangsmission in Bayern (dort u. a. zur christlichen Erziehung als Staatsaufgabe, zur religiösen Indoktrinierung der Lehrerschaft und zur Situation der nichtchristlichen Volksschullehrer. Wichtig auch *L. Renck*, KJ 1994, 488 ff. Ergänzend *G. Czermak* https://weltanschauungsrecht.de/christliche-schulpolitik (Abruf 24. 3. 2023).

425 S. auch E IV 2 c, dd.

Rechtsprechung des BVerfG[426] als auch in der Literatur weitgehend anerkannt. Das ist freilich nicht unbestritten. Die Vereinbarkeit der „Glaubenswissenschaft" Theologie mit einem streng verstandenen Wissenschaftsbegriff (s. Art. 5 III 1 GG) wurde schon im 19. Jh. dominant und prominent verneint. Das ist aber hier nicht näher zu erörtern. An sich wäre denkbar, dass der wissenschaftstheoretische Wissenschaftsbegriff nicht identisch ist mit dem des Art. 5 III GG. Auffällig ist, dass Art. 149 III WRV, der die theologischen Fakultäten fortbestehen ließ, nicht mit Art. 140 GG in dieses inkorporiert wurde wie die anderen „Kirchenartikel". Aus dem Zusammenhang der Weimarer Vorschriften im Abschnitt „Bildung und Schule" im Vergleich mit den Bonner Schulrechtsartikeln ist klar ersichtlich, dass es sich beim Entfall des Art. 149 III WRV um eine bewusste Entscheidung handelte, mag deren Motiv auch bis heute noch ungeklärt sein. Das Argument mit der landesrechtlichen Kulturhoheit zieht im Hinblick auf die Schultypenregelung in Art. 7 GG nicht sehr. Man kann zwar argumentieren, die Beendigung einer so langen und wichtigen Tradition hätte im GG klarer zum Ausdruck kommen müssen. Aber bei der heutigen Beurteilung, nach über 70 Jahren, überzeugt es wenig, auf die damalige unklare Situation abzustellen, da es um die Auslegung unter den heute völlig veränderten Verhältnissen geht. Aber selbst für die Weimarer Zeit war umstritten, ob der 1949 nicht übernommene Art. 149 III WRV eine institutionelle Garantie geben sollte.

Davon abgesehen sind die theologischen Fakultäten und Institute jedenfalls mit dem in Art. 140 GG/137 I WRV enthaltenen Trennungsgebot (organisatorische Trennung) eindeutig nicht vereinbar. Aber auch mit dem *Neutralitätsgebot* sind staatliche theologische Fakultäten und Institute ohne spezielle verfassungsrechtliche Rechtfertigung nicht vereinbar, denn es ist nicht Aufgabe des säkularen und religiös-weltanschaulich neutralen Staats, akademische konfessionelle Religionslehre zu betreiben. Das verstößt zumindest teilweise gegen das Gebot der *Nichtidentifikation*, jedenfalls hinsichtlich der *Ausbildung von Geistlichen.* Auch steht die Doppelnatur der Lehrpersonen als konfessionsgebundene Staatsbeamte nicht im Einklang mit Art. 140 GG/136 II WRV (religionsunabhängige Zulassung zu öffentlichen Ämtern). Das gelegentliche Argument eines kulturstaatlichen Gewährleistungsauftrags ist ebenfalls nicht geeignet, einen Bestand ganzer theologischer *Fakultäten* zu gewährleisten.

426 BVerfGE 122, 89 (110) – Fall Lüdemann.

Die Abweichungen vom Trennungs- sowie Neutralitätsgebot sind bis auf die Religionslehrerausbildung nicht zu rechtfertigen: Staat-Kirche-Verträge sind nicht verfassungsfest[427], ebenso wenig wie entgegenstehende Landesverfassungen. Leider hat das BVerfG das beiseitegeschoben. Aber selbst das Reichskonkordat hat innerstaatlich allenfalls unterverfassungsrechtlichen Rang.[428]

b) Einziger Gesichtspunkt, der für eine Zulässigkeit, wenn nicht Verpflichtung zum Betreiben von Theologie an staatlichen Universitäten spricht, ist der staatliche *Religionsunterricht.* Er benötigt eine Lehrerausbildung entsprechend der in den anderen Fächern.[429] Das heißt aber nicht, dass theologische Fakultäten vorgehalten werden müssten. Eine Volltheologie mit mindestens etwa zehn Lehrstühlen wäre zwar für die Ausbildung von Geistlichen erforderlich – die aber gerade unzulässig ist –, nicht aber für die Lehrerausbildung. Hierfür genügen universitäre theologische Institute zur Lehrerausbildung, wie sie ja in großer Zahl schon bestehen.[430]

In der Praxis gibt es sogar trotz sehr geringer Studentenzahlen 13 katholische (davon in Bayern zwei vorläufig eingestellt) und 19 evangelische Fakultäten bzw. Fachbereiche mit jeweils 10 bis 22 Professoren, das Verhältnis der Zahl von Studenten und Professoren ist wie seit jeher extrem günstig. Die

427 *S. Korioth*, in Dürig/Herzog/Scholz, GG, Art. 140 GG/136 WRV, S. 108; *L. Renck*, NVwZ 1996, 333 (337). Jedenfalls darf der Staat verfassungswidriges Vertragsrecht nicht beachten.

428 So schon BVerfGE 22, 1 (12); *Korioth*, in Dürig/Herzog/Scholz, GG, Art. 140 GG/136 WRV, S. 108; im Übrigen war die Fortgeltung des Reichskonkordats von Anfang an umstritten, und das BVerfG hat sich im Konkordats-Urteil BVerfGE 6, 309 genaugenommen nur in einem Obiter Dictum dafür ausgesprochen.

429 Selbst das ist problematisch. Der Staat ist gem. Art. 7 III GG verpflichtet, Religionsunterricht einzurichten, aber nicht ohne weiteres, auch das Lehrpersonal zu stellen, so *Korioth*, in Dürig/Herzog/Scholz, GG, Art. 136 WRV S. 109. Die inhaltliche Gestaltung des Religionsunterrichts ist Sache der Religionsgemeinschaften. Ohne maßgebliche Mitwirkung der Religionsgemeinschaften kann kein Religionsunterricht durchgeführt werden. Die Religionsgemeinschaften können das Lehrpersonal auch in eigenen Hochschulen ausbilden.

430 So auch *C. Bäcker*, Der Staat 209, 327 (341 f.). Insgesamt nimmt *Bäcker* eine Sonderposition ein. Er betont sehr stark die staatliche Neutralität und das Trennungsprinzip, kommt aber zu einem überraschenden Ergebnis. Die Theologischen Fakultäten ließen sich ausschließlich unter dem Gesichtspunkt des kirchlichen Selbstbestimmungsrechts (Art. 137 III WRV) rechtfertigen. Das ist aber nicht nachzuvollziehen, denn die Frage, ob der Staat unter Mitwirkung der Religionsgemeinschaften Universitätstheologie einrichten *muss*, kann doch nicht vom Willen der Kirche usw. abhängen. Der Staat muss nicht für jede Disziplin eine Universitätsausbildung anbieten.

Rechnungshöfe von Bayern und Baden-Württemberg haben mehrfach die Überkapazitäten beanstandet.

Zu den staatlichen Fakultäten/Instituten kommt eine größere Zahl kirchlicher Hochschulen.[431] Andere religiöse Richtungen sind nur wenige vertreten. Daher wirft das bisherige System auch *Neutralitätsprobleme im Sinn der Parität* auf. Zum großen Umfang der Staatstheologie gehören heute auch Fakultäten bzw. Professuren und Institute für jüdische, muslimische, christlich-orthodoxe und alevitische Religion. Wohl erste Hochschule für nichtchristliche Religion im Nachkriegsdeutschland ist seit 1979 die Hochschule für jüdische Studien in Heidelberg, die vom Zentralrat der Juden in Deutschland betrieben, aber von Bund und Ländern finanziert wird. Das heißt, dass es 30 Jahre lang ausschließlich christliche Theologie an Universitäten gab. Die *islamische akademische Theologie* wurde seit einer Empfehlung des Wissenschaftsrats von 2010 ungewöhnlich rasch und stark forciert. Dabei hat man bis heute in Bezug auf das *System der Beiräte* zur Benennung der Lehrpersonen, auch an staatlichen Schulen, sogar ungelöste gravierende verfassungsrechtliche Probleme in Kauf genommen, die manche Juristen für eine Übergangszeit für noch tolerierbar halten. Es geht darum, dass die ohnehin nur eine deutliche Minderheit repräsentierenden wichtigen islamischen Verbände zu starke Differenzen haben und der Staat eine notwendig erforderliche Einflussnahme nicht vermeiden kann.[432] Wie eine tragfähige Lösung nach heutigem Verfassungsrecht aussehen könnte, ist nicht ersichtlich. Somit ist die Auswahl der Lehrpersonen für Hochschulen im Bereich des Islam ohne ernsthafte Berechtigung. Entsprechendes gilt für die Berufung der Schullehrer.

c) Hingegen hat die seit langem große und stets wachsende Gruppe der *Nichtreligiösen* bisher noch keine einzige Professur für humanistische Studien erhalten. Dabei ist 2022 selbst die Zahl der wenigstens formellen Christen erstmals sogar unter 50% gefallen. Erst nach langwieriger Vorarbeit konnte im Herbst 2022 die Humanistische Hochschule Berlin des Humanistischen Verbands Deutschlands (HVD) den Betrieb aufnehmen. Der Schwerpunkt liegt bei Sozialarbeit und angewandter Ethik. Eine Vollhochschule für *Humanistik,* wie seit Jahrzehnten in den Niederlanden, ist über 70 Jahre nach Inkrafttreten des GG noch in weiter Ferne. Natürlich

---

431 Siehe *C. Waldhoff* in HSKR, 3. A. 2020, S. 1891 (Tabellen 1901-1903). Die Zahlenangaben sind aus verschiedenen Gründen nur ungefähr.

432 Zur Gesamtproblematik *C. Waldhoff* in HSKR 3. A. 2020, § 46 Rn. 67-69, S. 1959 ff. (Universitätstheologie).

sind Humanisten recht unterschiedlich und die allermeisten sind nicht Mitglied einer Vereinigung (wie beim Islam auch), erst recht nicht einer solchen, die sich als Weltanschauung im juristischen Sinn versteht. Insofern besteht also keine Vergleichbarkeit mit religiösen Vereinigungen. Aber dass damit die für den modernen Rechtsstaat *entscheidende geistige Strömung* der (fortzuentwickelnden) Aufklärung und ihrer Folgewirkungen *keinen konzentrierten systematischen universitären Standort* in Deutschland hat, ist nicht nur ein wissenschaftspolitisches Armutszeugnis, sondern steht auch in Widerspruch zur weltanschaulichen Neutralität im weiten Sinn – eine massive Diskriminierung.

II. Privilegienbündel und Religionsförderung

1. Körperschaftsstatus

a) Die seit 1919 völlig *unklare Funktion* des Körperschaftsstatus der Religionsgemeinschaften hat erst durch die Rechtsprechung und Literatur der Nachkriegszeit sowie die Grundsatzentscheidung des BVerfG in Sachen Zeugen Jehovas klarere Strukturen erhalten (Unterstützung der Religionsfreiheit, lediglich Erfordernis der Rechtstreue; Rechtsetzungsbefugnis, Organisationsgewalt, Dienstherrenfähigkeit, Besteuerungsrecht, Widmungsbefugnis, Parochialrecht). Dazu wird hier nicht nochmals Stellung genommen.[433] Hingewiesen sei nur darauf, dass die genannten Befugnisse (ausgenommen das Recht der Steuererhebung) nicht *expressis verbis* dem Art. 140 GG/137 V WRV entnommen werden können. Auch überlässt Art. 137 VIII WRV die erforderliche weitere Regelung ohne Vorgaben den Ländern. Landesgesetze sind aber fast nirgendwo erlassen worden und gab es auch zur Weimarer Zeit nur in wenigen Ländern und mit recht unterschiedlichem Inhalt.[434]

Hier ist nur von Bedeutung, dass nach Art. 140 GG/137 V 2 WRV alle Religionsgemeinschaften, die diesen Status 1919 nicht schon hatten wie die altkorporierten Gemeinschaften, den Körperschaftsstatus nach gleichen Kriterien erhalten können, wegen Art. 140 GG/137 VII auch weltanschauliche Vereinigungen. Das Neutralitätsgebot ist also gewahrt.

433 Dazu näher E IV 3 d, hh.

434 *A. Janssen*, Aspekte (2017), 105-108.

b) Es besteht grundsätzlich schon wegen des *gleichen verfassungsrechtlichen Grundstatus* aller Religions- und weltanschaulichen Gemeinschaften regelmäßig kein Anlass für eine unterschiedliche Behandlung. Das sieht man schon an der großen Zahl ganz unterschiedlicher Vereinigungen, die in den Bundesländern als Körperschaften anerkannt sind. Es handelt sich um Größenordnungen von um die 20 oder 30 Gemeinschaften in jedem Bundesland.[435] Es sind teilweise recht kleine Vereinigungen. Von den meisten Gemeinschaften kann weder gesagt werden, dass sie durch ihre Mitgliederzahl, noch durch ihre gesellschaftliche und geistige Bedeutung einen nennenswerten Einfluss auf die Gesellschaft ausüben. Andererseits gibt es relativ große religiöse Vereinigungen, etwa von Buddhisten, die auch eine gewisse Bedeutung haben, aber wegen des fehlenden Körperschaftsstatus nicht an körperschaftsgebundenen Privilegien teilhaben können, ohne dass man eine unterschiedliche Behandlung beider Gruppen plausibel rechtfertigen könnte.[436]

2. „Privilegienbündel"

a) Die einfachgesetzlichen Sondervorschriften für religiöse Körperschaften bilden zusammengefasst das sog. Privilegienbündel.[437] Es birgt erhebliche *gleichheitsrechtliche Probleme*. Diese Vorschriften knüpfen sämtlich an den Körperschaftsstatus an, ohne den die Vergünstigungen nicht bestünden. Man unterscheidet zwischen solchen Regelungen, die aus dem Körperschaftsstatus folgen (sollen), und solchen, bei denen der Gesetzgeber den Körperschaftsstatus lediglich zum Anlass genommen hat, ein Privileg an ihn anzuknüpfen. Diese Bestimmungen folgen nicht aus dem Status, sondern sind (freiwillige) *Subventionen*, die jederzeit wieder gestrichen werden könnten, sieht man von der Sondersituation der Absicherung von Privilegien durch Verträge ab.[438] Die bundes- und landesgesetzlichen Privilegien

435 https://www.personenstandsrecht.de/Webs/PERS/DE/informationen/religionsgemeinschaften/religionsgemeinschaften-node.html (Abruf 2.9.2022).

436 *W. Weiß*, KritV 2000, 104 (107 f.).

437 Zum Umfang eingehend *A. Janssen*, Aspekte, 2017, 112-120; *J.-B. Schrooten*, Gleichheitssatz, 2015, 176 ff.

438 Zum Vertragssystem unten F III.

müssen anerkanntermaßen dem Neutralitätsgebot entsprechen, Differenzierungen müssen verfassungsrechtlich gerechtfertigt sein.[439]

Es handelt sich – ohne weitere Klassifikation – um eine überaus große Zahl von Vorschriften, die an den Körperschaftsstatus anknüpfen.[440] Allein bundesrechtlich sind etwa zu nennen: die Abgabenordnung, das EinkommensteuerG, das ErbschaftssteuerG, das GrundsteuerG, das UmsatzsteuerG, das PersonenstandsG, das Strafgesetzbuch, das OrdnungswidrigkeitenG, das Grundstücksverkehrsgesetz, das VerwaltungsverfahrensG, das Sozialgesetzbuch, das Datenschutzgesetz, das Baugesetzbuch, das Jugendschutzgesetz, das Arbeitszeitgesetz und andere.

Landesgesetzlich kommen hinzu etwa die Denkmalschutzgesetze, Datenschutzgesetze, Immissionsschutzgesetze, Rundfunkverträge, Kostenordnungen, Bestattungsgesetze und andere.

b) All diese Vorschriften wurden anscheinend noch nie insgesamt kritisch gewürdigt. Wiederholt wurde aber immerhin darauf hingewiesen, dass die *Gleichheitssätze* eine große Rolle spielen. Dazu kann jedenfalls gesagt werden, dass bei Vergünstigungen religiös-weltanschaulicher Vereinigungen eine *Unterscheidung zwischen solchen mit und ohne Körperschaftsstatus* oft, wenn nicht zumeist, wohl nicht gerechtfertigt werden kann. Denn der Körperschaftscharakter ist schon wegen der wenigen vagen Zulassungskriterien des Art. 137 V 2 WRV kein ausreichendes Kriterium für eine Differenzierung gegenüber den privaten Religionsgemeinschaften nach Mitgliederzahl oder gesellschaftlicher Bedeutung. Auch verzichten viele Vereinigungen bewusst auf den Körperschaftsstatus, weil sie ganz unabhängig vom Staat sein und sich ihm gegenüber distanziert verhalten wollen. Dabei übt allein die Existenz der Privilegien des „Privilegienbündels" einen an sich unerwünschten Einfluss auf die Grundentscheidung der jeweiligen Vereinigung aus. Das sieht man etwa am langen (2022 vorerst zumindest teilweise gescheiterten) Kampf der Zeugen Jehovas um die Anerkennung nach Art. 137 V WRV, der angesichts ihrer ansonsten scharfen Distanz zum Staat nicht zu erwarten war.[441]

---

439 BVerfGE 102, 370 (396). *D. Ehlers*, in: Sachs, GG, 8. A. 2018, Art. 140/137 WRV Rn. 21; Art *Kästner*, BK, Art. 140 GG Rn. 378; *J.-B. Schrooten*, Gleichheitssatz, 2015, 176; *W. Weiß*, KritV 2000, 104 (127 ff.).

440 Dazu die beispielhafte umfangreiche Auflistung bei *D. Ehlers*, in: Sachs, GG, 8. A. 2018, Art. 140 GG/137 WRV Rn. 21 und die Tabellen bei *J.-B. Schrooten*, Gleichheitssatz, 2015, 116 f.

441 BVerfGE 102, 370.

c) Beispiele sind etwa *Denkmalschutz* und *Jugendhilfe sowie die Träger der freien Wohlfahrtspflege*. So verfügt § 26 des bayerischen Denkmalschutzgesetzes, dass die Vorschriften über kirchliche Denkmäler nur für solche anderen Religionsgemeinschaften gelten, die als Körperschaften anerkannt sind. Nach § 75 III des Kinder- und JugendhilfeG (SGB VIII) sind nur körperschaftlich anerkannte Religionsgemeinschaften kraft Gesetzes anerkannte Träger der Jugendhilfe. Nach § 5 des Sozialgesetzbuchs (SGB XII) wird bei der grundsätzlich geforderten Zusammenarbeit mit den Religionsgesellschaften und freien Trägern nur auf korporierte Religionsgemeinschaften abgestellt. Bei etlichen kostenrechtlichen Vorschriften (Verwaltungs-, Gerichts- und Notariatsgebühren, unterschiedlich) werden nur religiöse Körperschaften von Gebühren befreit, nicht aber privatrechtliche. Fragwürdig ist die volle Absetzbarkeit der „Kirchensteuer" (die ja bei allen körperschaftlichen Religions- und Weltanschauungsgemeinschaften möglich ist) vom zu versteuernden Betrag gem. § 10 I Nr. 4 EStG, denn die Mitgliedsbeiträge privatrechtlicher Religionsgemeinschaften werden nur nach § 10 b EstG behandelt. Damit werden zwar die Religionsgemeinschaften nicht je nach Rechtsform unmittelbar verschieden behandelt, sondern nur mittelbar, aber die jeweiligen Mitglieder schon. Wie sollte die reine Tatsache, dass der funktionelle Mitgliedsbeitrag in einem Fall einer Körperschaft zukommt („Kirchensteuer"), im anderen Fall nicht, eine Verschiedenbehandlung rechtfertigen?[442] Wie will man, um ein letztes Beispiel zu geben, gleichheitsrechtlich begründen, dass nur korporierte Gemeinschaften, die karitative Einrichtungen in Form eines Gewerbebetriebs unterhalten, gem. § 3 Nr 20 lit. a GewStG von der Gewerbesteuer befreit sind?

d) Demgegenüber wird freilich immer noch oft pauschal die generelle Privilegierung von Körperschaften i. S. von Art. 140 GG/137 V WRV gegenüber privaten Religionsvereinigungen verteidigt, etwa mit dem Bemerken, sie böten Gewähr für eine dauerhafte Existenz und erfüllten gewisse organisatorische Mindeststandards. Auch sei mit dem Körperschaftsstatus eine Gemeinwohlerwartung verbunden.[443] Das Argument des gleichen Zugangs zum Körperschaftsstatus trägt ebenfalls nicht, weil es gute Gründe für die ablehnende Entscheidung einer Religionsgemeinschaft geben kann (s. o.).

---

442 So aber z. B. *J.-B. Schrooten*, Gleichheitssatz, 2015.

443 So aber Kästner in BK, Art. 140 GG/137 V Rn. 177 f. *P. Unruh*, Religionsverfassungsrecht, 4. A. 2018, S. 199, vertritt die Meinung, die Privilegierung von Körperschaften stehe „zur freien Disposition des Gesetzgebers", der sie ganz abschaffen oder auf die privatrechtlichen Religionsgemeinschaften erweitern könne.

3. Geldwerte Religionsförderung (Subventionen)

a) Die allgemeine Religionsförderung ist wie bei allen Subventionen im Rechtssinn freiwillig und kann jederzeit zurückgenommen werden (unbestritten). Niemand bestreitet die *grundsätzliche* Möglichkeit, dass der Staat aus rein säkularen Gründen kultur- oder sozialstaatlicher Art auch Religions- und Weltanschauungsgemeinschaften durch Geld oder geldwerte Leistungen fördert. So muss etwa die Unterstützung von Sportvereinen, Konzerten usw. bei sonst gleichen Voraussetzungen unabhängig sein von Religion und Weltanschauung. Die Subventionsgeber (Bund, Land, Kommunen) dürfen dabei nur *nicht einseitig* vorgehen. Die Gründe müssen *allgemein einsichtig* sein. Nicht neutrales Verhalten würde gegen das Verbot der Identifikation verstoßen und diskriminieren. Die Förderung darf nicht auf Religion bzw. Weltanschauung allgemein oder gar eine bestimmte Religion oder Konfession um ihrer selbst willen abzielen. Der Gedanke der Fürsorge des Staates in Glaubensangelegenheiten ist – so das BVerfG anlässlich seines Verbots der kirchensteuerrechtlichen Nachbesteuerung – dem GG „fremd".[444] Dass die Religionsrechtler sich der Gleichheitsproblematik durchaus bewusst sind, zeigt der Umstand, dass bei Fragen der Religionsförderung häufig ein Hinweis auf die Notwendigkeit der religiös-weltanschaulichen Neutralität als *salvatorische Klausel* verwendet wird. Der öffentlichen Hand wird dennoch meist recht freie Hand bei der Förderung gelassen. Ungeachtet des Neutralitätsgeredes werden religiöse, speziell kirchliche, Einrichtungen oft nach Belieben gefördert.

b) Die *Kirchenförderung ist* bei Einbeziehung indirekter geldwerter Subventionen (*Einnahmeverzichte* des Staats) sogar viel bedeutsamer als die Erträge der Kirchensteuer[445], wenn man gesetzlich legitimierte Leistungen mit einbezieht. Die große Dimension der Subventionen wird meist nicht gesehen.[446] Problematisch ist etwa der staatliche Einnahmeverzicht durch

---

444 BVerfGE 44, 37 (52 f.), NJW 1977, 1279. Dass das BVerfG dabei nicht konsequent vorgegangen ist, ist eine andere Sache. Dazu *G. Czermak*, Schieflage, 2021, 51 f. Aus der weiteren Literatur *J.-B. Schrooten*, Gleichheitssatz, 2015, 264. Leider lässt *Schrootens* umfangreiche Untersuchung diesbezüglich aber im Hinblick auf eine *kritische* Erörterung der Förderungspraxis viele Fragen offen.

445 Vgl. *C. Frerk*, Violettbuch Kirchenfinanzen, 2010, zusammenfassende Tabelle S. 259.

446 Details s. *Czermak/Hilgendorf*, Religions- und Weltanschauungsrecht, 2. A. 2018, S. 215 f. in Anlehnung an Frerk.

Absetzbarkeit der Kirchensteuer[447]; kirchlich-religiöse Kulturarbeit (z. B. Kirchentage); Nachwuchsausbildung; Dotationen der Bundesländer; Auslandsarbeit; Erwachsenenbildung. Kommunale Subventionen betreffen etwa Gebäudesanierungen, Orgelreparaturen, Kirchturmuhren, Büchereizuschüsse usw. und sind nur zu einem kleinen Teil erfasst.

Das Hauptproblem dieser freiwilligen Zahlungen und sonstigen Vergünstigungen (Zurverfügungstellung von Grundstücken, Sporthallen usw.) ist die Frage, welche nichtkirchlichen Einrichtungen usw. zur *Vergleichsbeurteilung* herangezogen werden sollen, sowie ob und in welcher Weise *Differenzierungen* vorgenommen werden dürfen. Interessengeleitete Gesichtspunkte spielen bei den landes- und kommunalpolitischen Entscheidungen regelmäßig eine große Rolle.

c) Zu diesen Fragen gibt es merkwürdigerweise *kaum Literatur*. Dabei sprechen auch Autoren, die sich für positive Religionsförderung einsetzen, immerhin von der dabei zu beachtenden Neutralität.[448] Aber oft wird ein *Gespenst beschworen*: Religion und Kirche laufen (angeblich) Gefahr, schlechter gestellt zu werden als „vergleichbare" soziale und kulturelle Einrichtungen. Sie meinen, aus der Sicht des neutralen Kulturstaats sei die Arbeit der Kirchen förderungswürdig. Aber ist die kulturelle Wertung als Förderungsgrundlage ohne weiteres neutral? Eine Aussage wie die aus dem Jahr 1991, man solle solche Privatschulen, die das Gebot der „Ehrfurcht vor Gott" besonders achten, „finanziell besser stellen als andere"[449], wäre heute wohl nicht mehr möglich.

Einen bemerkenswerten Versuch, die zahlreichen Vergünstigungen für die Kirchen als nur scheinbar auszuweisen, hat Martin Heckel unternommen:[450] „Aus säkularen Gründen des Gemeinwohls darf der Staat Religionsgemeinschaften ebenso wägen und werten, fördern und berücksichtigen wie andere Verbände der pluralistischen Gesellschaft."[451] Und: Er müsse sie „auch nach ihren inneren religiösen Qualitäten ... zur Kenntnis nehmen

447 Der steuerliche Einnahmeverzicht machte im Jahr 2022 ca. 4,1 Mrd. € aus, s. https://fowid.de/meldung/subventionierung-kirchensteuer-1966-2022.

448 So plädierte z. B. *M. Heckel* für religiöse Kulturpflege in „Pluralität und Neutralität", VVDStRL 26 (1968), 5 (29); ferner *v. Campenhausen/de Wall*, Staatskirchenrecht, 4. A. 2006, 67; *S. Magen*, HSKR Bd. 3, 2020, 2767 ff.; *G. Robbers*, HdbStKirchR I, 2. A. 1994, 867 (877, 879, 889); *J.-B. Schrooten*, Gleichheitssatz, 2015, 264 ff. u. a.

449 *J.-D. Kühne*, NWVBl 1991, 253 (259).

450 *M. Heckel*, in: FS für G. Dürig zum 70. Geburtstag, 1990, 241.

451 Zitat *Heckel*, a. a. O. 245.

und an sie anknüpfen ...".[452] So lässt sich mit der Heckel'schen These von der „gleichwertigen Differenzierung" nahezu jede Privilegierung rechtfertigen. Der damalige Ministerpräsident von Nordrhein-Westfalen, Wolfgang Clement, hat 1993 das Prinzip der Gleichbehandlung aller Weltanschauungs- und Religionsgemeinschaften herausgestellt[453] und dabei gefordert, im sozialen und kulturellen Bereich müsse „der Staat auch dafür sorgen, dass es genügend weltanschaulich neutrale Einrichtungen für jene gibt, deren Überzeugung die kirchliche Ausrichtung nicht entspricht oder gar zuwiderläuft".[454] Das ist angesichts der heutigen tatsächlichen Verhältnisse eine bemerkenswerte Aussage. Das hätte freilich mehr überzeugt, wenn Clement dabei auch die starke Dominanz kirchlicher Einrichtungen in seinem Bundesland Nordrhein-Westfalen problematisiert hätte. Gleichzeitig stellte Dietrich Pirson die Aspekte der sozialen Nützlichkeit kirchlicher Tätigkeit und der Kulturverantwortung heraus[455], äußerte aber selbst Zweifel an dieser Argumentation. Der Gedanke der sozialen Nützlichkeit werfe die Frage der Unabhängigkeit auf. Die „zentrale Frage" sei aber die nach der (leider nicht erörterten) Bekenntnisneutralität der Förderung. Die dogmatischen Schwierigkeiten bei der Differenzierung zwischen unzulässiger Förderung der Religion als solcher und zulässiger Förderung ihrer Qualität als kultureller Erscheinungsweise seien noch größer als bei der Religionsförderung unter dem Gesichtspunkt der sozialen Relevanz religiösen Handelns. Bei aktiver Förderung der Religionsfreiheit sei „in besonderer Weise Skepsis angebracht".[456] Juristisch ausgedrückt geht es dabei um die richtige Anwendung von Art. 3 I und 3 III GG.

d) Die *Rechtsprechung* hat sich trotz der nach 1949 vergangenen langen Zeit nur sporadisch mit den *religiösen Subventionen* befasst. So hat das BVerwG in seiner Salvator-Entscheidung Subventionierungen unter großzügigen *Differenzierungen* zugelassen, was aber nur eine Problembeschreibung darstellte.[457] Das BVerfG hat 1987 eine ungewöhnlich großzügige spezielle Besserförderung religiöser Privatschulen gegenüber nichtreligiösen zugelassen[458], derartige z. T. erstaunliche Differenzierungen aber 1992 als

452 Zitat *Heckel*, a. a. O. 243.
453 *W. Clement*, Essener Gespräche 28 (1994), 41 (44).
454 *Ebenda* 46.
455 *D. Pirson*, in: Essener Gespräche 28 (1994), 83.
456 *Ebenda* S. 96. Auf diese Probleme hat auch Kreß aufmerksam gemacht, in: *Kreß*, Ethik der Rechtsordnung, 2012, 178.
457 BVerwGE 87, 115 -St. Salvator.
458 BVerfGE 75, 40 (71 ff.) – Förderung kirchlicher Privatschulen.

diskriminierend abgelehnt.[459] Art. 3 III GG bedeute auch bei fehlender Absicht der Ungleichbehandlung ein grundsätzliches *Anknüpfungsverbot.* Die Literatur hat sich dem vielfach angeschlossen.[460] Bei einer Ungleichbehandlung sei eine Vermutung der Kausalität eines verfassungswidrigen Motivs anzunehmen, die der Staat ggf. zu entkräften habe.

2009 hat das BVerfG die vertraglich geregelte Zuschussverteilung zwischen zwei jüdischen Verbänden zwar zu Recht für ungültig erklärt (die Entscheidungsbefugnis des größeren Verbands verstoße gegen das Neutralitäts- und Rechtsstaatsprinzip). Es hat aber den Zweck der Regelung, durch jährliche Zahlung von 200.000 Euro den Wiederaufbau und die Aufrechterhaltung jüdischen Gemeindelebens zu fördern, nicht problematisiert.[461] Verallgemeinert bedeutet das nichts anderes als die Befugnis des Staats, Glaubensgemeinschaften speziell zu fördern, wenn sie ihm besonders förderungswürdig erscheinen. Die Rechtfertigung der Bezuschussung einer bestimmten Glaubensgemeinschaft als solcher ist aber grundsätzlich wegen Verstoßes gegen Art. 3 III 1 GG nicht möglich. Es wäre daher nötig gewesen, die Bezuschussung etwa wegen besonderer historischer Gründe des Einzelfalls zu rechtfertigen.

Gängige Gesichtspunkte zur Rechtfertigung der Förderung von Religionsgemeinschaften hat 2012 das Verfassungsgericht von Brandenburg zusammengefasst. Es handelte sich um Differenzierungen insbesondere im Hinblick auf Größe, soziale Bedeutung und den Grad öffentlicher Wirksamkeit einer Religionsgemeinschaft, aber auch ihre Geschichte, regionale Verbreitung, Organisiertheit, karitatives Engagement, soziale Aktivität, kulturelle Qualifikation oder soziologische Erscheinung im Einzelfall.[462] Wenn auch die Eigenschaft des Körperschaftscharakters als Gesichtspunkt bevorzugter Behandlung genannt wurde, ist das aber zumindest so allgemein nicht zu akzeptieren. Es gibt recht kleine Religionskörperschaften und erheblich größere, die diesen Status bewusst ablehnen, aber als Gemeinschaften doch nicht deswegen einen Nachteil erleiden dürfen. Der Körperschaftsstatus ist

---

459 BVerfGE 85, 191 (206) – Nachtarbeitsverbot.

460 Statt aller *M. Droege*, Staatsleistungen (2004), 391 ff.; *M. Sachs*, Besondere Gleichheitsgarantien, in: HStR VIII, 3. A. 2010, S. 182.

461 BVerfGE 123, 148 – Förderung konkurrierender jüdischer Verbände.

462 VerfGBbg v. 24.04.2012 – 47/11, NVwZ-RR 2012, 577 ff. (differenzierende Förderung) mit Hinweisen auf BVerfGE 19, 1, 18 ff.; BVerwGE 87, 115; DHS, GG, Art. 140 Rn. 32.

rechtlich keine Standeserhöhung, die eine besondere Würdigkeit verleiht[463] – mögen manche Gemeinschaften das auch im Auge haben.[464]

e) So unterschiedlich und teilweise schwer zu beurteilen die Frage der neutralen Förderung von Religionsgemeinschaften im Einzelnen sein mag, so ergibt sich doch eine feste Regel aus dem Umstand, dass die öffentlichen Hände *keine religiöse Kompetenz* haben. Im pluralistischen demokratischen Staat ist es allein Sache der Religions- und Weltanschauungsgemeinschaften, sich ohne staatlichen Einfluss gesellschaftlich durchzusetzen, sofern sie mit den existentiellen Grundbedingungen des Staats kompatibel sind. Der Staat darf sich in den Wettbewerb der Überzeugungen grundsätzlich nicht einmischen. Daher ist es allgemein unzulässig, dass die öffentliche Hand solche Veranstaltungen oder Einrichtungen unterstützt, die *unmittelbar* Religions- oder Weltanschauungsgemeinschaften dienen. Neutralitätsprobleme treten dann gar nicht auf.

Da bei der *Anstalts- und Militärseelsorge* Religionsgemeinschaften lediglich zugelassen sind, und zwar nur für den verfassungsmäßigen Zweck der Seelsorge (Art 140 GG/141 WRV), ergibt sich Folgendes: Eine staatliche finanzielle Erstattung bzw. Förderung des Unterhalts der Militärseelsorger ist nicht durch das GG gedeckt . Das gilt auch für andere Bundesleistungen wie etwa die Übernahme der Lufttransport-Kosten für die alljährliche Lourdes-Wallfahrt der kath. Militärseelsorge.

Einen massiven Verfassungsverstoß bedeutet auch – unabhängig von gleichheitsrechtlichen Fragen – die weit überwiegend erfolgende Finanzierung der katholischen und evangelischen bzw. ökumenischen *Kirchentage* durch die öffentlichen Hände: Länder, Gemeinden, Bund. Ein aktuelles Beispiel ist der mit großer Mehrheit am 23.6.2022 vom Rat der hochverschuldeten Stadt Düsseldorf gefasste Beschluss, den evangelischen Kirchentag von 2027 mit nicht weniger als 5,8 Millionen € zu bezuschussen. Dabei finden die aufwändigen, weit überdimensionierten Großveranstaltungen zunehmend weniger Anklang.[465] Das Argument, es handele sich um offene gesellschaftswirksame Veranstaltungen und allgemein interessierende Themen, trägt nicht. Ein wesentlicher Teil betrifft religiöse und *rein innerkirchliche Themen.* Im Übrigen entscheidet der Veranstalter nach seinen

463 *L. Renck*, DÖV 2002, 56 (61).

464 S. oben F II 1.

465 https://hpd.de/artikel/es-reicht-staatlichen-kirchenkuschelei-20412 (Katholikentag Stuttgart 2022, bei dem man eine öffentliche Pro-Kopf-Förderung von 217 € pro Teilnehmer errechnet hat, die wesentlich auch von den Steuergeldern der nichtkirchlichen Bürger erbracht wurde).

Interessen, welche Themen er diskutieren möchte und welche Referenten, insbesondere Politiker oder gar Staatsrepräsentanten, er einlädt. Verstöße gegen das Neutralitätsgebot auf Seiten der (wenngleich hier privatrechtlichen) Veranstalter und staatlichen Repräsentanten sind offensichtlich, von der unzulässigen Teilidentifikation abgesehen.

f) *Zusammenfassend* lässt sich zur Frage der Religionssubventionen sagen: Bei der direkten und indirekten Religionsförderung treten erhebliche Neutralitätsprobleme auf. Das Bemühen um Differenzierungen birgt die große Gefahr, solche Gesichtspunkte zu wählen, die zum gewünschten Ergebnis führen. Gesichtspunkte, die sachlich klingen, aber nur vorgeschoben sind, lassen sich oft finden. Eine solche verdeckte Parteinahme ist aber unzulässig.[466]

Eine Differenzierung nach dem Vorliegen des *Körperschaftscharakters* und der *Mitgliederstärke* ist besonders problematisch.[467] Die öffentlichen Zuschussgeber gehören verschiedenen Körperschaften an: dem Bund, Ländern, Bezirken, Landkreisen, Kommunen. Daraus ergeben sich besondere Probleme, angesichts lokaler, überörtlicher, längerer oder kürzerer Subventionsdauer akzeptable Kriterien für eine Gleichbehandlung zu entwickeln. Darüber hat man sich noch kaum Gedanken gemacht. Überzeugend erscheint die Überlegung Michael Droeges, soweit eine neutralitätsgerechte Förderung nicht möglich sei, müsse sie unterbleiben.[468] Im Hinblick auf das Gebot der Trennung von Staat und Religion und die fehlende Religionskompetenz des Staats erscheint es geboten, auf jegliche Subventionierung von Veranstaltungen und Einrichtungen zu verzichten, die *unmittelbar oder mittelbar* der religiös-weltanschaulichen Überzeugung dienen. Religion ist keine Staatsaufgabe. Vielmehr ist religiöse Staatsfürsorge als moderne Fortführung der historischen *Cura Religionis* „dem Grundgesetz fremd".[469]

Zur Frage der weitgehenden öffentlichen Förderung kirchlicher *Sozialeinrichtungen* ist zu sagen: Dagegen ist nichts einzuwenden, *soweit* diese den Staat von eigenen Sozialleistungen entlasten. Vorauszusetzen ist aber das Bestehen einer ausreichenden öffentlichen *neutralen Grundversorgung* mit entsprechenden Einrichtungen. Das Problem liegt also nicht in der

466 So etwa *J.-B. Schrooten*, Gleichheitssatz und Religionsgemeinschaften, 2015, 234.
467 Vgl. *M. Droege*, Staatsleistungen (2004), 409 ff.
468 Ebenso, a. a. O. 386 Fn. 891.
469 BVerfGE 44, 37 (52 f.) – Nachbesteuerung.

Förderung als solcher, sondern in der Gewährleistung einer zureichenden neutralen Grundversorgung.

Zu weiteren Aspekten habe ich anderweitig Stellung genommen.[470]

III. Verträge zwischen Staat und Religionsgemeinschaften[471]

1. *Geschichte.* Im 19. Jh. wurde in Deutschland nur ein einziger Staat-Kirche-Vertrag geschlossen, nämlich das Konkordat mit Bayern 1817. Es war aber atypisch besonders romfromm und wurde konterkariert durch ein Religionsedikt von 1818, in dem die staatliche Kirchenhoheit im Vordergrund stand. Im 20. Jh. wurde zunächst 1924 das Bayernkonkordat geschlossen. Es folgten 1929 das Preußenkonkordat und 1930 das Konkordat mit Baden. Jeweils im Anschluss daran wurden aus Paritätsgründen Verträge mit den evangelischen Landeskirchen geschlossen, die seit Weimar aus der staatlichen Kirchenhoheit entlassen waren. Über das tonangebende Bayernkonkordat, das als einziges auch Schulbestimmungen enthielt, schrieb der Kirchenhistoriker Klaus Scholder, es stelle „das günstigste Ergebnis dar, das zwischen der katholischen Kirche und einem modernen liberalen Staat je ausgehandelt wurde".[472] Die Kirchengünstigkeit ist auch eine Eigenschaft der Fülle von heute flächendeckend in allen 16 Bundesländern geschlossenen Staat-Kirche-Verträgen und der ergänzenden Vereinbarungen, die seit dem evangelischen Kirchenvertrag von Loccum (1955) geschlossen wurden.

2. *Bundesrepublik vor und nach 1990.* Da die Religionsfreiheit seit dem neutralen, aber religions- und weltanschauungsfreundlichen GG besonders stark gesichert ist, sind die allermeisten Verträge überflüssig und könnten die Materien – rechtlich unbestritten - sämtlich nach Durchlauf des normalen kontroversen Gesetzgebungsverfahrens unter angemessener Berücksichtigung der Interessen aller Beteiligten gesetzlich geregelt werden. Das

470 *Czermak/Hilgendorf*, Religions- und Weltanschauungsrecht, 2. A. 2018, S. 214-222.

471 Zusammenstellung der Verträge in: Staatsrechtliche Verträge zwischen den Kirchen und dem Staat. Eine Darstellung der vertraglichen Verflechtung auf Bundes- und Landesebene, *Deutscher Bundestag*, https://www.bundestag.de/resource/blob/630138/1ce0a4e51d8d31ab3cc46f944d2ff2cf/WD-10-008-19-pdf-data.pdf 2019 (Links zu den Vertragstexten – Abruf 24. 3. 2023). – Zur rechtlichen Erörterung statt aller: *S. Mückl* in HSKR 3. A. 2020, S. 433-481 (affirmativ) und *G. Czermak*, Rechtsnatur und Legitimation der Verträge zwischen Staat und Religionsgemeinschaften, Der Staat 39 (2000), 69-85 sowie in: Czermak/Hilgendorf, Religions- und Weltanschauungsrecht, 2. A. 2018, S. 191-205.

472 *K. Scholder* in: G. Denzler (Hrsg.), Kirche und Staat auf Distanz, 1977, 102 (103).

geschah bisher hinsichtlich beider großen Konfessionen nicht, wobei die Religionsgemeinschaften/Kirchen sich von „Staatsverträgen“ (auch: Konkordaten bzw. neuerdings katholischen Kirchenverträgen) realistischerweise besondere Vorteile versprachen. So wurde der Loccumer Kirchenvertrag (1955) geschlossen im „Bewusstsein der gemeinsamen Verantwortung ... und geleitet von dem Wunsche, das freundschaftliche Verhältnis zwischen Land und Landeskirchen zu festigen und zu fördern“. Der Güstrower Vertrag (1994) erfolgte u. a. „in Würdigung der Bedeutung, die christlicher Glaube, kirchliches Leben und diakonischer Dienst im religiös neutralen Staat für das Gemeinwohl und den Gemeinsinn der Bürger haben“. In den Kirchenverträgen von Sachsen-Anhalt (1993) und Thüringen (1994) ging es auch darum, die „bildungs- und kulturpolitische sowie sozial-diakonische Tätigkeit der Kirchen“ zu fördern. Allgemein hatten die Landesregierungen in den neuen Bundesländern „die erklärte Absicht, die Kirchen so weit wie möglich zu ihrem Recht kommen zu lassen, ihnen auch finanziell zu helfen ..., teilweise auch insgesamt ihre Position und ihr Ansehen in der Gesellschaft zu stärken“.[473] Auch war es so, dass „die Kirchen ... an der Mitwirkung an zahlreichen staatlichen Aktivitäten interessiert“ waren.[474] Ein anderer Gedanke war der „Gesichtspunkt der förmlichen Anerkennung von Institutionen, die sich nicht dem Staat verdanken, sondern die ihr die säkulare Dimension überschreitendes Proprium haben. Das erhöht die Akzeptanz und schafft stärkere Legitimationschancen.“[475] Derselbe Aufsatz nahm auch Bezug auf die „sehr ungünstige religionssoziologische Lage in Ostdeutschland“: „Aber bedürfen nicht gerade dann, wenn volkskirchliche Strukturen zerbrochen oder nicht mehr vorhanden sind, ja im Grunde unabhängig von den Größenverhältnissen die Religionsgemeinschaften des besonderen staatlichen Schutzes, der sich aus der Gewährleistung von Religionsfreiheit und Selbstbestimmungsrecht sowie aus ihren gemeinwohlorientierten Aktivitäten legitimiert?"[476]

3. *Vertragsmaterien.* Zumindest den größeren Vertragswerken ist eigen, dass sie besonderen Wert darauf legen, ein gutes, ja freundschaftliches Verhältnis zum Staat zu demonstrieren und Gemeinsamkeiten wie die Verantwortlichkeit für die Menschen hervorzuheben. Stets werden Freiheits- und

---

473 *A. Vulpius*, Aktuelle Fragen des Verhältnisses von Kirche und Staat im vereinigten Deutschland, KuR 1995, Nr. 120, 13 (15 f.).

474 *Ebenda* S. 16.

475 *A. Hollerbach*, Vertragsstaatskirchenrecht als Instrument im Prozeß der deutschen Wiedervereinigung, KuR 1995 Nr. 120, S. 1 (11).

476 *A. Hollerbach*, ebenda S. 11 f.

andere Rechte bekräftigt, die den Kirchen ohnehin schon durch die Verfassung und staatliche Gesetze garantiert sind. Es werden, unterschiedlich nach Bundesland, im Wesentlichen folgende Materien behandelt: Religionsunterricht, Hochschultheologie, Bildungsstätten, Kirchensteuer, öffentliches Wirken, Meldedaten, Spendenberechtigung, Gebührenbefreiungen, pauschale Baukostenzuschüsse, Personalkostenzuschüsse, kirchliche Friedhöfe, Rundfunkrecht, Zeugnisverweigerungsrecht, Sammlungswesen.

4. *Neutralitätsrechtlich*[477] ist schon zu beanstanden, dass etliche Verträge zwischen Staat und Kirchen ein besonderes *Näheverhältnis* zwischen beiden erkennen lassen. Das verstößt gegen das Gebot der Gleichbehandlung. Auch muss der Staat bereit sein, solche Verträge mit allen Glaubens- und ggf. Weltanschauungsgemeinschaften ab einer bestimmten Minimalgröße bzw. Bedeutung abzuschließen. Da alle Verträge mit religiösen und weltanschaulichen Gemeinschaften in vollem Umfang dem GG unterworfen sind, verstoßen alle Bestimmungen, die den Kirchen im Vergleich zu allen anderen vertragsberechtigten Gemeinschaften einseitige Vorteile verschaffen (z. B. betreffend die Gehälter von Geistlichen, Gebührenbefreiungen, Studiengänge, Baukostenzuschüsse u. a.) von vorneherein gegen das GG. Die vielfältigen Bekräftigungen von ohnehin geltendem Verfassungs- oder Gesetzesrecht verleihen den Religionsgemeinschaften formal eine herausgehobene faktische Bedeutung bzw. einen entsprechenden Anschein, was gleichheitsrechtlich nicht zu rechtfertigen ist. Lässt man Detailregelungen, die in der Praxis ohnehin flexibler Anpassungen bedürfen, beiseite, so bleibt kaum Raum für sinnvolle und inhaltlich korrekte Regelungen, zumal vom Staat alles Notwendige in Gesetzen geregelt und in formellen Verwaltungsverträgen und Verwaltungsvereinbarungen abgesprochen werden kann.

5. Dass kirchliche Belange im Rahmen der normalen Gesetzgebungsverfahren gewürdigt werden, ist ohnehin selbstverständlich. Eine solche – in anderen Rechtsbereichen allgemein übliche – Vorgehensweise wäre auch demokratisch sauberer als das bisherige Geheimverfahren, bei dem staatliche und kirchliche Verwaltung einen Vertrag ausarbeiten, der dann dem Landtag i. d. R. ohne Änderungsmöglichkeit zum Beschluss eines

---

477 Weitere Hinweise finden sich bei *G. Czermak*, in: Czermak/Hilgendorf, Religions- und Weltanschauungsrecht. 2. A. 2018, S. 202 ff.

Transformationsgesetzes vorgelegt wird.[478] Für die Fragen der inhaltlichen Vereinbarkeit der Verträge bzw. Vertragsgesetze kommt es auf die vielfältigen und fast verworrenen Rechtsfragen[479], etwa zum Vertragsschluss selbst und zur Bindungswirkung, nicht an.

IV. Diskriminierung der kleinen Religionsgemeinschaften und der nichtreligiösen Bevölkerung

1. Kleine Religionsgemeinschaften

Es gibt eine Fülle an kleinen Religionsgemeinschaften in Deutschland, die aber derzeit statistisch nur völlig unzureichend erfasst sind. Neben der neuerdings schon ca. 42% ausmachenden Gruppe der Kirchenfreien sowie den großen Kirchen, Muslimen, Aleviten und etwa 2% Orthodoxen gehören nur ca. 3% sonstigen Glaubensgemeinschaften (Anzahl geschätzt um 100) an[480], darunter jüdische und freikirchlich-christliche. Hauptsächlich Teile des kleinen Restes gehören den von gesellschaftlichen und staatlich-rechtlichen Diskriminierungen betroffenen sehr unterschiedlichen Gemeinschaften an. Sie werden meist abschätzig „Sekten" genannt. Es geht also um einen sehr kleinen Teil der Bevölkerung. Aber gerade der Umgang mit diesen absoluten Minderheiten ist von nicht geringer Bedeutung für die Beurteilung der Qualität des liberalen und pluralistischen Staats. Dabei haben kleine und privatrechtlich organisierte Religionsgemeinschaften *denselben verfassungsrechtlichen Grundstatus* wie alle anderen. Denn Religionsfreiheit (Art. 4 I, II GG), Rechtsfähigkeit (Art. 140 GG/137 IV WRV), Selbstverwaltung und Selbstorganisation (Art. 140 GG/137 III WRV) und Zugang zu öffentlichen Einrichtungen (Art. 140 GG/141 WRV) bestehen in gleichem Umfang. Sie sind auch unabhängig vom Körperschaftsstatus.[481]

Einige dieser kleinen Gemeinschaften einschließlich des Sonderfalls Scientology waren tatsächlich in recht bedenkliche und teilweise gefährliche Praktiken verwickelt; sie betrieben z. B. sexuelle und wirtschaftliche Aus-

478 Zu diesem besonderen Verfahren *G. Czermak* ebenda S. 203; *J. Listl*, Die Konkordate und Kirchenverträge in der Bundesrepublik Deutschland Bd. I, 1987, 10 f. (Einleitung).

479 Instruktiv P. Unruh, Religionsverfassungsrecht, 4. A. 2018, S. 209-236.

480 Zahlen mit Erläuterungen s. https://fowid.de/meldung/religionszugehoerigkeiten-gefuehlt-2022 (Abruf 27.1.2023).

481 S. F II 1 b.

beutung, und ihre Methoden gingen bis zum Psychoterror. Es gibt aber doch sehr zu denken, dass all diese Gruppierungen seit den 1970er Jahren etwa 25 Jahre lang öffentlich und oft unverantwortlich *pauschal* angegriffen und verurteilt wurden.[482] Das geschah auf allen gesellschaftlichen Ebenen, und auch Bund und Länder beteiligten sich mit *öffentlichen Warnungen* offiziell daran. Die großen Kirchen sahen in einer Zeit ihrer stärkeren Erosion insbesondere in den „Neuen religiösen Bewegungen" und „Jugendsekten" eine unliebsame Konkurrenz und etablierten „Sektenbeauftragte", die erheblichen Einfluss ausübten. Ihr teilweise aggressives Vorgehen beeinflusste auch neuernannte staatliche speziell Beauftragte. Warnungen von Wissenschaftlern vor undifferenzierter Behandlung sehr unterschiedlicher Gruppierungen und die Beurteilung von „Sekten" als generell gefährlich wurden ignoriert. Die Religionswissenschaftler sahen gravierende Fehlbewertungen.[483] Die bloße Unterstellung der „Sektenzugehörigkeit" in den Medien konnte vernichtend sein.

Die langjährigen Angriffe führten dazu, dass der Bundestag 1996 eine Enquête-Kommission „Sogenannte Sekten und Psychogruppen" einsetzte, der Martin Kriele anlässlich deren Zwischenberichts starke Einseitigkeiten zulasten dieser Gruppen vorwarf[484] und deren sehr umfangreichen Endbericht von 1998[485] er ebenfalls mit guten Gründen stark kritisierte.[486] Der Endbericht der Enquête-Kommission enthielt weitreichende Empfehlungen zu rechtspolitischen Maßnahmen gegen die kleinen Religionsgemeinschaften. Das schon bisher ohne gesetzliche Grundlage seit 1993 beim Bundesverwaltungsamt bestehende Fachreferat „Jugendsekten und Psychogruppen" sollte umgewandelt werden zu einer Informations- und Dokumentationsstelle, die Material zu Religion und Ideologie einschließlich von Begleitorganisationen und wirtschaftlichen Aspekten sammelt und auswertet, diese Informationen an Dienststellen des Bundes und der Länder sowie öffentliche und private Beratungsstellen weitergibt und öffentliche Aufklärung insbesondere durch Informationsschriften betreibt. Der Kreis der zu erfassenden Gruppen (von Religionsgemeinschaften war selten die Rede) war nicht begrenzt. Ein flächendeckendes System von Beobachtern hätte eingerichtet werden müssen. Justiz und Verwaltung sollten zentral unter-

482 *Czermak/Hilgendorf*, Religions- und Weltanschauungsrecht, 2. A. 2018, S. 123 ff.

483 Zum Ganzen *L. Froriep*, ZjR 2/2007 (Online: https://journals.openedition.org/zjr/735 – Abruf 13. 1. 2023).

484 Sehr scharf, aber detailliert *M. Kriele*, Sektenjagd, ZRP 1998, 231-234.

485 BT-Drucksache 13/10950 vom 9.6.1998.

486 *M. Kriele*, ZRP 1998, 349 ff.

richtet werden. Die entstehenden schwerwiegenden Rechtsfragen hinsichtlich Glaubensfreiheit, Datenschutz und allgemein der gesetzlichen Umsetzung wären nicht oder nur teilweise zu lösen gewesen.

Das alles stand im Widerspruch zum Hauptergebnis der Gutachten und des Kommissionsberichts: Die untersuchten Gruppen stellten „keine Gefahr für Staat und Gesellschaft oder für gesellschaftlich relevante Bereiche" dar.[487] In der Folge gingen die negativen Äußerungen über die i. d. R. neuen religiösen Bewegungen seitens des Staates, der Medien und der Kirchen schlagartig zurück und spielen seit langem kaum eine Rolle.

Zur Gesamtproblematik gibt es eine umfangreiche *Rechtsprechung*[488], die sich durch widersprüchliche Vorgehensweisen und eine Tendenz gegen die angegriffenen Gemeinschaften auszeichnet. Zu nennen sind unzureichende Tatsachenermittlung, Umdeutung von falschen Tatsachenbehauptungen in Werturteile, einseitige Gesetzesauslegung, überraschende Verneinung des grundrechtlichen Schutzbereichs. So hat das BVerfG in seinem Osho-Beschluss von 2003 sogar die Ansicht vertreten, die Frage der Benutzung der Ausdrücke „Sekte", „Jugendsekte", „Psychosekte" durch die Bundesregierung falle nicht einmal in den durch Art. 4 GG erfassten Bereich.[489] In diesen juristischen Kosmos kann hier nicht eingedrungen werden. Hingewiesen sei nur auf zwei weitere Entscheidungen des BVerfG, die die Problematik der Materie erkennen lassen: zur Transzendentalen Meditation (1989)[490] und zum Fall Helnwein (1998)[491].

Wichtig ist die Frage nach der Befugnis des Staats, *öffentliche Warnungen* vor Religionsgemeinschaften (Sekten) auszusprechen, um die Bevölkerung vor Schäden zu bewahren. Hierzu hat sich eine dogmatisch interessante und oft kritische Spezialliteratur entwickelt. Unter dem Gesichtspunkt der Neutralität fällt auf, dass z. B. vor der in verschiedener Hinsicht gefährlichen innerkatholischen Organisation Opus Dei[492] offenbar nie staatlich gewarnt wurde.

---

487 BT-Drucksache 13/10950 S. 149.

488 Dazu *R. Scholz*, Probleme mit Jugendsekten, München 1993 (o. J.).

489 BVerfGE 105, 279 – Osho; s. dazu der krit. Kommentar in: *Czermak*, Siebzig Jahre Bundesverfassungsgericht (2021), 79 ff.

490 BVerfG NJW 1989, 3269 – Transzendentale Meditation.

491 BVerfGE 99, 185 – Helnwein (Rufschädigung).

492 Aufschlussreich das Buch des katholischen Dogmatikers *Wolfgang Beinert* (Hrsg.), „Katholischer" Fundamentalismus, Regensburg 1991, insb. die vergleichende Dokumentation S. 90-115.

Eine größere systematische juristische Untersuchung der „Sektenproblematik“ fehlt anscheinend noch immer.

2. Diskriminierung der nichtreligiösen Bevölkerung

Diese Diskriminierung ist sowohl im gesellschaftlichen Bereich wie im Recht besonders gravierend. Die oft vollständige und flächendeckende Ignorierung der Rechte der „Ungläubigen“ (richtig: Andersgläubigen, anders Überzeugten) und ihrer meist kleinen und statistisch vernachlässigbaren Gemeinschaften ist aus Sicht der Religions- und Weltanschauungsfreiheit ein Skandalon. Das wird besonders deutlich, wenn man bedenkt, dass die Zahl der nichtreligiösen „Konfessionsfreien“ 1949 höchstens ca. 3% betrug, 2022 aber in Gesamtdeutschland ca. 42%.[493] Berücksichtigt man die Zahl der nichtpraktizierenden, aber formal einer Religion Zugehörigen(die durch zahlreiche Umfragen zu minimalen Glaubensinhalten und zum stark gesunkenen Gottesdienstbesuch indirekt ermittelt werden kann), so ist die Bedeutung der substanziell kirchlichen Gläubigen noch unvergleichlich geringer. Das nur auf das formale Kriterium der (Kinder-)Taufe abstellende deutsche Kirchensteuersystem bläht die Zahl der Kirchenmitglieder künstlich auf.

Die Zahl der Kirchenprivilegien ist nach wie vor riesig. Echte Privilegien sind aber immer Diskriminierungen Anderer. Eine Fülle von Ungleichbehandlungen wurde oben schon (freilich unvollständig) aufgezeigt.[494] Auf zwei Punkte sei noch eigens hingewiesen: Es hat den Kirchen nicht genügt, dass die Bundesverfassung ihnen (wie allen anderen Religions- und Weltanschauungsgemeinschaften auch) je nach Landesrecht den konfessionellen Religionsunterricht zugebilligt hat, was aber laut Art. 7 II GG *stets* ein freiwilliger Unterricht zusätzlich zum normalen Programm öffentlicher Schulen ist. Darüber hinaus haben sie auch noch durchgesetzt, dass das durch das GG garantierte Fernbleiben vom Religionsunterricht behindert wird durch Etablierung eines Zwangs-Ersatz-Ethik-Unterrichts (o. ähnlich). So wurde eine möglichst neutrale ethisch/philosophische Bildung für ausnahmslos *alle* Schüler zum Schaden für die Allgemeinheit

493 https://fowid.de/meldung/religionszugehoerigkeiten-2021 [Abruf 17.12.2022]; https://fowid.de/meldung/deutschland-konfessionen [Abruf 17.12.2022].

494 A II; E IV 2 e; F III. Ergänzend *Czermak/Hilgendorf*, Religions- und Weltanschauungsrecht, 2. A. 2018, S. 26-30; *C. Frerk*, Violettbuch (2010); *J.-A. Haupt*, Privilegien (2011), 123 ff.

verhindert. Das ist ein klarer Verstoß gegen Art. 3 III GG, denn Schüler müssen nur deshalb einen Ersatz- bzw. Alternativunterricht besuchen, *weil* sie nicht am konfessionellen Religionsunterricht teilnehmen (also „wegen" ihrer religiösen Anschauungen).[495]

Andererseits haben sich dieselben großen Kirchen, die einige kleine Religionsgemeinschaften heftig bekämpft haben, weit überwiegend und im Gleichklang mit Bund und Ländern dafür eingesetzt, dass *islamische Theologie* zur Ausbildung und zum Einsatz islamischer Religionslehrer sowie zur Ausbildung deutschsprachiger Imame *massiv staatlich gefördert* wird. Aufgrund eines riesigen wissenschaftlichen Materials einschließlich der dazugehörigen Tatsachen musste man wissen, dass diese insgesamt *rechtlich* mehr als fragwürdigen Bestrebungen hauptsächlich dem orthodoxen Islam mit seiner problematischen Haltung gegenüber dem GG zugutekommen.[496] Es mag sein, dass sich durch diese Aktivitäten die Fassade des seit langem auch inhaltlich erodierenden christlich-konfessionellen Unterrichts noch einige Zeit aufrechterhalten lässt. Aber sind diese vagen Aussichten im Hinblick auf den schulischen Religionsunterricht[497] und die Integration der islamischen Bevölkerung es wert, solche staatlich-gesellschaftlichen Gefahren heraufzubeschwören?

---

495 Dass eine Kammer des 1. Senats des BVerfG eine inhaltliche Prüfung durch die fragwürdig begründete Behauptung der Unzulässigkeit einer einschlägigen Richtervorlage (zu VG Hannover NVwZ 1998, 316; BVerfG-K NVwZ 1999, 756) bzw. Verfassungsbeschwerde (Sache 1 BvR 1840/98) verhindert hat, sei der Vollständigkeit halber erwähnt. Einzelheiten bei G. Czermak, Schieflage, 2021, 76 ff.

496 https://hpd.de/artikel/hamed-abdel-samad-zieht-sich-deutscher-islamkonferenz-zurueck-18677 (2020) [Abruf 17.12.2022].

497 Zu den divergierenden Unterrichtszielen und fehlender Realistik *H. Kreß*, Religionsunterricht (2022), 162-164.

G. Was ist religiös-weltanschauliche Neutralität und warum tun sich Literatur und Rechtspraxis so schwer damit? Ein Resümee.

I. Ignorierung der Gleichheitsvorschriften

Die Vorschriften des Grundgesetzes einschließlich der inkorporierten Regelungen der WRV gelten seit 1949. Darunter sind unübersehbar einige, die die Gleichbehandlung von jeglicher religiöser und nichtreligiöser Weltanschauung als Korrelat zur Religions- und Weltanschauungsfreiheit fordern, und zwar individual- wie kollektivrechtlich. Dennoch hat es bis etwa 1965 gedauert, bis der Gedanke von Neutralität und Trennung von Staat und Religion überhaupt deutlich aufgegriffen wurde. Er wurde dann aber in erster Linie nur verbal bekräftigt und vorzugsweise individualrechtlich behandelt. Die Literatur war an dem Thema kaum interessiert, die Rechtsprechung insbesondere des BVerfG blieb oft inkonsequent und wies teilweise erstaunliche Schwächen auf. Die Politik stellte sich eindeutig auf die Seite der großen Kirchen, und die Belange der immer zahlreicher werdenden nichtreligiösen Menschen wurden nur ganz ausnahmsweise auch nur erwähnt. Mit theoretischen Gründen lässt sich das nicht ausreichend erklären, wohl aber mit gesellschaftlichen und religionspolitischen Tatbeständen. In der Rechtswissenschaft befassten sich bis gegen Ende des 20. Jh. fast ausschließlich oder doch sehr weitgehend solche Juristen mit dem Staatskirchenrecht, wie das Religionsrecht bzw. Religionsverfassungsrecht damals meist hieß, die einem fast geschlossenen Kreis kirchennaher Juristen angehörten.

Man sprach zwar allgemein von der Pflicht des Staats, sich religiös-weltanschaulich neutral zu verhalten. In der konkreten Praxis blieb davon oft nichts oder nicht viel übrig. Man betonte die kooperativen Normen des GG[498], sprach von positiver und negativer Neutralität, von Neutralität als schillerndem Begriff usw., um zum konkret für wünschenswert gehaltenen Ergebnis zu kommen. Der Neutralitätsbegriff wurde damit für beliebig erklärt und somit unbrauchbar. Man differenzierte so lange, bis man einen Grund fand, dasjenige, was gemeinhin als privilegierend angesehen wurde,

498 E IV 3 d.

für sachlich gerechtfertigt und nicht privilegierend zu erklären. Da das GG aber privilegienfeindlich (egalisierend) ist, wie Martin Heckel eindringlich erläutert hat[499], bedurfte es schöpferischer Rechtsfindung.

II. Die Suche nach dem Neutralitätsbegriff

Es gab zahllose Stellungnahmen zum Inhalt bzw. zu Teilaspekten der Neutralität. Sie waren jedoch überwieged nichtssagend oder doch unbefriedigend. Die substanziellen Arbeiten von Obermayer (1971), Schlaich (1972) und Huster (2002), aber auch von Krüper, Nolte und anderen hatten viel zu wenig Resonanz. Das führte erstaunlicherweise sogar dazu, dass Elias Bornemann in einer tiefschürfenden Monographie zur religiös-weltanschaulichen Neutralität des Staates (2020) trotz eingehender Analyse der verschiedenen Verständniskonzepte (negative und positive Neutralität mit verschiedenen Varianten, bereichsspezifisch vermittelndes Konzept, moderne vermittelnde Konzepte, neutralitätskonforme Privilegierungen, Begründungsneutralität nach Huster) zu keinem eigenen Ergebnis fand. Vielmehr verstand er seine diffizilen Einzelstudien wohl lediglich als Vorstufen einer abschließenden Beschreibung des mit „Neutralität" Gemeinten. Alle vorgestellten Neutralitätskonzepte könnten das Verhältnis Staat–Religion jeweils nur unzureichend erfassen, auch weil Religionen und Weltanschauungen so vielschichtig und kontrovers seien.[500] Bornemann sieht zwar im Neutralitätsgebot „die zentrale Strukturbestimmung des deutschen Religionsverfassungsrechts"[501], meint aber, der Begriff habe keine eigenständige Bedeutung, das heißt keinen eigenen Gehalt über die grundgesetzlichen Normen hinaus.[502]

Dabei hatte auch das BVerfG – wenn auch in der Anwendung oft nicht konsequent und widersprüchlich – alle wesentlichen Aspekte schon genannt: Gleichbehandlung, Nichtidentifikation, Bewertungsverbot, Freiheit von staatlicher Beeinflussung, Privilegierungsverbot, religiös-weltanschauliche Inkompetenz, positive und negative Religionsfreiheit, objektives und subjektives Recht, Unparteilichkeit.[503] Das wäre eigentlich in allen Fällen

499 *M. Heckel*, Gleichheit oder Privilegien? 1993, 30 ff.
500 *E. Bornemann*, Neutralität, 2020, 254.
501 *Ebenda* 252.
502 *Ebenda* z. B. 250.
503 s. E IV.

möglicher Beeinträchtigung der Glaubens- und Weltanschauungsfreiheit zu beachten gewesen.

III. Zur Neutralitätspraxis

Bemerkenswert ist nun, dass diese Aspekte in vielen fraglichen Fällen in der Praxis als offenbar unnötig gar nicht eigens berücksichtigt wurden. Sieht man sich einige Bereiche an, so fällt auf, dass die oben abgehandel te Komplexität der Neutralitätsfrage meist gar nicht von Bedeutung war. Es ging i. d. R jeweils um einzelne, aber je nach Lebensbereich unterschiedliche Aspekte.

Beim *Kruzifix-Beschluss von 1995* kann die unbefangene Betrachtung nur ergeben, dass das Kreuzsymbol unabhängig von einer kulturellen Bedeutung eine religiöse Richtung klar und einseitig hervorhebt. Dann bleibt nur die Frage, ob beim Abstellen auf den maßgeblichen Empfängerhorizont eine Eingriffsqualität vorliegt. Wenn ja[504], fehlt offensichtlich eine Rechtfertigungsmöglichkeit schon wegen des Verstoßes gegen das objektivrechtliche Neutralitätsgebot und der Fall ist abgeschlossen. Auch liegt eine Verschiedenbehandlung von Christen und Nichtchristen vor. Anzunehmen ist ein nicht zu rechtfertigender Verstoß gegen das Anknüpfungsverbot des Art. 3 III 1 GG. Aber auch bei einer Beurteilung nach Art. 3 I GG wäre selbst die Geringfügigkeit eines Nachteils wie oben dargelegt ohne Bedeutung.[505]

Beim *islamischen Kopftuch* geht es im Kern nur um die Frage, ob die Glaubensfreiheit der Lehrerin oder ihre Verpflichtung auf neutrales Verhalten den Vorrang erhalten soll, wobei die Frage der Verschonung der Schüler von hoheitlicher Beeinflussung eine erhebliche Rolle spielt. Da geht es um äußere Umstände und um Kollisionsfragen. Dass die islamische Lehrerin religiös-weltanschaulich neutral sein muss (wie es alle anderen auch sein müss[t]en), steht gar nicht zur Diskussion.

Die religiös-weltanschauliche *Neutralität des Schulunterrichts* und der schulischen Erziehung ist in der Aufgabenstellung klar, in der Durchführung aber schwierig. Wegen weiterer Einzelheiten wird auf F I 3 und E IV 2 c, dd verwiesen.

Die praktischen *Neutralitätsdefizite*, etwa im Vertragswesen, bei der Religionsförderung und in vielen anderen Bereichen fallen dem externen

504 Das ist nach den gängigen Ansichten zur Eingriffsfrage eindeutig der Fall, s. *Jarass/Pieroth*, 17. A. 2022, Rn. 26 ff.

505 s. E IV 2 c, cc und D IV.

Beobachter meist oder oft ohne weiteres auf, ohne dass es dazu besonderer theoretischer Überlegungen bedürfte. Das führt zu der Frage, ob Neutralität nicht etwas sehr Einfaches und Grundlegendes ist, das erst in der praktischen Anwendung zu einer großen Problemfülle führt.

IV. Neutralität als religiös-weltanschauliche Gleichheit

1. Gebot der Gleichbehandlung und Nichtidentifikation

Der Neutralitätsbegriff wird im Wesentlichen aus einer Serie von Gleichheitsgeboten abgeleitet. Da er der vollständigen Religionsfreiheit dient, wird er stets im Zusammenhang mit Art. 4 GG gesehen. Art. 4 I GG enthält neben der Freiheitsgarantie die wichtige Gleichstellung von religiösen und nichtreligiösen Überzeugungen. Ergänzt wird er durch Vorschriften zur formalen Trennung von Staat und Religion.[506] Im Kern bedeutet daher *Neutralität nichts anderes als Gleichheit bzw. Gleichbehandlung* in Fragen der Religion und Weltanschauung. Diese schlichte Erkenntnis wird dadurch erschwert, dass viele Darstellungen des Religionsverfassungsrechts Gleichheit und Neutralität getrennt behandeln und dabei manchmal nicht einmal aufeinander Bezug nehmen. Vergleicht man die jeweiligen Texte, gerät man in Verlegenheit, weil man so gut wie keine sachlichen Unterschiede findet. Nur der Aspekt des objektivrechtlichen Charakters des Neutralitätsgebots bleibt speziell mit diesem Begriff verbunden. Auch, wenn sich ab 1965 nicht die Begriffe Neutralität und Neutralitätsgebot durchgesetzt hätten, wäre die Rechtslage dieselbe. Es geht immer um Gleichbehandlungsgebote, und dazu gehört auch das Gebot der Nichtidentifikation.

Hauptnorm des Gleichheitsgebots, eines fundamentalen Grundgebots der Verfassung, ist Art. 3 GG. Bei diesem, insbesondere bei dem hochabstrakten Art. 3 I, hat noch niemand von seinem schillernden Charakter oder von positiver Gleichheit gesprochen, sondern dargelegt, dass es um das Auffinden von geeigneten Vergleichspaaren gehe, anhand derer man beurteilen könne, ob im Rechtssinn Ungleichbehandlungen wesentlich gleicher Sachverhalte vorliegen oder nicht bzw. ob unterschiedliche Sachverhalte entsprechend ihrer Unterschiedlichkeit verschieden behandelt werden oder nicht. Die umfangreichen Kommentierungen dazu befassen sich mit zahllosen z. T. höchst unterschiedlichen Sachverhalten und einer Fülle an

506 E IV 3 d.

Differenzierungen. Gleichwohl hat niemand an der Berechtigung des Allgemeinen Gleichheitssatzes und der besonderen Gleichheitssätze gezweifelt. Wenn das beim ebenfalls auf Gleichbehandlung zielenden Neutralitätsgebot anders ist, muss das *besondere Ursachen* haben. Es sind wohl religiös-ideologische Interessen, die in der Praxis eine ungefähre oder gar gänzlich fehlende Gleichheit genügen lassen. Das Neutralitätsgebot steht der Interessenverfolgung im Wege, weshalb es uminterpretiert und verunklart wird. *Die religiös-weltanschauliche Neutralität wird zu einem hochkomplexen und kaum zu definierenden, aber wichtigen Konglomerat hochstilisiert.* Sie ist aber nichts anderes als objektivrechtliche Gleichheit (Unparteilichkeit) und eine *staatsleitende Rechtsregel.* Sie gilt natürlich nur, wenn keine andere Verfassungsnorm etwas anderes besagt. Einfacher als die Ermittlung von Vergleichspaaren ist ggf. die schlichte Feststellung, ob eine (Teil-)Identifikation vorliegt oder – vorrangig – eine unberechtigte Anknüpfung (Art. 3 III GG).

2. Ermittlung der Gleichheit und Entscheidung über Modalitäten

Die zahlreichen oben erörterten Gesichtspunkte[507] wie Privilegierungsverbot, Beeinflussungsverbot, neutrale Begründbarkeit, offene oder distanzierende Neutralität usw. dienen der manchmal schwierigen Feststellung, ob Rechtsgleichheit vorliegt oder nicht. Hier liegen konkret die eigentlichen Schwierigkeiten. Dabei spielen auch Wertungen und gewisse Spielräume eine Rolle (etwa bei der schulischen Unterrichtung, der Frage der offenen oder distanzierenden Neutralität, der Religionsförderung). Ist diese Prüfung mit einer die Rechtsgleichheit bestätigenden oder ablehnenden Entscheidung abgeschlossen, bleibt es dabei ohne Abstriche. Das liegt in der Natur der Rechtsgleichheit. Anders als bei Freiheitsrechten, die der Schranken bedürfen, ist das bei Gleichheitsrechten nicht der Fall. Das Neutralitätsgebot ist daher eine *strikte Rechtsregel.*

Eine besondere Würdigung verdient die sogenannte *Begründungsneutralität* (Huster) bzw. genauer die *neutrale Begründbarkeit*, die zusammen mit den übrigen Gesichtspunkten zu sehen ist. Sie ist rechtsphilosophisch begründet im *Neutralitätsliberalismus* und rechtsdogmatisch im GG.[508] Gleiche Freiheit bedeutet, dass der Staat, ja die gesamte öffentliche Hand

507 E IV.
508 oben E IV 3 a.

grundsätzlich alle Maßnahmen so begründen kann und muss, dass hierzu keine speziellen religiös-weltanschaulichen oder sonstigen ideologischen Gründe herangezogen werden müssen. Grundlage sind freilich stets die Basisprinzipien des GG. Anders ausgedrückt: „Freiheitsbeschränkungen, aber auch Fördermaßnahmen dürfen nur auf Grund solcher Rechtsgüter erfolgen, deren Vorrang im konkreten Fall unter dem Gesichtspunkt der Gerechtigkeit neutral begründet werden kann."[509] *Alles staatliche Handeln muss gegenüber jedermann gerechtfertigt werden können*, unabhängig von der jeweiligen persönlichen Einstellung. Der Staat darf daher niemandem eine Sondermoral aufnötigen, etwa um einer bestimmten religiösen Richtung entgegenzukommen. Im *Gesetzgebungsverfahren* sind religiöse und weltanschauliche Argumente natürlich unerwünscht, aber nicht ausgeschlossen, weil das der demokratischen Willensbildung und Meinungsfreiheit widerspräche und ein Ausschluss solcher Begründungen wegen der Umgehungsmöglichkeiten und wegen seiner Praxisferne nicht realisiert werden könnte. Daher genügt für die *Rechtmäßigkeit* und den *Rechtsschutz* wie stets die nachträgliche neutrale Begründbarkeit.[510] Dazu gibt es unstreitig die Möglichkeit bzw. das Gebot der Prüfung, ob eine *verfassungskonforme Auslegung* möglich ist.

Zur Beurteilung des Vorliegens einer neutralen Entscheidung müssen ggf. die ganzen übrigen Gesichtspunkte (Privilegierungsverbot usw.) herangezogen werden. Auf welche Weise die Neutralität (Gleichbehandlung, Unparteilichkeit) erkannt und hergestellt wird, kann komplex sein und es kann dabei je nach Lebenssachverhalt auch Alternativen geben (offene oder distanzierende Neutralität). Liegt nach Überprüfung und Gewichtung aller Aspekte mindestens eine neutrale Regelung vor (Beurteilungsermessen), so kann das Ergebnis nur strikt, also nicht modifizierbar sein. Es bleibt dabei: Neutralität ist schlicht Gleichbehandlung. Wenn eine Entscheidung besondere religiöse oder philosophische Vorgaben benötigt, liegt immer eine Benachteiligung bzw. Privilegierung vor.

3. Resultat

Religiös-weltanschauliche Neutralität als Gebot der Gleichbehandlung bzw. Unparteilichkeit ist kein variabler Topos, der nach Belieben verwendet werden kann, sondern eine nach verständlichen Regeln zu behandelnde

509 *Czermak/Hilgendorf*, Religions- und Weltanschauungsrecht, 2. A. 2018, S. 42.
510 E IV 3 b.

Rechtsfigur. Sie mag manchmal schwer zu handhaben sein, aber bei anderen abstrakten Regelungen des GG nimmt man das ohne weiteres hin. Auch so können rechtsdogmatisch einwandfrei begründete Entscheidungen getroffen werden. Für den nicht-weltanschaulichen Bereich ist das etwa beim Allgemeinen Gleichheitssatz anerkannt. Im Übrigen ist der Begriff der religiös-weltanschaulichen Neutralität individualrechtlich ein gängiger *Sammelausdruck* für das Gebot der Gleichbehandlung nach Maßgabe der Gleichbehandlungsvorschriften des GG. *Objektivrechtlich* ist das Neutralitätsgebot eine für alle Träger öffentlicher Gewalt jedenfalls in religiös-weltanschaulicher Hinsicht verbindliche *Rechtsregel.* Diese verpflichtet die öffentliche Hand zu ihrer *Einhaltung, unabhängig vom Vorliegen einer Grundrechtsbeeinträchtigung.* Die Missachtung bzw. Forderung der konsequenten Einhaltung des Neutralitätsgebots sind die eigentlichen Ursachen der Neutralitätsdebatte.

Das richtige Verständnis des Neutralitätsgebots ist nicht nur eine Frage der Gerechtigkeit. Es geht um die Beachtung eines zentralen Grundgebots unseres zu Recht gepriesenen Grundgesetzes. Das Neutralitätsgebot ist als Kehrseite der Religionsfreiheit das *verständnisleitende objektivrechtliche Zentralgebot des Religionsverfassungsrechts.* Seine – manchmal ziemlich einfache – Beachtung ist in einem sehr pluralistischen Staat so wichtig wie die der individuellen Religionsfreiheit und würde einen großen Teil der religionsrechtlichen Streitigkeiten überflüssig machen. Man sollte endlich einsehen, dass die religiös-weltanschauliche Neutralität eine bedeutende Errungenschaft des modernen pluralistischen Rechtsstaats ist.[511] Das ist auch eine Frage des staatlichen Selbstverständnisses und der Ehrlichkeit.[512] Abgeschlossen sei die Untersuchung mit einer Erkenntnis von Martin Morlok: „Staatliche Neutralität wirkt integrativ und ist angesichts einer weitgehenden Pluralisierung in den Überzeugungen der Bürger eine funktionale Voraussetzung dafür geworden, dass der Staat Heimstatt aller Bürger sein kann."[513]

---

511 In diesem Sinn auch der Schlusssatz in: *H. Dreier*, Recht und Religion (2019), 49 (81).

512 Hierzu eindringlich anlässlich des Düsseldorfer Justiz-Streits *G. Czermak* in: Czermak, Weltanschauung, 2016, 79 (86-88).

513 *M. Morlok* in: Dreier, GG Bd. I., 3. A. 2013, Art. 4 Rn. 16.

H Leitgedanken zur Neutralität

A

1. Die religiös-weltanschauliche Neutralität der Bundesrepublik Deutschland wird i. d. R. und zu Recht als *Schlüsselbegriff*, Zentralbegriff oder Leitidee des *Religionsverfassungsrechts* bezeichnet. Sie ist immer zusammen mit der Religions- und Weltanschauungsfreiheit zu sehen. Beide sind Kehrseiten einer Medaille. Fehlende Neutralität bedeutet weniger Freiheit für alle.
2. Ausgangspunkt der (west)deutschen Diskussion zum Begriff der Neutralität ist eine klassische Formulierung aus dem *Urteil des BVerfG zur Badischen Kirchenbausteuer aus dem Jahr 1965*. Es leitet den Begriff aus mehreren Gleichheitsartikeln des GG und der WRV ab. Korporativrechtlich statuiert das Gericht das *Verbot von Privilegien* und verbindet dies mit der *Trennung von Staat und Religion*.
3. Es erstaunt daher, dass trotz einer Fülle von Entscheidungen des BVerfG und der rechtlich und politisch allgemeinen Rede vom Erfordernis der religiös-weltanschaulichen Neutralität eine kleine juristische Minderheit die Verwendung des Begriffs ablehnt oder gar die Möglichkeit von Neutralität abstreitet.
4. Die *rechtlich-politische Wirklichkeit* ist weitgehend geprägt durch Privilegierungen und Diskriminierungen. In zahlreichen Lebensbereichen kann von einem unparteilichen Verhalten des Staats keine Rede sein.
5. *Historisch* ist die Entwicklung vom Glaubensstaat zum neutralen Staat der Religionsfreiheit wie folgt vorangeschritten. Seit der Reformationszeit hat sich der Staat grobgesprochen von der Glaubenszweiheit (1555) zur Glaubensdreiheit (1648) und schließlich zum religiösen Toleranzstaat entwickelt (Preußisches Allgemeines Landrecht 1794 und 19. Jh.). Das führte in der Gesamtentwicklung zu einem allmählichen Erstarken der Religionsfreiheit. Der lange Prozess des inneren Auseinanderlebens von Staat und Religion wurde beendet durch die *revolutionäre Weimarer Reichsverfassung*. Sie brachte erstmals die konsequente Freiheit der Religion vom Staat und des Staats von der Religion und eine umfassende individuelle und korporative Religionsfreiheit. Religiöse und nichtreligiöse Freiheit sind seitdem normativ gleichgestellt.

6. Bei der *Gründung der Bundesrepublik* nach dem Untergang einer terroristischen Diktatur vermochte es insbesondere die katholische Kirche wieder großen Einfluss geltend zu machen. Nachdem der Parlamentarische Rat 1949 nach heftigen Auseinandersetzungen in kulturpolitischen, insbesondere Schulfragen aber zu scheitern drohte, vermochte man sich unter Zeitdruck auf eine fast vollständige Übernahme der Weimarer Kirchenartikel zu einigen. So entstand bei einer formal über 95% christlichen Bevölkerung eine Bundesverfassung, die recht religionsfreundlich war. Sie erhielt aber auch den Charakter einer säkularen Verfassung (Volkssouveränität), die Staat und Religion grundsätzlich trennte, was insbesondere in der für alle Religionsgemeinschaften garantierten Selbstverwaltung (Art. 140 GG i. V. m. Art. 137 III WRV) und dem Gebot der finanziellen Trennung (Art. 140 GG i. V. m. Art. 138 WRV) zum Ausdruck kam. Inkorporiert wurde auch die nicht eingeschränkte Gleichstellung aller religiösen und nichtreligiösen Gemeinschaften (Art. 140 GG i. V. m. Art. 137 VII WRV), die individualrechtlich ein ausdrückliches Pendant in Art. 4 I GG und zusätzlich in speziellen Gleichheitssätzen (Art. 7 V, 33 III GG) fand. Das stimmt auch völlig zusammen mit dem inkorporierten Art. 136 I-IV WRV (Bürgerrechte und Religion).
7. Trotz dieser nach dem Verfassungstext – auch angesichts einiger religionsfreundlicher Normen – einigermaßen klaren Rechtslage ist die *tatsächliche Rechtsentwicklung* völlig anders verlaufen. In der klerikalen Adenauer-Ära vermochte sich der Gleichheitsgedanke auch im weltanschaulichen Bereich nicht durchzusetzen, und zwar auch nicht in der höchstrichterlichen Rechtsprechung. Im Konkordats-Urteil von 1957 lehnte das BVerfG in einem ausführlichen Obiter Dictum einen Anspruch auf weltanschauliche Gleichheit im Schulwesen ab und passte sich so dem herrschenden Konfessionsschulwesen an. 1960 deutete sich allerdings im sogenannten Tabak-Fall des BVerfG immerhin die Möglichkeit einer Fortentwicklung an. Dort war u. a. ausgeführt, der Staat dürfe den Glauben oder Unglauben seiner Bürger nicht bewerten, und anscheinend erstmals erfolgte die Rede vom *weltanschaulich neutralen Staat*, wenngleich unter dem (fünf Jahre später aufgegebenen) Vorbehalt der Kulturadäquanz. Erst die Entscheidung zur Badischen Kirchenbausteuer von 1965 etablierte den Neutralitätsbegriff mit Ableitung aus dem GG (s. oben 2.) und eröffnete die Benutzung in ständiger Rechtsprechung bis heute.

8. Wie wenig Courage die Verfassungsrichter hatten, dieser Erkenntnis konsequent zu folgen und sie weiterzuentwickeln, zeigte sich 1973 im Fall des *Kreuzsymbols im Gerichtssaal*, in dem sich das Gericht der Erörterung der Neutralität mit merkwürdiger Begründung entzog. In den 1975 ergangenen Urteilen zur sogenannten *Christlichen Gemeinschaftsschule* wurde in den widersprüchlichen Begründungen von religiös-weltanschaulicher Neutralität nicht einmal verbal gesprochen, wie auch 1979 im Schulgebetsurteil.
9. Erst der *Kruzifix-Beschluss von 1995* nahm die Neutralitätsfrage wieder deutlich in den Blick, ohne allerdings das Verhältnis zum Grundrechts-Artikel 4 zu klären. Er stellte aber eine deutliche Wende in Richtung zu mehr Neutralität dar. Die verbliebene *Unsicherheit des Gerichts* zeigte sich z. B. im Osho-Beschluss, in dem zwar die Neutralitätsforderung erhoben wurde, ihre vollständige Einhaltung im Streitfall aber fraglich blieb (selbst beim Vorwurf der „Psycho-Sekte" wurde nicht einmal das Vorliegen des grundrechtlichen Schutzbereichs anerkannt). Die wichtige *Kopftuchentscheidung von 2003* ist hinsichtlich der Neutralitätsargumentation flexibel, aber neutralitätsfreundlich, während die von *2015 einen Rückschritt* darstellte, indem sie grundsätzlich die persönliche Glaubensfreiheit der Staatsdiener auch bei Ausübung ihres Amtes stärker gewichtete als das verfassungsrechtliche Gebot neutraler Amtsführung. Die Entscheidung zur Zulässigkeit des *Kopftuchs von Rechtsreferendarinnen* von 2020 wiederum betont die strikte Neutralität in der Justiz.
10. In der *Rückschau* hat das BVerfG alle wesentlichen Punkte genannt, die mit dem Begriff der religiös-weltanschaulichen Neutralität zusammenhängen (Nichtidentifikation, Unparteilichkeit, Bewertungs- und Beeinflussungsverbot, offene und distanzierende Neutralität usw.), aber es hat *keine einheitliche Handhabung* verfolgt und sich in Widersprüche verwickelt. Die wichtige Abgrenzung von Toleranz und Neutralität ist unsicher geblieben. Das hat es der Literatur, die über weite Strecken von Autoren mit religions- und kirchenfreundlichen Interessen geprägt war und es teilweise noch ist, leicht gemacht, ihre Argumente – oft mit Schlagseite – vorzutragen. Die stets vorhandene *Alternativliteratur* hatte es immer schwer. Dies wegen ihrer kleinen Zahl, ihrem geringen gesellschaftlichen Einfluss, der religionspolitischen Lage und trotz einer meist gut begründeten, aber deutlich abweichenden Grundposition. Ihre Ergebnisse waren meist unerwünscht. Heute ist die gesellschaftliche und juristische Diskussionslage viel of-

fener. Als Gegenreaktion können daher stark abweichende, ja extreme konservative Positionen Einzelner nicht verwundern. Es ist Zeit, Klarheit in die Neutralitätsdebatte zu bringen. Die Argumente dafür sind vorhanden, aber trotz auch herausragender Untersuchungen noch nicht genügend vermittelt.

B

11. Die *Dogmatik* der religiös-weltanschaulichen Neutralität erfordert zunächst *begriffliche Abgrenzungen.* Das immer noch häufig herangezogene *Paritätsprinzip* meint die rechtliche Gleichstellung von Religionsgemeinschaften. Sie betraf in Deutschland historisch zunächst nur die katholische Kirche und das Luthertum und wurde dann stufenweise erweitert auf die reformierten Kirchen und später auf weitere Religionsgemeinschaften, bis schließlich die Weimarer Verfassung alle „Religionsgesellschaften" und die nichtreligiösen Gemeinschaften ohne Einschränkungen gleichstellte. Damit ist der (immer noch gebräuchliche) Paritätsbegriff in der generellen individualrechtlichen und korporativrechtlichen Gleichstellung aufgegangen und somit zumindest überflüssig. Man kann „Parität" als Teilaspekt einer umfassenden Neutralität verstehen. Beim Grundstatus von religiösen oder weltanschaulichen Vereinigungen gibt es keinen Unterschied zwischen zivilrechtlichen und öffentlich-rechtlichen Gemeinschaften. Die häufige rechtlich schlechtere Behandlung von zivilrechtlichen Vereinigungen ist meist nicht begründbar und unberechtigt.
12. Das vom BVerfG immer wieder regelmäßig zu Unrecht zitierte *Toleranzprinzip* ist zwar historisch ein Vorläufer der weltanschaulichen Neutralität, aber *etwas fundamental Anderes.* Toleranz ist im traditionellen Verständnis Duldung des Andersartigen auf niedrigerer Stufe und eine wichtige soziale Tugend. Der Staat Bundesrepublik muss aber in Sachen Weltanschauung und Religion neutral sein, d. h. wirklich gleiche Berechtigung gewährleisten. Vorausgesetzt ist dabei natürlich der Verzicht auf Gewalt und die Einhaltung des staatlichen Rechts. Wenn der Staat (die öffentliche Hand) von Toleranz des eigenen Verhaltens spricht, bringt er zum Ausdruck, dass er eben nicht neutral sein will. Die immer wieder anzutreffende gleichzeitige Rede von Toleranz und Neutralität ist daher widersinnig.
13. *Das Neutralitätsgebot ist objektives Recht* und gründet in den vom BVerfG seit 1965 in ständiger Rechtsprechung zitierten Gleichheitsge-

boten des GG i. V. m. der auch im Trennungsgebot des Art. 140 GG/137 I WRV zum Ausdruck gekommenen *Inkompetenz des Staats in religiös-weltanschaulichen Angelegenheiten.* Die Gleichbehandlung religiöser und nichtreligiöser Vereinigungen und Bürger ist ausdrücklich in Art. 137 VII WRV verfügt bzw. in Art. 4 I GG individualrechtlich ohne Einschränkungen normiert. Das objektive Rechtsprinzip Neutralität ist in seinem Geltungsbereich (d. h. mit Ausnahme abweichender Verfassungsnormen) und zusammen mit der Religionsfreiheit das Zentrum des Religionsverfassungsrechts. Es ist zunächst ein *staatsleitendes Prinzip* wie das ebenfalls im GG verbal nicht genannte Demokratie-, Rechtsstaats- und Sozialstaatsprinzip auch. Darüber hinaus ist es aber nicht, wie insbesondere das Sozialstaatsprinzip, eine bloße Leitidee mit sehr weiten Gestaltungsmöglichkeiten. Neutralität ist *nicht nur ein objektives Prinzip*, eine allgemeine Direktive, sondern infolge der Verdichtung der zugrundeliegenden Gleichheitsnormen eine *Rechtsregel*, ein *Rechtsgebot.* Das liegt auch in der Natur der Rechtsgleichheit. Sie kennt, anders als die Freiheitsrechte, keine Einschränkungen. *Entweder liegt Rechtsgleichheit vor oder nicht.* Das eigentliche Problem liegt in der Feststellung der Unparteilichkeit bzw. Äquidistanz. Die oft aufgestellte, aber nie durch Beispiele belegte Behauptung, es bestehe die Gefahr eines *Obergrundrechts*, trifft wegen der steten Rückbindung an die zugrundeliegenden Einzelnormen des GG nicht zu.

14. *Neutralität bedeutet Gleichbehandlung, in welcher Form auch immer.* Das Problem ist, wie diese bzw. die rechtliche Unparteilichkeit hergestellt werden kann. Das hängt von den *Umständen im jeweiligen Lebensbereich* ab und ist keine Frage der Definition des Neutralitätsgebots als solcher. Die übliche Verquickung des Neutralitätsgebots mit Aspekten wie offene und distanzierende, kooperative (positive) und negative Neutralität stellt eine *begriffliche Überfrachtung* dar, die die beklagenswerte Unterschiedlichkeit der Verständnisse erst begründet. Das hohe Abstraktionsniveau der Gleichheit bzw. Neutralität macht diese zwar schwer handhabbar (wie bei Art. 3 I GG auch), aber nicht unbrauchbar. Das zeigt auch der Hinweis auf andere abstrakte Begriffe wie Meinungsfreiheit oder elterliches Erziehungsrecht. Der Umgang damit gehört zum kargen Brot des Juristen. Er darf die Anwendung der Regeln der juristischen Methode nicht verweigern, um die Richtung hin zum erwünschten Ergebnis leichter einschlagen zu können. Der lediglich unterschiedliche Blick auf das Ergebnis ist nicht als solcher zu beanstanden, wohl aber die Ignorierung ernsthafter Gegenargumente.

15. Der Kern des Neutralitätsgebots ist erfasst mit dem Begriff der *Nichtidentifikation.* Der Staat darf sich nicht mit irgendeiner Religions- oder Weltanschauungsgemeinschaft auch nur teilweise identifizieren, hat also selbst keine religiöse oder nichtreligiöse Tendenz, wohl aber stets verbindliche Grundprinzipien (Demokratie, Rechtsstaat, Sozialstaat), zu denen als allgemeine Rechtsregel die Neutralität hinzukommt. Nichtidentifikation bedeutet insbesondere, dass die öffentliche Hand *keinerlei einseitigen religiösen oder nichtreligiösen Einfluss ausübt.* Auf die *Intensität* der Einflussnahme kommt es dabei nicht an. Das gilt auch für das Grundrecht (bzw. den Aspekt des Art. 4 I, II GG) der *Glaubensfreiheit,* verstanden als Schutz des *forum internum* durch Freiheit von jeglicher religiös-weltanschaulicher Beeinflussung (*Beeinflussungsverbot*). Die Inhalte des objektiv- und subjektivrechtlichen Verbots einseitiger Einflussnahme fallen zusammen. Eine *Abmilderung des Einflussnahmeverbots* im Sinn eines Verbots lediglich der Indoktrination, nicht aber einer Beeinflussung unterhalb dieser Schwelle, lässt sich auch durch religionsfreundlich-kooperative Normen des GG *nicht rechtfertigen.*
16. Die Leitprinzipien des Grundgesetzes sind die *Basis der Neutralitätsbestimmung.* Sie ermöglichen eine möglichst gerechte Regelung zur Einhaltbarkeit der jeweils vorhandenen unterschiedlichen Vorstellungen vom guten Leben. Sie machen so den Staat zur „Heimstatt aller Bürger". Voraussetzung ist, dass sich der Staat weder religiös noch nichtreligiös definiert. Er muss seine Normen und Entscheidungen so formulieren bzw. treffen, dass sie zumindest im Ergebnis *neutral ohne Bezugnahme auf spezielle religiöse, ethische und philosophische Überzeugungen begründbar* sind. Sie müssen von möglichst allen Bürgern als Versuch einer gerechten Regelung anerkannt werden können. Das Einbringen religiös motivierter Gründe in den politischen bzw. parlamentarischen Prozess und die dazugehörigen Diskussionen als solche sind stets zulässig, wenngleich möglichst zu vermeiden.
17. Die in diesem Sinn neutral begründeten bzw. begründbaren Entscheidungen müssen nicht berücksichtigen, dass sie sich wegen der Verschiedenheit der vielen Gruppen von Betroffenen auf diese recht unterschiedlich auswirken können. Es gilt die Neutralität der Begründung bzw. Begründbarkeit, *nicht Wirkungsneutralität* (Stefan Huster). Anders ausgedrückt: Gleichheit differenziert (Martin Heckel). Ob in besonderen Fällen aus Gründen der Gerechtigkeit die Auswirkungen

berücksichtigt werden dürfen oder gar müssen (Beispiel: Ausnahme- und Befreiungsregelungen), ist eine andere Frage.

18. Zur wichtigen Unterscheidung zwischen *offener und distanzierender Neutralität* wird in Rechtsprechung und Literatur meist vom Gebot einer offenen Neutralität oder einer diesbezüglichen Regelvermutung gesprochen. Eine solche Präferenz soll sich aus GG-Vorschriften wie denen zum Religionsunterricht, zum Körperschaftsstatus von Religionsgemeinschaften, zur Militär- und Anstaltsseelsorge, zum Schutz der Sonn- und Feiertage und anderen ergeben, die sich nach manchen sogar zu einem Kooperationsprinzip verdichten. Davon kann aber, wie viele Einzeluntersuchungen und die basalen Trennungsregeln (neben Art. 137 I WRV das Selbstverwaltungsrecht und die finanzielle Trennung von Staat und Religion) zeigen, keine Rede sein. Dies auch deswegen nicht, weil alle Vergünstigungen *de lege lata* weltanschaulichen und selbst religionskritischen Vereinigungen in gleicher Weise zugutekommen. Von der *distanzierenden Neutralität* ist zwar kaum je die Rede, aber jedenfalls für den Justizbereich ist sie anerkannt. „Offene" und „distanzierende" Neutralität sind gleichermaßen neutral, weil und wenn sie jeweils gleiche Nähe bzw. gleiche Distanz zum Grundgesetz als Basis haben. Es ist i. d. R. eine Frage des gesetzgeberischen Ermessens, ob sich für den jeweiligen Lebensbereich offene oder distanzierende Neutralität besser eignet.
19. Die *Rechtspolitik* entscheidet traditionell je nach parteipolitischer Mehrheit oder gesellschaftlichen Bedürfnissen (materielle und immaterielle Religionsförderung, Integration), ohne sich ernsthaft um die rechtliche Zulässigkeit zu sorgen. Beispiele sind die staatliche Einmischung in die Ausbildung islamischer Lehrer, das neue Modell des Hamburger „Religionsunterrichts für alle", die Verhinderung des ärztlich assistierten Suizids, die überstürzte Gesetzgebung zur männlichen Beschneidung usw.
20. Die grundsätzliche *Kritik einer Minderheit* am Neutralitätsgebot, hauptsächlich mit der Behauptung, neutrales Verhalten des Staats und seiner Diener sei nicht möglich oder der Begriff überflüssig, trifft nicht zu. Die Kritik, die religiöse Argumentation dürfe nicht aus dem Gesetzgebungsprozess ausgeblendet werden, beruht auf einem Missverständnis. Die Neutralitätsregel ist von Bedeutung für die Normauslegung und stellt vor allem ein objektivrechtliches Rechtsgebot dar.
21. Die praktische Problematik des Neutralitätsgebots zeigt sich angesichts einer viele Lebensbereiche umfassenden Missachtung beispiel-

haft in der Frage der Zulässigkeit des Kreuzsymbols und islamischen Kopftuchs in der Schule, sowie der Theologie und Weltanschauung an Hochschulen. Bei den religiösen (und weltanschaulichen) Körperschaften zeigt sich das Problem in einer Fülle von Gesetzen, die Sonderkonditionen gewähren („Privilegienbündel"). Weiter sind von Bedeutung die milliardenschweren finanziellen Subventionen, die Staat-Kirche-Verträge und die Diskriminierung kleiner Religionsgemeinschaften. Rechtlich besonders wichtig ist die insbesondere finanzielle Benachteiligung der nichtreligiösen Hälfte der Bevölkerung.

22. Die *Gleichheitsvorschriften* des Grundgesetzes wurden im religiös-weltanschaulichen Bereich im Recht und in der Rechtspolitik bis heute in großem Umfang und oft massiv *ignoriert.* Mit dem Versuch säkularer Rechtsbegründung lässt sich das nicht erklären. Aber jahrzehntelang bestand die Gilde der Religionsrechtler fast ausschließlich aus kirchlichen oder doch *kirchennahen Juristen.*
23. Eine weitgehende Einigung über die wichtigsten mit dem Neutralitätsbegriff verbundenen Fragen ist trotz gleichen Bestandes der Verfassungsnormen auch nach über 70 Jahren unter den Juristen noch nicht erreicht. Dabei sind alle Argumente Pro und Contra längst vorgetragen und viele Sachverhalte rechtlich so evident, dass die meisten oben erörterten dogmatischen Fragen gar nicht herangezogen werden müssen.
24. Der *Neutralitätsbegriff* wird mit einer Fülle von unterschiedlichen Problemen aus verschiedenen Lebensbereichen *überfrachtet,* die die Neutralität als solche gar nicht betreffen. Religiös-weltanschauliche Neutralität ist schlicht die *nicht einschränkbare Gleichheitsregel zur Gewährleistung voller Religions- und Weltanschauungsfreiheit.* Neutralität ist also kein variabler Topos.
25. Die oft komplexen rechtlichen Fragestellungen ergeben sich sämtlich aus der Suche nach dem jeweils konkret rechtlich Gleichen oder Ungleichen und der Bedeutung der Nichtidentifikation im Einzelfall. Da geht es insbesondere um offene oder distanzierende Herstellung der Neutralität, um die neutrale Begründbarkeit, um die rechtliche Bedeutung tatsächlicher Unterschiede, die Zulässigkeit von Differenzierungen und Anderes. Im Ergebnis muss jedes staatliche Handeln oder Nichthandeln grundsätzlich gegenüber jedermann gerechtfertigt werden können.

Neutralität - Literatur

Die Neutralitätsfrage ist so gut wie für alle Bereiche des Religionsverfassungsrechts von Bedeutung. Teilweise haben sich umfangreiche Spezialliteraturen gebildet (wie z. B. beim islamischen Kopftuch). Diese Literatur kann natürlich nur in wenigen Einzelfällen berücksichtigt werden. Einige im Haupttext zitierte Titel wurden wegen der nur punktuellen Nachweisfunktion nicht in dieses Verzeichnis aufgenommen.

Alberts, Hans, Weltanschauliche Neutralität auf gesetzlicher Grundlage, ZRP 1993, 432-435.

Bäcker, Carsten, Staat, Kirche und Wissenschaft. Theologische Fakultäten und das Neutralitätsgebot. Der Staat 2009, 327-353.

Baer S. / *Wrase* M., Staatliche Neutralität und Toleranz in der „christlich-abendländischen Wertewelt", DÖV 2005, 243-252.

Böckenförde, Ernst-Wolfgang, Der säkularisierte Staat. Sein Charakter, seine Rechtfertigung und seine Probleme im 21. Jahrhundert, München 2006.

Böckenförde, Ernst-Wolfgang, Kreuze (Kruzifixe) in Gerichtssälen? ZevKR 1975, 119-147.

Bornemann, Elias, Die religiös-weltanschauliche Neutralität des Staates, Tübingen 2020.

Brenner, Michael, Staat und Religion, VVDStRL 59 (2000), 264–300.

Brink, Josef, Staatliche Mission in der Schule und Staatskirchenverbot, DuR 1981, 76-81.

Britz, Gabriele, Der Einfluß christlicher Tradition auf die Rechtsauslegung als verfassungsrechtliches Gleichheitsproblem? Zu den praktischen Grenzen religiöser Neutralität im säkularen Staat, JZ 2000, 1127.

Brugger W. / *Huster* S. (Hrsg.), Der Streit um das Kreuz in der Schule, Baden-Baden 1998.

Busse, Elmar W. W., Das Prinzip staatlicher Neutralität und die Freiheit der Religionsausübung. Eine Analyse der Rechtsprechung zum ethisch-religiösen Neutralitätsgebot, Frankfurt 2013.

v. Campenhausen, Axel/ *de Wall*, Heinrich, Staatskirchenrecht, 4. A. München 2006 und 5. A. 2022 unter dem Titel „Religionsverfassugsrecht".

Classen, Claus Dieter, Religionsrecht, Tübingen, 3. A. 2021.

Clement, Wolfgang, Politische Dimension und Praxis der staatlichen Förderung der Kirche, Essener Gespräche 28 (1994), 41-57.

Czermak, Gerhard, Siebzig Jahre Bundesverfassungsgericht in weltanschaulicher Schieflage, Baden-Baden 2021.

Czermak, Gerhard, Das System des Weltanschauungsrechts im Grundgesetz, in: Neumann/Czermak/Merkel/Putzke (Hrsg.), Aktuelle Entwicklungen im Weltanschauungsrecht, Baden-Baden 2019, S. 27-59.

Czermak, Gerhard, Das Kreuzsymbol in Gerichten und der Düsseldorfer Justizkampf, in: ders., Weltanschauung in Grundgesetz und Verfassungswirklichkeit, Aschaffenburg 2016, 79-91.

Czermak, Gerhard, Zur Rede von der religiös-weltanschaulichen Neutralität des Staats, NVwZ 2003, 949-953.

Czermak, Gerhard, Rechtsnatur und Legitimation der Verträge zwischen Staat und Religionsgemeinschaften, Der Staat 2000, 69-85.

Czermak, Gerhard, Das bayerische Kruzifix-Gesetz und die Entscheidung des BayVerfGH vom 1.8.1997, DÖV 1998, 107-114

Czermak, Gerhard, Zur Unzulässigkeit des Kreuzes in der Schule aus verfassungsrechtlicher Sicht, in: W. Brugger / S. Huster (Hrsg.), Der Streit um das Kreuz in der Schule. Zur religiös-weltanschaulichen Neutralität des Staates, Baden-Baden 1998, 13-40.

Czermak, Gerhard, Der Kruzifix-Beschluß des Bundesverfassungsgerichts, seine Ursachen und seine Bedeutung, NJW 1995, 3348-3353.

Czermak, Gerhard, Verfassungsbruch als Erziehungsmittel? Zur schulischen Zwangsmission in Bayern, KJ 1992, 46-63.

Czermak, Gerhard/*Hilgendorf,* Eric: Religions- und Weltanschauungsrecht, 2. A., Berlin 2018.

Classen, Claus Dieter, Religionsrecht, 3. A., Tübingen 2021.

Debus, Anne, Das Verfassungsprinzip der Toleranz unter besonderer Berücksichtigung der Rechtsprechung des Bundesverfassungsgerichts, Frankfurt u. a. 1999.

Deiseroth, Dieter, Das Kreuz im Gericht, in: Betrifft: Justiz 2010, 374–379 (Nr. 104, auch Internet).

Dişçi, Duygu, Grundsatz (partei-)politischer Neutralität, MIP 2016, 101-107.

Dreier, Horst, Recht und Religion. Zur (Un-)Möglichkeit religiös-weltanschaulicher Neutralität des Staates, in: F. W. Graf / J. U. Hartmann (Hrsg.), Religion und Gesellschaft, 49-81, Berlin 2019.

Dreier, Horst, Staat ohne Gott, München 2018, 95–139.

Droege, Michael, Neutralität als Verfassungsgebot? Die Exekutive und der politische Prozess. In: VVDStRL 81 (2021), 297-353 (Disk. 355-382).

Droege, Michael, Staatsleistungen an Religionsgemeinschaften im säkularen Kultur- und Sozialstaat, Berlin 2004 (zur Kirchenförderung 376–432).

Dürig, Carolin Elisabeth, Die negative Religionsfreiheit und christlich geprägte Gehalte des Landesverfassungsrechts, Baden-Baden 2018 (Schriften zum Religionsrecht, Band 9), 364 S.

Ehlers, Dirk, in: Sachs, GG, 8. A. 2018, Komm. zu Art 140.

Ellwein, Thomas, Klerikalismus in der deutschen Politik, München 1955.

Engi, Lorenz, Die religiöse und ethische Neutralität des Staates. Theoretischer Hintergrund, dogmatischer Gehalt und praktische Bedeutung eines Grundsatzes des schweizerischen Staatsrechts. Zürich, 2017 (Habil-Schrift).

Fateh-Moghadam, Bijam, Die religiös-weltanschauliche Neutralität des Strafrechts. Zur strafrechtlichen Beobachtung religiöser Pluralität. Tübingen 2019.

Frerk, Carsten, Violettbuch Kirchenfinanzen. Wie der Staat die Kirchen finanziert. Aschaffenburg 2010.

Froriep, Lida, Die Debatte um Neue Religiöse Bewegungen in der BRD. Kirchliche Deutungsmuster und die Rolle der Religionswissenschaft. In: Zeitschrift für junge Religionswissenschaft (ZjR) 2007, https://journals.openedition.org/zjr/735#toctol n11.

Gabriel, Karl, Die gesellschaftlichen Grundlagen des deutschen Staatskirchenrechts, HSKR 3. A. 2020, Bd. 1, 67-115.

Gauly, Thomas M., Katholiken. Machtanspruch und Machtwechsel, Bonn 1991.

Germann, Michael, Das System des Staatskirchenrechts in Deutschland, HSKR 3. A. 2020, Bd. 1, S. 261-329.

Gerster/van Melis/Willems (Hrsg.), Religionspolitik heute. Problemfelder und Perspektiven in Deutschland. Freiburg 2018.

Gusy, Christoph, Kopftuch – Laizismus – Neutralität, KritV 2004, 153–170.

Gusy, Christoph, Die Weimarer Reichsverfassung, Tübingen 1997.

Hailbronner, Kay, Der öffentliche Dienst als „pouvoir neutre", ZaöRV 69 (2009), 267-274, https://www.zaoerv.de/69_2009/69_2009_2_a_267_274.pdf

Haupt, Johann-Albrecht, Die Privilegien der Kirchen, in: Will, Rosemarie (Hrsg.), Die Privilegien der Kirchen und das Grundgesetz, Berlin 2011, 123 ff.

Heckel, Martin, Das Kreuz im öffentlichen Raum. Zum „Kruzifix-Beschluß" des Bundesverfassungsgerichts. In: DVBl 1996, 453-482.

Heckel, Martin, Zur Ordnungsproblematik des Staatskirchenrechts im säkularen Kultur- und Sozialstaat, JZ 1994, 425-431.

Heckel, Martin, HdbStKirchR Bd. I, 2. A. 1994, 589-622 (§ 20 Die religionsrechtliche Parität) und ebenda 623-650 (§ 21 Das Gleichbehandlungsgebot im Hinblick auf die Religion).

Heckel, Martin, Gleichheit oder Privilegien? Tübingen 1993.

Heckel, Martin, Pluralität und Neutralität, VVDStRL 26 (1968), 5-56.

Heckel, Martin, Zur Entwicklung des deutschen Staatskirchenrechts von der Reformation bis zur Schwelle der Weimarer Verfassung, ZevKR 12 (1966/67), 1-39.

Hecker, Wolfgang, Die Kopftuchdebatte. Verfassungsrecht und Sozialwissenschaften. Baden-Baden 2022.

Heimann, Hans Markus, Deutschland als multireligiöser Staat, Frankfurt 2016.

Heinig, Hans Michael, Islamische Theologie an staatlichen Hochschulen in Deutschland, ZevKR 2011, 238-261.

Heinig, Hans Michael, Verschärfung der oder Abschied von der Neutralität? JZ 2009, 1136–1140.

Hesse, Konrad, Freie Kirche im demokratischen Gemeinwesen. Zur Gegenwartslage des Verhältnisses von Staat und Kirche in der Bundesrepublik. ZevKR 11 (1964/65), 337-362.

Hillgruber, Christian, Staat und Religion, DVBl 1999, 1155-1178.

Holzke, Frank, Die „Neutralität" des Staates in Fragen der Religion und Weltanschauung, NVwZ 2002, 903-913.

Huster, Stefan, Zur religiös begründeten Befreiung von Unterrichtsinhalten, -fächern und Schulveranstaltungen, in: Weilert/Hildmann, Religion in der Schule, Tübingen 2018, 155-170.

Huster, Stefan, Neutralität ohne Inhalt? JZ 2010, 354–357 (zu *H. M. Heinig*, JZ 2009, 1136).

Huster, Stefan, Das Prinzip der religiös-weltanschaulichen Neutralität des Staates – Gehalt und Dogmatik, in: J. Krüper / H. Merten / M. Morlok (Hrsg.), An den Grenzen der Rechtsdogmatik, 2010, 5–41.

Huster, Stefan, Der Grundsatz der religiös-weltanschaulichen Neutralität des Staates – Gehalt und Grenzen, Berlin 2004, 27 S.

Huster, Stefan, Die ethische Neutralität des Staates, 2002, 2. A. 2017 mit 40-seitiger neuer Einleitung.

Huster, Stefan, Die religiös-weltanschauliche Neutralität des Staates. Das Kreuz in der Schule aus liberaler Sicht. In: Brugger/Huster (Hrsg.), 1998, 69-108.

Isak, Axel, Das Selbstverständnis der Kirchen und Religionsgemeinschaften und seine Bedeutung für die Auslegung staatlichen Rechts, Berlin 1994.

Jean d'Heur/Korioth, Grundzüge des Staatskirchenrechts, München u. a. 2000.

Jestaedt, Matthias, Staatliche Neutralität in Zeiten zunehmender Säkularisierung und religiöser Pluralisierung: Die Rechtsprechung des Bundesverfassungsgerichts am Beispiel des islamischen Kopftuchs der Lehrerin. Besprechung von BVerfG, Urteil vom 24.09.2003 - 2 BvR 1436/02. In: Bitburger Gespräche 2018, 43-59. Auch: https://www.uni-trier.de/fileadmin/fb5/inst/IRP/03_Events/02_Bitburger_Gespraeche/2017/Doc/60BGJestaedt.pdf

Jestaedt, Matthias, Das Kreuz unter dem Grundgesetz, Journal für Rechtspolitik 1995, 237-262.

Kästner, Karl-Hermann, Bonner Kommentar, Art. 140 GG, 2010 (Loseblatt).

Kästner, Karl-Hermann, Lernen unter dem Kreuz? Zur Zulässigkeit religiöser Symbole in staatlichen Schulen nach der Entscheidung des BVerfG vom 16. Mai 1995, ZevKR 41, 241-272.

Kazele, Norbert, Höchstrichterliche Rechtsprechung zum Verwaltungsrecht – Ausgewählte Fragen des Staatskirchenrechts – Ein Überblick zum Verhältnis von Kirche und Staat unter besonderer Berücksichtigung der Rechtsprechung des Bundesverfassungsgerichts Teil I, VerwArch 96 (2005), 267.

Kazele, Norbert, Höchstrichterliche Rechtsprechung zum Verwaltungsrecht – Ausgewählte Fragen des Staatskirchenrechts – Ein Überblick zum Verhältnis von Kirche und Staat unter besonderer Berücksichtigung der Rechtsprechung des Bundesverfassungsgerichts Teil II, in: VerwArch 96 (2005), 421.

Korioth, Stefan, in: Dürig/Herzog/Scholz, GG, Art. 140 (2003).

Kreß, Hartmut, Religionsunterricht oder Ethikunterricht? Entstehung des Religionsunterrichts, Rechtsentwicklung und heutige Rechtslage, politischer Entscheidungsbedarf. Baden-Baden 2022.

Kriele, Martin, Sektenjagd, ZRP 1998, 231-234.

Kriele, Martin, Die rechtspolitischen Empfehlungen der Sektenkommission, ZRP 1998, 349-355.

Krüger, Herbert, Allgemeine Staatslehre, Stuttgart, 2. A. 1966.

Krüper, Julian, Die grundrechtlichen Grenzen staatlicher Neutralität: Zum Inhalt eines Verfassungsprinzips – aus Anlaß des „Kopftuchstreits", JöR 2005, 79-110.

Kühnlein, Michael (Hrsg.), Gottloser Staat? Im interdisziplinären Gespräch mit Horst Dreier, Baden-Baden 2022, 240 S.

Kuhn-Zuber, Gabriele, Die Werteerziehung in der öffentlichen Schule. Religions- und Ethikunterricht im säkularen Staat. Hamburg 2006.

Link, Christoph, Stat Crux? NJW 1995, 3353-3357.

Link, Christoph, Ein Dreivierteljahrhundert Trennung von Kirche und Staat in Deutschland. Geschichte, Grundlagen und Freiheitschancen eines staatskirchenrechtlichen Modells. In: FS für Werner Thieme, Köln u. a. 1993, 95-122.

Magen, Stefan, Kommentierung des Art. 140 GG, in: Umbach/Clemens, Grundgesetz, Heidelberg 2002, Bd. 2.

Maunz, Theodor, Die religiöse Neutralität des Staates, AfkKR 139 (1970), 427-442.

Mertesdorf, Christine, Weltanschauungsgemeinschaften im deutschen Verfassungsrecht. In: H. Groschopp (Hrsg.), Konfessionsfreie und Grundgesetz, Aschaffenburg 2010, 81–128.

Mikat, Paul (Hrsg.), Kirche und Staat in der neueren Entwicklung, Darmstadt 1980.

Möllers, Christoph, Grenzen der Ausdifferenzierung. Zur Verfassungstheorie der Religion in der Demokratie. In: Heinig/Walter (Hrsg.), Religionsverfassungsrechtliche Spannungsfelder, Tübingen 2015, 9-34. Erstveröff. ZevKR 2014, 115-140.

Möllers, Christoph, Religiöse Freiheit als Gefahr? In: VVDStRL 2009, 47-63. Auch: https://www.degruyter.com/document/doi/10.1515/9783110977899.7/html

Morlok, Martin, in: Dreier, GG, Komm. Bd. I, 3. A. 2013 und Bd. III, 3. A. 2018.

Morlok, Martin, Neutralität des Staates und religiöser Radikalismus, in: J. Masing / O. Jouanjan (Hrsg.), Weltanschauliche Neutralität, Meinungsfreiheit, Sicherungsverwahrung, Tübingen 2013, 3-19.

Muckel, Stefan, Religionspolitik im Namen der Neutralität? Das Berliner Neutralitätsgesetz auf dem Prüfstand des Grundgesetzes, DÖV 2021, S. 557 ff.

Muckel, Stefan, Körperschaftsstatus im 21. Jahrhundert – Anachronismus oder Zukunftsmodell, ZevKR 2018, 30-56.

Muckel, Stefan, Religiöse Freiheit und staatliche Letztentscheidung, Berlin 1997.

Muckel, Stefan, Überkreuz mit dem Kreuz, KuR 1996, 65-80.

Mückl, Stefan, Bonner Kommentar, Art. 4 GG, 2021 (Loseblatt).

Müller, Markus, Religiöse Neutralität des Staats? Verfassungsgebot zwischen Norm und Wirklichkeit, Schweizerisches Zentralblatt für Staats- und Verwaltungsrecht (ZBl) 2022, 575-601.

Müller, Markus, Neutralität als Verfassungsgebot? Der Staat und religiöse oder weltanschauliche Überzeugungen, in: VVDStRL 81 (2022), S. 251-288

Müller, Markus, Religion im Rechtsstaat. Von der Neutralität zur Toleranz. Bern 2017.

Neumann/Czermak/Merkel/Putzke (Hrsg.), Aktuelle Entwicklungen im Weltanschauungsrecht, Baden-Baden 2019.

Neumann, Ulfried, Der Wille Gottes – ein Argument im parlamentarischen Diskurs? In: Kühnlein, Michael (Hrsg.), Gottloser Staat? Im interdisziplinären Gespräch mit Horst Dreier, Baden-Baden 2022, 69-84.

Nolte, Achim, Das Kreuz mit dem Kreuz, JöR 2000, 87-116.

Nolte, Achim, Der richtige Weg von der „versorgenden" zur vorsorgenden Neutralität, NVwZ 2000, 891-894.

Obermayer, Klaus, Bonner Kommentar, Art. 140 GG, Zweitbearbeitung 1971.

Obermayer, Klaus, Staatskirchenrecht im Wandel, DÖV 1967, 9-17.

Palm, Julia, Berechtigung und Aktualität des Böckenförde-Diktums: Eine Überprüfung vor dem Hintergrund der religiös-weltanschaulichen Neutralität des Staates – Schriften zum Staatskirchenrecht, Band 60. Frankfurt 2013.

Pieroth, Bodo, Die Ablösung der Staatsleistungen an die Kirchen auf der Agenda des Bundestages, NVwZ 2022, 1872-1878.

Pirson, Dietrich, Die zeitlose Qualität der Weimarer Kirchenartikel, in: Staat – Kirche – Verwaltung, FS für Hartmut Maurer zum 70. Geb., München 2001, 409-423.

Pirson, Dietrich, Religiöse Neutralität in der staatlichen Sozialhilfe, in: Theorie und Praxis des Sozialstaats, FS für Hans Zacher zum 70. Geburtstag, Heidelberg 1998, 743-754.

Pirson, Dietrich, Die Förderung der Kirche als Aufgabe des säkularen Staates, in: Essener Gespräche 28 (1994), 83–102.

Polke, Christian: Öffentliche Religion in der Demokratie. Eine Untersuchung zur weltanschaulichen Neutralität des Staates, Leipzig 2009.

Pulte, Matthias / *Hense* Ansgar (Hrsg.), Grund und Grenzen staatlicher Religionsförderung unter besonderer Berücksichtigung des Verhältnisses von Staat und Katholischer Kirche in Deutschland, Paderborn 2014.

Quaritsch, Helmut, Neues und Altes über das Verhältnis von Kirchen und Staat, Der Staat 5 (1966), 451-474 [auch in Quaritsch/Weber 1967].

Quaritsch, Helmut, Kirchen und Staat. Verfassungs- und staatstheoretische Probleme der staatskirchenrechtlichen Lehre der Gegenwart. Der Staat 1 (1962), 175-197 und 289-320 [auch in Quaritsch/Weber 1967].

Quaritsch, Helmut / *Weber*, Hermann (Hrsg.), Staat und Kirchen in der Bundesrepublik Deutschland, Bad Homburg 1967 (repräsentative Aufsätze von 1950-1967).

Rathke, Carola, Öffentliches Schulwesen und religiöse Vielfalt. Zugleich ein Beitrag zur Dogmatik von Art. 4 Abs. 1 und 2 GG, Art. 7 Abs. 1 GG und der staatlichen Pflicht zu weltanschaulich-religiöser Neutralität. Berlin 2005.

Rawls, John, in: Die Idee des politischen Liberalismus, Frankfurt a. M. 1992, 364.

Razavi, Bardia, Die liberale Vorstellung ethischer Neutralität in der richterlichen Entscheidungsfindung und -begründung, Hamburg 2016.

Renck, Ludwig, Zum Erkenntniswert der staatlichen Bekenntnisneutralität, ThürVBl 2008, 247-251.

Renck, Ludwig, Schule und religiöse Erziehungshilfe, BayVBl 2003, 134-139.

Renck, Ludwig, Die unvollkommene Parität, DÖV 2002, 56-67.

Renck, Ludwig, Bekenntnisfreiheit in der öffentlichen Schule, SächsVBl 2000, 257-262.

Renck, Ludwig, Der Bayerische Verfassungsgerichtshof und das Schulkreuz-Gesetz, NJW 1999, 994-999.

Renck, Ludwig, Aktuelle Probleme der christlichen Gemeinschaftsschule - dargestellt am Beispiel des bayerischen Schulrechts, KJ 1994, 488-500 (mit Folgeproblemen).

Renck, Ludwig, Über positive und negative Religionsfreiheit, NVwZ 1994, 544-547.

Renck, Ludwig, Religionsfreiheit und das Bildungsziel der Ehrfurcht vor Gott, NJW 1989, 2442-2445.

Renck, Ludwig, Staatliche Religionsneutralität und Toleranz - BVerfGE 35, 366 und 52, 233, JuS 1989, 451-455.

Renck, Ludwig, Die Trennung von Staat und Kirche, BayVBl 1988, 225-231.

Röger, Ralf (1995): Die Religionsfreiheit des Richters im Konflikt mit der staatlichen Neutralitätspflicht, in: DRiZ, S. 471 ff.

Schaefer, Jan Philipp: Die religiöse Neutralität des Staates im öffentlichen Raum dargestellt am Beispiel des Gebetsraums im Schulgebäude, in: Verwaltungsarchiv, 2012, S. 136-163.

Schlaich Klaus, Konfessionalität - Säkularität - Offenheit. Der christliche Glaube und der freiheitlich-demokratische Verfassungsstaat, in: ders., Gesammelte Aufsätze, Tübingen 1997, 423-447.

Schlaich, Klaus, Radikale Trennung und Pluralismus - zwei Modelle der weltanschaulichen Neutralität des Staates, in: P. Mikat (Hrsg.), Kirche und Staat in der neueren Entwicklung, Darmstadt 1980, 427-451 (Erstveröff. 1975).

Schlaich, Klaus, Neutralität als verfassungsrechtliches Prinzip, 1972.

Schlaich, Klaus, Zur weltanschaulichen und konfessionellen Neutralität des Staates, in Essener Gespräche 4 (1970), 9-44.

Scholz, Rainer: Probleme mit Jugendsekten. Beck-Rechtsberater im dtv Nr. 5633, München 1993 (ohne Erscheinungsjahr).

Schmidt-Salomon, Michael: Der blinde Fleck des deutschen Rechtssystems. Über die Missachtung der weltanschaulichen Neutralität des Staates. In: Aufklärung und Kritik H. 4/2018.

Schrooten, Jost-Benjamin, Gleichheitssatz und Religionsgemeinschaften, Tübingen 2015.

Seckler, Max, Religionsfreiheit und Toleranz, Theologische Quartalschrift 1995, 1-18.

Simon, Helmut, Katholisierung des Rechtes? Zum Einfluß katholischen Rechtsdenkens auf die gegenwärtige Gesetzgebung und Rechtsprechung. Göttingen 1962 (Bensheimer Hefte 16).

Steiger, Heinhard, Neutralität in Religionssachen, in: Geschichtliche Grundbegriffe, Bd. 4, 1978, 337 ff.

Stolleis, Michael, Überkreuz. Anmerkungen zum Kruzifix-Beschluß (BVerfGE 93, 1-37) und seiner Rezeption, KritV 2000, 376 ff.

Stössel, Hendrik, Staatskirchenrechtliche Aspekte des islamischen Religionsunterrichts an öffentlichen Schulen im Licht der Empfehlungen des Wissenschaftsrates vom Januar 2010, KuR 2011, 113-126.

Unruh, Peter, Religionsverfassungsrecht, 4. A. Tübingen 2018.

Volkmann, Uwe, Dimensionen des Kopftuchstreits, Jura 2015, S. 1083-1094

Waldhoff, Christian, Neue Religionskonflikte und staatliche Neutralität. Erfordern weltanschauliche und religiöse Entwicklungen Antworten des Staates? München 2010, 176 S. [Gutachten D zum 68. Deutschen Juristentag 2010].

de Wall, Heinrich, Religiöse Bildung in Kindertagesstätten im Spannungsfeld von Erziehungsrecht und -auftrag, staatlicher Neutralität und Religionsfreiheit, RdJB 2007, 458-468.

Walter, Christian, Die religiöse und weltanschauliche Neutralität des Staates, HSKR 3. A. 2020, Bd. 1 S. 727-760.

Weber, Hermann, Neuralgische Punkte in den Grundsatzfragen des Staatskirchenrechts, in: Staat - Kirche - Verwaltung, FS für Hartmut Maurer, München 2001, 469-492.

Weber, Hermann, Die Religionsgemeinschaften als Körperschaften des öffentlichen Rechts im System des Grundgesetzes, Berlin 1966.

Weiler, A. Katarina / *Hildmann*, Philipp W. (Hrsg.), Religion in der Schule. Zwischen individuellem Freiheitsrecht und staatlicher Neutralitätsverpflichtung. Tübingen 2018.

Weiß, Wolfgang, Gleichheit oder Privilegien? Zur Stellung öffentlich-rechtlicher Religionsgemeinschaften, KritV 2000, 104-141.

Wiedemann, Richard: Der Streit um das Schulkreuz in Deutschland und Italien. Weltanschaulich-religiöse Neutralität und laicità des Staates im Vergleich (SKA), Band 50, Berlin 2012. 325 S.

v. Zezschwitz, Friedrich, Glaubensfreiheit und schulische Erziehung, JZ 1971, 11-16.

Sachregister

Anknüpfungsverbot 67, 81, *100 f.,157, 171*
Anstalts- und Militärseelsorge 93. 117, 126, 158
Anti-Atomkraft-Plakette 86 f.
Auslegung 5, 35 f., 49, 66, 106, 111, 114 f., 116, 141 f., 183
Beamte 23, 86. 98, 147
Beeinflussung, Einflussnahme 50, 52 f., 55, 58, 60 f. 62, 67 f., 70 f., *84-97*
Begründungsneutralität, neutrale Begründbarkeit 81, 104 f., *105 - 108*, 129
Beiräte 138, 149
Beschneidung 136, 138
Bhagwan-Kleidung 86 f., 89
Bundesverfassungsgericht - Entscheidungen
Badische Kirchenbausteuer 46 f., 65
- Christl. Gemeinschaftsschulen 49-51, 66
- Hamburger Privatschulförderung 52, 67
- Jüdische Verbände, Förderung 157
- Kirchenaustritt 51, 66
- Konkordats-Urteil 44 f., 64 f.
- Kopftuch I 56-60, 68 f.
- Kopftuch II 61-63, 69
- Kopftuch im Kindergarten 63, 69
- Kopftuch bei Rechtsreferendarinnen 63, 69
- KPD-Urteil 43, 64
- Kreuz im Gerichtssaal 68 f.
- Kruzifix-Beschluss 54 f., 68, 141 f
- Lüth-Entscheidung 44
- Lumpensammler (Rumpelkammer) 66
- Nachbesteuerung 51, 66 f.
- Nachtarbeitsverbot 67
- Neuapostolische Kirche 45 f., 65
- Osho-Entscheidung 55 f., 68
- Schulbuchzulassung 53, 67
- Schulgebet 51 f., 67
- Schwangerschaftsabbruch 53, 67
- Sozialhilfe 66, 68
- Tabak-Fall 45
- Tischgebet 60 f.
- Zeugen Jehovas 118, 131, 150
BVerfG - Gesamtwürdigung 70 - 72
Christliche Gemeinschaftsschulen 49 - 51, 66, 70, 77, 141, 145
Denkmalschutz 153
Differenzierungen 6, 46, 65, 70, 93, *101*, 107, *131*, 152, *155 - 157*, 159
Diskriminierungen 23, 77, 101 f., *163*, *166 f.*,
Dogmatik 7 ff., 38, 70 ff., 73 ff., 126 f., 132, 144, 146-148, *180*
Einflussnahme → s. Beeinflussung
Einmischungsverbot 81, 85
Erziehung 39, 50, 53 f., 55, 60 f., 62, 67, 69, 77, *87 f.*, *99 f.*
Förderung → Religionsförderung
forum internum 93, 96, 182
Gebührenbefreiung 45 f., 162
Gemeinwohl, Nützlichkeit 20, 100, 118, 130 f., 133, 153, 195 f.
Gesetzgebung 104, 106 f., *136 f.*, 139, 162, 174
Glaubensfreiheit 37, 54, 58, 86, 90 f., *93 - 100*, 126, 143, 145, 171, 182
Gleichheitsgebote, Gleichheitsrechte 21, 30, *33*, 36, 40, 47, 51, 52, 56, 64, 65, *70 ff.*, *73 f.*, 75, 96, *100 - 102*, 106 f., *122 ff.*, 134, 151 ff., 169 f., *172 - 175*
Gott 20, 30, 34, 55, 71, 88, 94, *95*, *127 f.*, 155
Grundkonsens 103, 104
Grundrechtseingriff 39, 51, 60, 62, 63, 91, *96*, 98, 100, 125 f., 143, 144
Grundstatus 163, 180
Grundversorgung 48, 66, 158
Hamburger Modell 138 f.
Heimstatt aller Bürger 19, 47, 111 f., 175
Ideologiejurisprudenz 38, 39
Indoktrination 53, 87, 91, 182
Islamische Theologie 138, 145, 167
Kirchenaustritt 51, 66 f.
Kirchensteuer 37, 47, 51, 112, 117, 153, 155
Kirchentage 135, 158 f.
Kompetenz 31, 61, *78*, 84, 99, 143 f., 158, 159
Kooperation 79 ff., 94, *111 f.*, 113 f., 118, 120, 121, 183
Kopftuch, islamisches
- bei Lehrerinnen 56 - 63
- bei Rechtsreferendarinnen 63, 86
Körperschaftsstatus 29, 117 - 120, 150 - 152, 153
Kreuze, Kruzifixe 124 - 126
- in Gerichten 41, *48 f.*, *63 f.*
- in der Schule 38 f., 54 f., 68, *88 - 93*, 143 f.
- Kreuzerlass 40 f.
- Kruzifixgesetz 39 f.
Kritik am Neutralitätsbegriff 20 f., 107, *126 -134*

Kulturvorbehalt, Kulturadäquanz 20, 45, 130 f.
Laizismus, Laizisten 95 f., 110 f., 142
Landesrecht 40, 41, 55, 58, 61 f., 68 f., 86, 89, 99, 119, *127 und 128*, 144, 145, 148, 150, *152*
Leitprinzipien 103, 182
Menschenwürde 44, 53, 64, 104
Militärseelsorge 80, 95, *158*
Minderheiten 22, 23, 27, 48, 52, 67, 100, *163 - 166*
Mitgliederstärke 159
Modalität 109 f., 134, 173
Monopole 48
Mythos 21, 129
Neue religiöse Bewegungen → „Sekten"
Neutralität 169 - 175
- Begründungsneutralität, neutrale Begründbarkeit 81, 104 f., *106 – 108*, 129,
- distanzierende 109 – 111
- eigenständige Bedeutung 122 ff.
- Einmischungsverbot 71, 85
- Kritik 20, 126 - 132
- Neutralitätsdiskussion 19 f., 169 ff.
- Neutralitätsgebot 121 ff.
- Neutralitätsliberalismus 103 - 105
- Nichtidentifikation 36 f., *84 f., 123*, 147, 172
- objektives Recht 121 ff., 46
- offene, positive, kooperative 108 ff.
- politische 38, *53*, 58, 61 f., *67, 87 f.*, 98 f., 108, 121, 122
- subjektives Recht 124 - 126
- Wirkungsneutralität 106 - 108
Nichtreligiöse 23, 30, 31, 36, *43*, 64, 67, 71, *73 f.*, 85, *94*, 121, 129, 135, 139, 149, *166 f.*
Parität 29, *74 f.*
Parochialrecht 117, 150
Privilegien *21 – 23*, 29, 31, 35, 78, 101 f., 122, 166 f.
Privilegienbündel 118, *151 – 153*, 184
Rechtsschutz 124 - 126
Regelvermutung 110, 111, 116, 183
Religionsförderung 150 - 160
Religionsgemeinschaften, - kleine, privatrechtliche 151 ff., 155 ff., *163 - 166*
Religionspolitik 137 - 139
Religionsunterricht 32, 94, 114, *115 f.*
Religionsverfassungsrecht, Grundfragen 111 - 120
Salvator-Entscheidung 156
Schutzbereich 38, 56,58, 83, *91 – 93*, 100, 125, 142, 165
Schwangerschaftsabbruch 53, 67
„Sekten" 165; s. auch Religionsgemeinschaften
Sonn- und Feiertage 95, 113
Sozialeinrichtungen 39, 48, 66, 153, *159*, 161
Staatsleistungen 102
Subventionen 102, 110, 120, 135, 151 f., *154 - 160*
Theologie, Theologische Fakultäten 28, 31, *95*, 135, *138, 146 – 149*; s. auch Islamische Theologie
Tischgebet 60 f., 69
Toleranz 26 – 29, 39, 50 f., 55, *71, 76 – 79*, 89, 90, 129, 179, *180*
Tradition 35, 37, 40, *46*, 62, 78, 89, 95, 114, *115*,127,147,183
Trennung, Trennungsgebot 29 f., 31, 47, *79 – 81*, 109, *112 f., 114, 121*, 127 f., 147, 159, 183
Unaufrichtigkeit 36
Unparteilichkeit, s. *Neutralität*
Verträge zwischen Staat und Religionsgemeinschaften 44 f., 46, 128, 135 f., 151, *160 - 163*
Verwaltung 41, 136, 164 f.
Wahlrecht 99
Warnungen 100, *164 f.*
Wertordnung 44
Wirkungsneutralität 106 - 108
Zeugen-Jehova-Urteil 108, 131, 150

Papier | Fördert gute Waldnutzung
FSC® C083411

Kolibri 360 GmbH
Ferdinand-Jühlke-Straße 7
99095 Erfurt, Deutschland
produktsicherheit@kolibri360.de